佛藏經講義

——第五輯

平實導師　述著

ISBN 978-986-98038-9-2

佛法是具體可證的，三乘菩提也都是可以親證的義學，並非不可證的思想、玄學或哲學。而三乘菩提的實證，都要依第八識如來藏的實存及常住不壞性，才能成立；否則二乘無學聖者所證的無餘涅槃即不免成爲斷滅空，而大乘菩薩所證的佛菩提道即成爲不可實證之戲論。如來藏心常住於一切有情五蘊之中，光明顯耀而不曾有絲毫遮隱；但因無明遮障的緣故，所以無法證得；只要親隨眞善知識建立正知正見，並且習得參禪功夫以及努力修集福德以後，親證如來藏而發起實相般若勝妙智慧，是指日可待的事。古來中國禪宗祖師的勝妙智慧，全都藉由參禪證得第八識如來藏而發起；佛世迴心大乘的阿羅漢們能成爲實義菩薩，也都是緣於實證如來藏才能發起實相般若勝妙智慧。如今這種勝妙智慧的實證法門，已經重現於臺灣寶地，有大心的學佛人，當思自身是否願意空來人間一世而學無所成？或應奮起求證而成爲實義菩薩，頓超二乘無學及大乘凡夫之位？然後行所當爲，亦不行於所不當爲，則不唐生一世也。

——平實導師

如聖教所言，成佛之道以親證阿賴耶識心體（如來藏）爲因，《華嚴經》亦說**證得阿賴耶識者獲得本覺智**，則可證實：證得阿賴耶識者方是大乘宗門之開悟者，方是大乘佛菩提之眞見道者。經中、論中又說：證得阿賴耶識而轉依**識上所顯真實性**、**如如性**，能安忍而不退失者即是**證真如**，即是大乘賢聖，在二乘法解脫道中至少爲初果聖人。由此聖教，當知親證阿賴耶識而確認不疑時即是開悟眞見道也；除此以外，別無大乘宗門之眞見道。若別以他法作爲大乘見道者，或堅執**離念靈知**亦是實相心者（堅持意識覺知心離念時亦可作爲明心見道者），則成爲實相般若之見道內涵有多種，則成爲實相有多種，則違**實相絕待**之聖教也！故知宗門之悟唯有一種：親證第八識如來藏而轉依如來藏所顯眞如性，除此別無悟處。此理正眞，放諸往世、後世亦皆準，無人能否定之，則堅持離念靈知意識心是眞心者，其言誠屬妄語也。

——平實導師

目次

自序

《佛藏經》之所以名爲「佛藏」者，所說主旨即以諸佛之寶藏爲要義。諸佛之寶藏即是萬法之本源——如來藏，《楞嚴經》中說之爲「如來藏妙眞如心」，《入楞伽經》卷七〈佛性品〉則說：「大慧！阿梨耶識者名如來藏，而與無明七識共俱，如大海波常不斷絕，身俱生故；離無常過，離於我過，自性清淨。餘七識者心，意、意識等念念不住，是生滅法。」大略解釋其義如下：

【所謂阿梨耶識（通譯阿賴耶識）又名如來藏，含藏著無明種子與七轉識種子，並與所生之無明及七轉識同時同處，和合相共運行而成爲一個五陰有情。七轉識與無明相應而從如來藏中出生，每日運行不斷；意根每天一早促使意識等六心生起之後相續運作，與意識等六心和合似一，看似常住而不斷之心，其實是從如來藏中種子流注才出現的心，就是一般凡夫大師說的「清清楚楚明明白白」的心，早上睡醒再次出生以後，就與處處作主的意根和合運作看似一心。這七識心的種子及其相應的無明種子，每天同時從如來藏中流注出來，猶如大海波一般「常不斷絕」，因爲是與色身共俱而出生的緣故。

如來藏離於無常的過失，是常住法，不曾剎那間斷過；無始而有，盡未來際永無中斷或壞滅之時。如來藏亦離三界我等無常過失，迥無我見我執或我所執；其自性是本來清淨而無染污，無始以來恆自清淨，不與貪等六根本煩惱及其餘隨煩惱相應。其餘七轉識都是心，即是意根、意識與眼等五識，即是面對六塵境界時清楚明白的前六識，以及處處作主的意根；這七識心與無明種子都是念念不住的，因爲是從如來藏中流注這七識心等種子於身中才有的，當色身出生以後，意根同時和合運作，意識等六識也就跟著現行而與色身同在一起，所以是與色身同時出生而存在的。而種子是剎那剎那生滅的，以此緣故說意根與意識等七個心是生滅法。若是證阿羅漢果而入無餘涅槃時，由於我見、我執、我所執的煩惱已經斷除的緣故，這七識心的種子便不再從如來藏流注出來，死時就不會有中陰身，不會再受生，便永遠消滅了，亦因此故是生滅法。】

在三種譯本的《楞伽經》中，都不說此如來藏心是第八識（第八識是通俗的說法），而是將此心與七轉識區分成二類，說如來藏一心是常住的，是出生「**意**」與「**意識等**」六識者，也說是出生色身者，不同於七識等心。所援引的上開經文，亦已明說如來藏「**離無常過，離於我過，自性清淨**」；從如來藏中出生的「**餘七識者心，意、意識等**」，都是「**念念不住，是生滅法**」。這已經很明確將如來藏的主要體性與七轉識的主要體性區分開來：一是能生，一是所生，能生與所生之間互相繫屬；能生者是常住的如來藏心，沒有三界我的無常過失，沒有我見我執等過失，自性是清淨的；所生的七識心，是念念生滅的，也是可滅的，有無常的過失，也有三界我的我見與我執等過失，是不清淨的，也是生滅法。

今此《佛藏經》中所說主旨即是說明此心如來藏的自性，名之爲「**無名相法**」或「**無分別法**」，仍不說之爲第八識，而是從各方面來說明此心；並且希望後世仍有業障而無法實證佛法的四眾弟子們，未來世中都能滅除業障而證得解脫及實相智慧。以此緣故，先從「**諸法實相**」的本質來說明如來藏，兼及實證此心者於實證前必須留意避免的過失，才能有實證的因緣；若墮邪見或誤導眾生，並有犯戒不淨等事者，將成就業障；於其業障未滅之前，縱使未來歷經無量無邊不可思議阿僧祇劫，奉侍供養隨學九十九億諸佛以後，仍無實證之可能。以此緣故，釋迦如來大發悲心，首先於〈諸法實相品〉廣釋實相心如來藏之各種自性，隨即教導學人如何了知惡知識與善知識之區別。善於選擇善知識者，於解脫及諸法實相之求證方有可能，是故以〈念佛品〉、〈念法品〉、〈念僧品〉中的法義教導，令學人以此為據，得以判知何人為善知識、何人為惡知識，從而得以修學正確的佛法，然後得證解脫果及證入諸法實相，發起本來自性清淨涅槃智，久修之後亦得兼及二乘涅槃之實證，再發十無盡願而起惑潤生乃得以入地。

若未愼擇善知識，誤隨惡知識者（惡知識表相上都很像善知識），不免追隨惡知識於無心之中所犯過失，則未來歷經無數阿僧祇劫奉侍九十九億佛之後，於解脫道及實相了義正法仍無順忍之可能，欲求佛法之見道即不可得，遑論入地。以此緣故，世尊隨後又說〈淨戒品〉、〈淨法品〉等法，教導四眾弟子們如何清淨所受戒與所修法。又為杜絕心疑不信者，隨即演說〈往古品〉，舉出過往無量無邊不可思議阿僧祇劫前　大莊嚴佛座下，苦岸比丘等四人為惡知識，執著邪見而誤導眾生，成為不淨說法者；以此緣故與諸眾生相牽流轉生死，於人間及三惡道中往復流轉至今，反復經歷阿鼻地獄等尤重純苦及餓鬼、畜生、人間諸苦，終而復始、受苦無量之後，終於來到　釋迦如來座下精進修行，然而竟連順忍亦不可得，求證初果仍遙遙無期；至於求證諸法實相而入大乘見道，則無論矣！思之令人悲憐，設欲助其見道終無可能，對彼諸人助益無門，只能待其未來甚多阿僧祇劫受業滅罪之後始能助之。

如是警覺邪見者之後，世尊繼以〈淨見品〉、〈了戒品〉而作補救，期望以此二品能轉變諸人的邪見，勸勉諸人清淨往昔熏習所得的邪見，並了知清淨戒之所以施設的緣由而能清淨持戒，未來方有實證解脫果與佛菩提果的可能。如是教導之後，於〈囑累品〉中囑累阿難尊者等諸大弟子，當來之世以善方便攝受諸多弟子，得能清淨知見與戒行，滅除往昔所造謗法破戒所成之業障，而後方有實證之世到來。由此可見 世尊大慈大悲之心，藉著舍利弗尊者之因緣，在與舍利弗對答之時演說此實相法等，期望後世遺法弟子得能滅除業障而得證法。普察如今末法時代眾多遺法弟子，精進修行仍難遠離邪見與邪戒，求證解脫果及佛菩提果仍將難能可得，令人不覺悲切不已，是故將此經之講述錄音整理成書，流通天下，欲以利益佛門四眾。

佛子 **平實** 謹誌

於公元二〇一九年 夏初

第五輯：

《佛藏經》卷上

〈諸法實相品〉（延續上一輯未完部分）

接下來說「**無知無見無貪無諍**」。我講經二十年，常常引述經文說：「**法不可見聞覺知。**」也說：「**法離見聞覺知。**」也就是說眞實的法沒有見聞覺知，意思是說對六塵是不了知的，這才是眞實法。如果這個眞實我的境界中是有知有見，那就同於意識；如果同於意識，那就是重複，不是你所要證的心。每一個有情八識心王各司其職互不重複，如果重複是沒有必要的，而且會產生困擾。在世間法上面也是如此，譬如你開車來講堂聽經，那你一個人開兩部車來嗎？不能的，因爲你不能分身。也許有人說：「**我把另外一部車放在車頂上開過來，那我不就開兩部了嗎？**」不，你還是只開一部，因爲那一部你是載來而不是開來；不能重複的，重複只是個累贅，沒有必要而且是累贅。

同樣的道理，能見、能聞、能嗅、能嚐、能覺、能知以及能作主，這些功能七轉識都各自作得好好的，那你自己的「無名相法」眞實我，就不需要重複這些功能；如果重複了就會有兩個問題：第一、這「無名相法」本身的運作就沒有人作了，祂該作的事情沒作，你就倒大楣了。也許有人問說：「嗯？會怎麼倒大楣？」我告訴你：「等你悟了你就知道。」第二個問題，就是第八識重複七轉識的功能差別，當「無名相法」如來藏這個眞我也有七轉識的功能差別，問題就來了：你將有兩套的見、兩套的聞、兩套的嗅，乃至觸、嚐、覺知以及思量作主等功能，全都各有兩套；這時七轉識說：「我今晚要去正覺講堂聽經。」這第八識「無名相法」說：「我今晚偏不去，我要去唱卡拉 OK。」怎麼辦？兩個來猜拳嗎？要不然就是另外一方面趕快跟對方哈拉一下，取得他歡心然後才能同意來聽經。這就有問題了，所以這個能知、能見、能覺、能嚐乃至能作決斷等功能都不應該有兩套。那你七轉識既然都作好這些事情了，「無名相法」第八識就不需要重複來作，所以祂不需要有知有見，因此說「『我』此法中……無知無見」。

「無貪無諍」。既然「無知無見」就不會貪、不會諍了。世間人會貪是因爲有見聞覺知，所以對於好的境界、好的東西想要擁有；擁有了還不滿足，想要更多，因此就有貪。所以有的人賺得一百億元以後，他覺得這還不夠：「因爲我有五個孩子，分下來一個人才二十億元，太少了！」他不會想到說：「有好多人奮鬥一生，連公寓裡的一間廁所都還買不起。」他不會想到這個，只想：「我的孩子們，一人才分到二十億元太少了！」於是他繼續努力賺錢，而且賺得不合理、不合法他也要賺，這眞是貪；可是探究這個貪的來由是因爲他有這五個孩子，但他爲什麼知道有這五個孩子？因爲他能聞、能見、能覺、能知；如果不是能知、能見，他就不曉得有這五個孩子，就不會起這樣的大貪。如果他「無知無見」，完全不知道什麼叫作錢，什麼叫作富有，什麼叫作生活舒適，他就不會起貪了。

現在，你可以瞭解一下自己的這個「『我』此法」，你這個「『我』此法」是不知不見的，所以完全不懂得起貪；因爲不知不見就不會去領受所謂的美好、富有、名聲、權位……等，就不必貪也不會貪。即使你再怎麼教祂，祂就是不懂得怎麼貪；因爲你教祂的話祂都聽不懂，「聽不懂」的說法還算是客氣，因為祂根本就沒聽見，祂是個聾子。所以有貪的根源其實不是他有五個孩子，而是因為他有知有見，知道有五個孩子，然後就開始思慮說：「我走了以後，這五個孩子一個人分到二十億元還是太少。」因此他就繼續賺，不合法的方式也要賺，這在商業界在所平常，諸位也可以聯想到某某人的例子。這就是說，貪的根本還是在於知與見；有知有見就能思惟觀察分析判斷，然後他就下了個決定：「我要再多賺一些。」

既然有貪而不是合理的經營利潤，那麼他就會跟人家有諍，自古以來經商貿易有一句成語說「逐什一之利」，經商就是追逐以十塊錢的成本賺得一塊錢的利益，古來正當的商人就是這麼講的。但現在有人不是逐什一之利，是逐一什之利，是一塊錢成本要賺十塊錢利潤。如果同一個行業大家都是賺一成的利潤，他卻要賺十倍的利潤，這一出一入相差幾倍？一百倍；那他想要這樣作時就得造假，造假以後一定會跟人家有諍論。例如他賣黃金，人家賣黃金一兩是多少錢，他也賣一兩多少錢，可是他的黃金大部分是黃銅，那一塊金塊中只有十分之一是黃金，他先電鍍也打磨得很亮，怕成色不好看；不知情的人買得不亦樂乎，可是知情的人私下會告訴客戶說：「你若是要去買他的東西，得要小心，他的黃金成色不足。」人家這樣講還算客氣，成色不足是說黃金的成分可能只有七成、八成，都沒想到他才只有一成。那麼這些話輾轉傳到他那邊去，不就產生了諍論了嗎？這就是因貪而起諍。

就像我們弘法，我們跟人家有沒有諍？從來沒有，但那些悟錯者都說我們跟人家諍論。可是我們無諍，因爲所說是正確的、是事實，我們講的是法界的眞相，既是正確的就是無諍。在《阿含經》中外道不斷的放風聲，說 釋迦如來跟他們爭衣食利養，那眞的叫作外道。釋迦如來福德多麼大，成佛以來無量無邊百千萬億那由他劫，然後繼續不斷地各處去示現八相成道利樂有情；這都還不說，單說成佛之前所修的菩薩道就好了，那是多大的福德！每一種大人相都足夠遺法弟子吃喝不盡，那麼大的福德還需要來跟外道爭那一爐香、爭那一缽飯喔？所以我說有一些電視劇的編劇或者有一些名嘴，他們眞的造了口業都還不知道，因爲他們常常說「佛爭一爐香，人爭一口氣」，眞叫作胡扯！凡夫俗子爭一口氣是眞的，諸佛不需要爭一爐香或一口氣。

那麼古時外道一直放話誹謗 釋迦如來說：「**瞿曇與我們爭名聞利養。**」有時就從法義上來說：「**瞿曇老是要跟我們諍論。**」因爲外道說的都被 佛破盡了，所以他們就說釋迦如來跟他們諍論。有一天某個弟子聽到了回來向世尊稟告，世尊就開示說：「外道與我諍，我不與外道諍。」又解釋說：「因爲外道說的是錯誤的，錯誤的硬要跟人家狡辯成正確的，那才是諍。我說的是正確的，只是如實說，如實說就不是諍。」以前會外某些法師居士們常常說：「正覺都要跟人家諍，都說人家全部不對，只有他一個人對。」但是我說，我沒有跟他們諍，我是詳詳細細而且還是條分縷析來說明法的實質，說明法的實義究竟如何，所以我不與他們諍。即使我把他們拿來拈提了，但我也把道理講清楚，爲什麼他們說的不對，不對的地方是什麼，道理又是如何，我也都講明了；那他們不能回應，這表示他們無法與我諍；而我是如實說，也就無諍。

所以「諍」一定是有原因的，首先就是最直接的、有利害關係的，例如名聞、利養、眷屬；當自己錯悟的本質被揭發，使這一些利益開始流失時，他們就開始跟咱們諍了。可是我們不搞名聞、不搞利養、不搞眷屬，那就無所謂諍；因爲我們對這些無貪，我們只是在復興佛教，只是在隨緣傳法。我們又不受供養，甚至自己在世間法中賺的錢還捐出去，這有什麼可諍的？所以我們無貪，無貪就無諍。他們之所以要跟我們爭到底，爭不來就隨便誹謗，匿名到處去罵，這個諍論的起因就是貪。本來很喜歡自己是大師，沒想到現在當不成大師了，結果是名聞受損、利養減少、徒眾流失。當名聞損害、利養減少、徒眾流失時就應了一句話說：「是可忍，孰不可忍？」因爲這是他們用心最大的地方，這不能接受，所以就要諍。

那麼諍的起源，就是因爲世間法上貪著名聞利養以及法眷屬，所以因貪而有諍。但貪的起源剛剛講過，就是因爲他們能知能見：他們知道也看見名聞利養徒眾都減少了，所以失去大師的身分使他們痛苦不堪。於是，在法上沒得混了，不然就拐個彎，從世間法上來作，所以搞旅遊、搞觀光也行，就把道場變成觀光勝地，也是一條出路。如果不想這麼低俗的話，不然就搞佛學學術，比較崇高一點也行，但都是世間法，不是佛法。

其實他們腦袋不清楚，現在的大師不值錢，不信的話你們去大陸走一走，只要你穿著僧服，不管去到哪裡，人家都稱你爲大師。你只要有出來弘法，不管你徒眾多少，乃至僅有二、三十個信徒，人家也會稱你爲大師。現在的大師不值錢，何必看重「大師」兩個字呢？倒不如回頭看重法的實質，攸關自己的法身慧命，這才重要。縱使大師還很值錢，也不必看重，因為這一世過了就沒了；可是法的實證，那種子你可以帶到未來世去，才是最好的事。

可惜的是末法時代的大師們想不通，依舊沉迷於大師的光環中，問題就出在他們太執著能知能見，對於離見聞覺知的「『我』此法」不想要、不想證、也不想了知。因為在他們的想法中：「這正覺很可惡，到底悟了個什麼？書上都不講明白。我們組成讀書小組、研究小組，很努力專門研究正覺的書，竟然研究不出來，眞可惡！」就是這個樣子。問題是那個臉皮很重要嗎？他們太看重臉皮了。其實臉皮很輕，剝下來秤一秤還不到一兩，何需要看重？法的實質才是重要。他們是因為有知有見，所以看重那一層薄薄的臉皮。

如果想要得到佛法的實質，我勸他們臉皮要很厚；為什麼呢？因為：「就是不管你正覺怎麼罵，我都要求悟！」臉皮得這樣厚才有辦法悟，因為「『我』此法」厚臉皮，你怎麼樣罵祂，祂都不會生氣。所以釋印順窮其一生都罵如來藏說：「這如來藏就是外道神我。」窮其一生在罵，可是他的如來藏有抗議過嗎？都沒有啊！他的如來藏都不要臉，因為祂沒有臉。臉皮厚就經得住任何的罵，才有辦法投入正覺去學禪，否則哪有辦法投入？那他就跟「『**我**』**此法**」不相應，因為太看重臉皮。

所以說，這如來藏法的境界中「**無知無見無貪無諍**」，懂得這道理，心裡先作一個正見的建立說：「**我雖然還不能實證，至少我願意往這個目標前進。既然無知無見、無貪無諍，我就裝迷糊吧。**」終於有一天走入正覺來學法時，聽到人家說：「**啊！某某大師你也來了。**」當作沒聽見、沒看見，專心聽法、專心修學，一定不久就可以開悟。因為世尊早就開示了：「『**我**』**此法中……無知無見無貪無諍。**」如果老是要諍，連正覺講堂的大門都踩不進來，何況能夠如實知見「**無知無見無貪無諍**」。

接著說：「**無道無道果。**」道就是指方法或法門。所謂的生天之道，禪定之道，行善之道，等而下之則是治國平天下之道。古時日本也有叫作武士道，就是除強扶弱，就像中國有俠義之士，他們行俠仗義。如果文人雅士，那就有書道、畫道、琴棋……等藝術之法。甚至喝酒時還要講究氣氛，所以文人一面喝酒一面還寫詩，也才會發展到後來有曲水流觴：我這邊一杯酒從上游放下去，彎彎曲曲流到你那一邊，如果你該說的一句還沒有講出來，那就罰一杯，這就是曲水流觴。

所以道，有各種道；而外道也有道，不然怎麼叫作外道？他們的道是什麼？都是心外求法，所以叫作外道。因爲不依眞實心而求眞實法，所以叫作外道。這外道的名詞在《阿含經》就有了，以前有的法師，經也不讀、論也不讀，隨便就指責說：「你們正覺一天到晚罵人家是外道，佛陀從來不講人家是外道，都不罵人家外道。」有人來問我時，我說：「請他去讀《阿含經》，《阿含經》中就講過很多次外道了。」現在終於沒有人再來批評我們說別人是外道。

既然說外道就是心外求法，因爲萬法的本源就是這個「『我』此法」——「無名相法」如來藏。依此定義，請問諸位：「那些物理學家，經由物理的研究想要探究到生命的本源，請問他們是不是外道？」喔？現在弄清楚了！所以廣義的外道包括物理學家。生命的起源就是如來藏，何必去弄一個什麼強子對撞機、什麼質子對撞，錢一花就是三十幾億歐元，我告訴你，他們永遠都只在物質中轉，哪能探究到生命的本質呢？哪一天遇到那一種頂尖的科學家，就告訴他：「你要探究生命的本質，不用繞那麼遠的路，你只要跨一步進入正覺就知道了。」

這就是說，道是有很多種，外道也有他們的道，問題是他們非道取道，所以我們說他們叫作外道。因爲，他們那個法沒有辦法「趣得解脫」而自稱說他們的道可以令人得解脫；他們那個法不能令人瞭解眞相—也就是宇宙的眞相—而自稱他們可以讓人實證宇宙的眞相；他們那個法不能使人瞭解生命的本源而自稱他們作得到，所以他們被叫作外道。因此道可以有很多，所以世尊示現在人間之前好多外道都說他們是阿羅漢，也有一些外道說他們懂得如來之法；但是，世尊示現之後，一一去受學才能證實他們都是外道，因爲他們以非道爲道。

然而這些道就是方法，不管他們是生天之道——生天之法，或者他們說：「我是藝術之道。」那就是表現藝術的方法。不管是什麼道，總而言之，道就是方法。方法當然也可以解釋作道路，所以說菩薩道講的是什麼？是說菩薩所應該走的路，也就是菩薩應該要實作的方法，這個成佛的方法就叫菩薩之道。但現在要說，不管是哪一種道，全部都是意識的境界而與意識相應，若非與意識相應，他們就無道可說了。那麼道是方法、是路途，經由這個路途、經由這個方法，可以達到想要達到的目標。如果說你是想要成佛，成佛這個果實不是可以憑空得到，而是要經過一段過程，用許多方法行走於某一個方向、某一個路途上才能獲得。

但這一些都必須要分別——要有心能分別才可以行道，如果沒有能分別的心，又如何能夠弄清楚方法、道路、方向呢？去跟人家問路，一定是能清楚了別才能夠問路。如果你叫一個既盲又聾又啞的人去問路，要怎麼問？人家為他指示方向，他看不見；告訴他該怎麼走，他聽不見；不然讓他提出來問好了，他又無法問，那怎麼能弄得清楚道？所以一定是要由意識來覺知，藉著五識的運作然後意識來請教人家：「如何是道？」如果既盲又聾又啞，他就不可能弄清楚什麼是道。不幸的是「『我』此法」這個如來藏妙心，祂正好既盲又聾又啞，你如何叫祂求道？當然祂不可能求道，祂既不可能求道就不可能證得道果。

道果是什麼？修道一定有結果，最後的結果就是道果。例如你修聲聞道，聲聞法有聲聞法的道果，就是四向四果；那你修因緣法，因緣法也有道果，就是成就辟支佛果。修菩薩道也有道果，那就是十信、十住、十行、十迴向、十地、等覺、妙覺，最後成佛，這就是菩薩道的道果。可是這些道果都是意識的事，與「『我』此法」「無名相法」不相干。換句話說，世尊告訴我們：「『我』這個法中沒有道也沒有道果。」那就表示說，修道以及證道而得果，都是意識的事，不是實相法界「無名相法」的事。

這樣看來事實很清楚了——修行證道是意識的事，不是你所開悟的那個「無名相法」的事。這不就是告訴我們說，一個是求證的，另一個是被證的，這是兩個部分，這兩個一定同時存在。可怪的是，末法時節的大師們，甚至有人已經當佛學研究所的所長了，結果弄到最後他的底牌一掀出來時是什麼呢？竟然是求道證道果的，以及被證的是同一個覺知心，那就是自己證自己。怪不得他主張說，我們既要消融自我，也要把握自我。這是什麼邏輯啊？昨天告訴你要消融自我，今天告訴你要把握自我、要當自我，這不是精神狀態有問題嗎？正常人都不會講這種話的，結果名聞四海的大禪師講出這種自相矛盾的話。可怪的是，一大群徒眾—包括高級知識分子—都沒有人覺得奇怪，其中不乏大學教授或高官，這才眞的怪，可是大家見怪不怪，都變成習慣自然了！

那麼佛陀明明告訴你「無道無道果」，眞實法的境界中沒有道也沒有道果，就表示說，這眞實法不是能修道的意識覺知心、不是能證道果的意識。這樣看來，顯然是有兩個心，能證道果的、能修道的是妄心意識，不證道果、不會有修道認知的那個被證者是另一個心，就是眞心妄心等兩個心並行。可是我們剛開始弘法時，因爲有一些同修是農禪寺師兄姊，在我的幫忙下證悟後，有一天心血來潮去找聖嚴法師談：「師父！人家蕭平實教我們的，是有一個眞心與另一個妄心同時存在，我們用這個能知能覺的妄心參禪，證得另一個離見聞覺知的眞心，這樣就是開悟，《般若經》就能懂了。」沒想到這大和尚說：「那你不就是有兩個心了嗎？人只有一個心才對。」提出這個質疑來。

後來他們回來跟我講：「師父看來是眞的不懂，我這樣跟他講，他竟然反問說：『那你不是有兩個心嗎？我們人類都只有一個心，哪來兩個心？』」那我就說：「人何止兩個心？眞要說起來，每一個人有八個心，他都還不知道。」唉！眞的好可憐！他還是中華佛學研究所的所長，不曉得他是怎樣來研究佛學的，研究到後來變成這個樣子。

所以說修道的是意識心，修道有成而證得道果，不管他是證得初果乃至四果，或者證得辟支佛果乃至證得菩薩道的七住位、十住位、十行、十迴向、十地等，那都是意識所證的境界。因爲道果是意識所了知、意識所住的境界；當你悟了以後，證得阿羅漢果、證得菩薩果，那時你還是原來的你，而你有了智慧、有了解脫的功德，可是跟「『我』此法」、跟「無名相法」如來藏都不相干。

所以，假使有人說：「**我悟了以後，就叫如來藏幫我修行，而我來享受修行的成果。**」那你就知道他當然是沒有悟，才會講這個話。如果有人悟了以後還這樣講，你就知道天差地遠，他一定錯悟了。所以說，眞實的法中「**無道無道果**」。禪師不也說嗎：「**還是舊時人，不是舊行履。**」說悟了以後同樣是原來那個人，並不是悟了就不怕熱、不怕冷，也不是說悟了以後變得孔武有力，也不是悟了就有神通；這樣想像的人，誤會大了！所以悟只是悟得法界實相，因此你有智慧生起了，在智慧的層面上解脫於無明的繫縛，是這樣的解脫果。而這樣生起的智慧之道和道果，都是意識的境界，跟你所悟的實相法第八識無關。所以這是兩個法並行存在，不是悟得覺知心自己同一個法。那麼這樣子也才能說有所謂的轉依這回事可談，如果悟的是覺知心自己，那有什麼轉依可說呢？

然而在大乘法中，「轉依」這一門是非常重要的事，也就是說，你意識心證悟之時有道、有道果，可是這個道果是怎麼定義的？證道而有道果，一定是有轉依這回事，才能有道果可說。即使是二乘法一樣有轉依，例如你證得阿羅漢果，那你是轉依於「**不受後有**」的智慧境界，所以死後不再有中陰身出生，這也是轉依。那麼菩薩是悟了以後腳踏實地，不屑於入無餘涅槃，是因為自己所依止的是「『**我**』**此法**」，是這個「**無名相法**」，而祂是離一切見聞覺知，祂的境界中沒有道也沒有道果；轉依於這個「**無名相法**」的境界來安住自己的覺知心，這樣才叫作轉依。

既然有轉依，當然是有一個能轉能依的，也有一個是被依止的；能轉變覺知心自己而去依止另一個心，一定是有一個被依止的心才叫作轉依。沒有轉依成功時，就不是真正開悟者，轉依不成功的人遲早會退轉，或是無惡不作，猶如《菩薩瓔珞本業經》中說的那樣。轉依不成功的人，如果他一天到晚炫耀：「**我開悟了，我是五地菩薩，我是八地菩薩。**」那就是他轉依失敗了。轉依沒有成功時，我說他連眞見道都不算，就別談初地的通達位，也更不必講修道位的四地、五地的事；因爲他連第七住位都不算，他轉依沒有成功。

既然有轉依這回事，表示有一個能轉變的自己，也有能被依的實相心被依止，那就是有眞心與妄心兩個心。這時是把能轉能依的七轉識簡單的稱呼作妄心，而常住堅固不可壞的被依止的如來藏心就把祂叫作眞心，這樣就很好講：一個眞心一個妄心。妄心能參禪、能學習正知見而且有知有見，所以能學道，有道的緣故所以學道以後能有道果的證得；但這個有道有道果的覺知心，要依止於「**無道無道果**」的實相心，這顯然是兩個並行存在。所以，參禪的正知見就是自己好好去學道，將來證得道果時就是要轉依那個「**無道無道果**」的第八識心，轉依成功了就說他眞的開悟了。如果沒有轉依成功，就算他能講得滔滔不絕，所說的也都正確，在佛法中依舊說他不是開悟者。因爲他沒有轉依成功，他老是有道有道果。所以說，「**無道無道果**」才是「『**我**』**此法**」的境界。

接著說「**無慧無慧根**」。智慧是要依於見聞覺知的心才能存在，如果沒有見聞覺知的心，老實講，最基本的世間慧都不存在了。什麼是最基本的世間慧？養過孩子的人就知道，娃兒剛出生時哭不哭？通常都是會哭的，如果不哭，醫師要打到他哭，對不對？那婦產科醫師就會把他兩腳提了起來倒吊著打他屁股，打到他哭爲止，那時就開始呼吸了，就能活下來。那麼醫師爲什麼要打他？因爲他還無知，無知就表示他意識沒上來，就會死。若不打到他哭，他連氣都不會喘，就會死掉；所以婦產科醫師仁心之手硬要把他打到哭。爲什麼要他哭？因爲要他生起見聞覺知來，要使他的意識清醒過來。若是不哭，就表示他被產道擠壓而太痛苦、悶絕了；由於悶絕了，所以醫師要打他，打到他哭時就表示有見聞覺知了，意識生起來了。

有見聞覺知就能活起來，活起來的意思代表什麼？正是流轉生死。那麼流轉生死當中，他就有基本的慧，叫作「了別慧」——他能了別痛楚，所以被打到醒過來，是被刺激而醒過來，這就是最基本的了別慧。然後接著肚子餓也會哭，尿布濕了也會哭，身體不舒服時也會哭；得要有人把他抱起來動一動、轉一轉，或者幫他處理好了，然後他才肯睡覺，這就是最基本的了別慧。可是這個慧從哪裡來的？是從見聞覺知來的；如果沒有見聞覺知，他就

「無慧」可說了。但是慧漸漸會生長、會成長、會增廣，這個增廣就得要等下週再說了。

《佛藏經》上回講到第六頁倒數第四行的最後一句「無慧無慧根」，好像是講了什麼？嬰兒的了別慧有沒有講了？有？就是說「慧根」是五根中的一種，五根是信、進、念、定、慧等五法。五根若還不具足，就表示他學佛以來時劫還非常之短，可能只有一劫、兩劫，最多不超過一萬劫，所以他的五根不具足。五根是二十二根中的五個，這五根——信根、精進根、念根、定根、慧根——修到具足時就是十信位滿足的人。十信位滿足時就說他五根具足了，就表示他可以轉進修學初住位到十住位的法；在這之前都是修集資糧，還談不上菩薩六度的修行，所以這一類人要在世間法中努力行善，造橋鋪路救濟貧窮等，他們都還要持續去作，同時熏習一點佛法——就是最基礎的佛法——來培養他對三寶以及對佛戒的信心具足圓滿，這樣就叫作信根具足；當他的信根具足時，其餘的精進根、念根、定根、慧根也會一同跟上來，才說他五根具足了。

可是五根具足時，看來好像他有慧根了，因為五根是信、進、念、定、慧，慧根是最後一根；有慧根時，當人家說三寶的勝妙時、說到佛教中的戒律如何時，他心中就會生起愛樂之心，那我們就說他有五根了。如果一談起大乘佛法時，他心中充滿了偏見和排斥，表示他的慧根是還不夠的；慧根不夠就談不上慧力；因為先要有根，根具足時力量才會發起來，但也只是一點點而已。那這五根具足以後開始有一點點力量，叫作「五力」，就是信力、精進力、念力、定力、慧力，但那力量還是非常小的。這就是說，一個人初學佛時，可能一劫乃至一萬大劫中，要修十信位之法，主要在生起信根；當他信根已經圓滿時，其餘四根就會跟著圓滿，但也只是五根；當這五根都具足圓滿時，才會有一點點的力量生起，那時叫作信力等五力。

意思是說，有一點點信力時，接著才會有一點精進力；所以他如果每週來共修一天，就會覺得：「我夠精進了，每週都去共修呢！」他會覺得自己已經很精進；其實只是每週一個晚上來上課一次，就覺得很精進；他也不會退轉回世間法中追求，只是有時如果天氣太熱了就會請假，寒流來了也會請假，你叫他說：「禮拜二再來聽經，有機會打禪一時再一起來努力，回家要每天拜佛。」他沒辦法作到，會覺得這樣修行太辛苦。所以他有精進力時，就只是符合我們正覺規定的出席標準。他心裡覺得一直都沒有退轉離開正覺，這樣就是很精進了。這也沒錯，因爲如果比起一般的學佛人都還無法進講堂來學法，他算是眞的有精進力了，但也只是一點點。

有精進力以後再過一段時間，他會有一點念力，這時不只是有念根而已，已有一點念力了；當親教師講法時是什麼意思，他稍微開始聽懂，就是他有一點勝解了因此就能記住；有一些他會記住，但大部分都忘光光。但這也叫作念力，總比一般人聽了完全不知道要好多了。有一點點念力之後他就因爲這個念力關係，心中決定：「**這個法有道理，我這一條路要走下去，絕不退轉**。」就有這麼一分的定力了，那他就憑著定力繼續努力，隨後就由一分定力再生起慧力，這就是五力。

那麼這從十信位滿足的五根到初住位開始的五力是一個轉捩點，表示他終於眞正開始走上佛菩提道了。可是他還得要學很多很多的法，雖然可以正式開始修學六度萬行，可是這六度萬行對他而言並不容易。所以有的人禪淨班上完後在進階班一待五年，既不很用功也不報禪三，他覺得說：「**我只要在正法中安住就夠了，開悟或不開悟的事跟我無關**。」表示他的企圖心不強。

這是心性好，但也顯示他的精進力是不夠的。精進力不夠就表示念力、定力和慧力都會有一點不足，所以他只好留在外門廣修六度萬行。而這種情況應該都是正常的情況，因爲這是一般人學佛必經的過程，所以三賢位的三十心才需要一大阿僧祇劫；如果進來同修會兩年半就破參，那是不正常的人，那不是常態，應作如是觀。

談到這個，要順便說明一下，這回禪三報名表審核完了，一定有許多遺珠之憾。這一回每一個梯次多錄取五個人，加上一位報求見性的，那我會比較辛苦，因爲每一梯次多五個人。也不能不增加，因爲現在有香港班等，所以人數一定要增加。但若是再要增加，也沒床位了，除非讓再增加的人打地鋪在一樓睡覺，但這樣沒辦法順利辦禪三，因爲浴室、齋堂都不夠用。可能兩年後每年春秋二季都要再增加一個梯次，要變成每次連著辦三次禪三，因爲這勢所必然。

但是我有一些話也要順便跟大家講一下，我們南部有人在傳言說：「你們報名禪三想要錄取，最少要捐一百萬以上才行。」可是放這個話的人這兩年退轉了，他當年破參時如果我沒記錯，他的護持款還不滿三十萬元；而且

在他的前面還有很多人很有菩薩性，我把他們刷掉來錄取他，這有沒有道理？對啊！是沒道理啊！大家都比他有菩薩性，結果我把有菩薩性的同修們刷掉，把一個只顧自己的人拉上來打禪三，大概我的眼睛是被什麼糊了吧？這件事也要順便跟大家說明一下，我們禪三的錄取是多方面的考核，我們行政系統有六個組，六個組都要有考核表出來；然後親教師還從五個層面，比如定力、慧力、性障……等五個層面再作考核，然後報名的人自己在福德欄寫了多少，我們也會去求證，最後我才作下決定。所以這是有一個標準的，不是自由心證的。

但是原則上沒有去過禪三的人，而他確實有菩薩性，我們會盡量讓他先去一次，體驗一下禪三的過程，原則上我會這樣作。被比下來的人，下回再錄取上山。也有人這回應該被錄取的，但他對禪三的審核亂發言鬧事，那我這回要不要錄取他？如果錄取了，就是鼓勵大家都來鬧事，是不是？所以這件事情顯示出他的心性，那我們要作到怎麼樣在各方面都很公平，這才是最重要的事。所以禪三的錄取，其實我有兩、三年不談了，但這次還是要順便談一下。事實上，這類傳言已經有很多次了，但我總是要每次隨機教育一番，才能救護某些人不再亂造口業。

言歸正傳，回來說他有了五根，但是五力還只有少分，因爲這五力的力量都還很小，那他要修六度萬行，就得要在外門再修很久；所以有的人看來很聰明、很伶俐，可是他要破參很難；有的人看起來傻呵呵的，可是他破參很快，因爲佛法的修證不是從表相上去看的。如果要說聰明伶俐的話，其實我這個人最笨，因爲從小就被我二哥這樣敲腦袋：「**你爲何這麼笨，有什麼好處都跟人家分享？**」但我就是傻呵呵的。而我此世被聖嚴法師誤導了五年以後，把他教的全部丟掉；在家參禪十九天的最後半個鐘頭，我把它丟掉以後乾脆自己來，二十幾分鐘就把明心與見性都解決了！這很難說吧？對不對？

所以我小時候是被人家笑說沒有用的人，鄰居會在背後搖頭說我是「**扗角**（閩南話）」，聽懂不懂？懂喔！就是說這孩子是沒有用的；人家能去外面賺錢買肉買什麼回來，你這個小孩子只能去外面撿一些牛角、羊角回來，又不能吃，是個沒有用的人，意思是這樣。所以菩薩道上的修行是傻瓜才能走得快，如果不是傻瓜就不會很精進用功，也不會很努力去修六度萬行，就沒因緣見道。因此我們錄取去禪三的人，不是從他的聰明伶俐來觀察，而是從他的菩薩性夠不夠來觀察。至於菩薩性夠不夠的觀察，就會有很多層面要作，這是要跟大家說明的；就是說五根具足了不一定就能破參，因爲他的五力還太少，這五力要經由六度萬行去修，布施度努力去修，然後才能修到持戒度；如果布施度沒有努力去修，一下子跳到持戒度：「我受了菩薩戒，我是菩薩了。」可是還沒有那個實質，他的菩薩性還不夠；像這樣的話還得要回頭把布施度修好，然後來修持戒度；把持戒修好以後就懂得怎麼精進，乃至最後修般若度，這就有一個過程。

總而言之，想要破參的人得要有五根五力，那我們度人時不是度聰明人，我們要度傻瓜；也就是說他願意吃虧爲眾生付出、爲護持正法努力去作，我們要度的是這樣的人，最重要的是他心性要好，這才是最重要的。那麼當他五根五力努力去修行到般若度觀行修學完成了，這就表示說，他可以破參了。但這是慧力已經足夠支撐他開悟破參，可是五根也好、五力也好，或者不說五根五力，單說慧根與慧力，其實全都是意識心的事，若論智慧，到底是誰有智慧？是意識有智慧。可是意識的智慧之所從來，是因爲證得那個沒有智慧的「此經」妙法蓮花—或者叫作「金剛經」、叫作如來藏—智慧才能夠生起，因此這「無名相法」如來藏，這「無分別法」如來藏沒有智慧可言，所以祂也不需要修行來培養慧根。

再回憶一下、複習一下《心經》說「無智亦無什麼」？（大眾答：無得。）諸位都瞭解。就是「無智亦無得」。當你證得「此經」時是你有智慧，你證得菩薩果時說：「我現在住於第七住位常住不退。」有的人還會覺得很幸福說：「我有善知識攝受，因此我可以在生起疑心時馬上就滅除疑心，可以在第七住常住不退，我好幸福，不會像淨目天子、法才王子、舍利弗等三人無量劫前，悟了以後沒善知識攝受，結果起疑退轉無惡不造，所以覺得自己好幸福！」然而這個住於第七住位的智慧之所從來，卻是因爲證得那個沒有智慧的第八識心，才能使你意識有智慧。

如果是第一次來聽我講經，聽到這一句話時心裡就想：「豈有此理！怎麼可能這樣？」因爲一般的大法師都會說：「我們要去證得一個很有智慧的心，我們就能變得很有智慧。」結果蕭平實竟然說要去證得沒有智慧的心，而我會變得很有智慧，覺得這話講不通。從表面上看來也眞的不通，譬如我們在世間法上就是要跟隨有智慧的善知識來修學，才會越來越有智慧；那你蕭平實這樣講，就好像是我們要跟隨一個笨蛋修學才會有智慧，邏輯上有一點像這樣。其實不然！因爲法界實相是第八識「無名相法」，祂如果有智慧，咱們就不會輪轉生死了；祂如果有智慧，祂已經存在無量劫了，祂自己不會成佛嗎？還需要我們努力修行才成佛嗎？當然不需要！但明明是我們五陰修行才能成佛，不是由祂成佛的呀！

但是卻因爲我們證得祂以後，我們知道原來法界的實相是這個樣子，所以我們知道祂不在六塵境界中運作，因此祂不需要智慧；祂也是本來解脫，所以祂不需要求智慧、求解脫。需要智慧的是我們，求解脫的也是五陰，那我們五陰的智慧之所從來，就是因爲證得祂，所以我們知道了法界的實相，之後轉依於祂本來無生無死，轉依祂的本來不生不滅、不垢不淨、不斷不常的境界，因此我們五蘊變得很有智慧，這才是眞相。所以我們要經由證得祂來發起智慧，祂不必有智慧而我們五蘊得要有智慧，這才是眞正的佛法。

可是這個佛法到了末法時代沒有人這樣講，就算我講了出來也沒有人敢跟著這樣講，因爲他們在道場中會被攻擊的；而他們還沒有實證之前，也無法爲人解說，最多只能自己讀誦而無法爲人解說，那他的「如說修行」就會變得很困難。這是一個盲點，或者叫作瓶頸，末法時代的大師們卻看不清楚這一點，所以大家都說：「**我們修行就是要使覺知心自己很有智慧。**」從來沒有人知道說：「**要使自己很有智慧是要證得一個沒有智慧的心。**」都不瞭解這一點。所以我們所要證的標的就是第八識心，又稱爲「**無名相法、無分別法**」，而這個法祂沒有智慧可言，所以眞實的心就像《心經》所說的「**無智亦無得**」。

正因爲菩薩證得祂以後，知道「**無智亦無得**」的道理，所以菩提薩埵才能究竟涅槃。涅槃以什麼爲究竟？以如來藏爲究竟，涅槃不能外於如來藏。二乘涅槃並不究竟，能入無餘涅槃的聲聞阿羅漢依舊不究竟，因爲不知道無餘涅槃中是什麼。可是證悟的菩薩還沒有能力入無餘涅槃，就已經知道無餘涅槃中是什麼，這樣才叫作究竟法。所以這個無餘涅槃中是不應該有智慧的，無餘涅槃中如果還有智慧存在，那就是還在三界中，就不是無餘涅槃。所以有智慧的是意識覺知心，而被你所證的「**無名相法**」第八識祂不需要有智慧，所以祂沒有智慧；那祂如果不需要有智慧，不需要求智慧，祂又何須要有慧根？

慧根爲什麼很需要呢？因爲若沒有慧根就沒辦法進修產生慧力，就沒辦法開悟；開悟的是你五蘊，而「**無名相法**」如來藏是被開悟之標的，所以祂不需要有智慧；祂既不需要智慧，就不需要修行來培植慧根，就不會有慧力。不培植慧根就表示祂不需要修行，要修行的是咱們五蘊，因此說，需要培植五根或者需要培植慧根的，是我們五蘊而不是祂，所以祂不需要有慧根，祂不需要有智慧。

如果今天第一次來聽我講經，聽到這裡會覺得很矛盾，聞所未聞。然而法的實質就是這樣，唯有如此才能使我們的五蘊生起智慧。所以在「**無名相法**」的境界中，就是世尊所說的：「『**我**』**此法中……無慧無慧根**。」如果開悟明心時所明白的心、所證得的心是有智慧的，是有慧根相應的心，就表示他悟錯了。這一點是大家都可以作自我檢驗的準繩，拿這條繩子來衡量或檢驗，歷經十方三世一切佛土而皆準，一定不會有錯。那麼能檢驗通過，三乘菩提諸經自然就可以漸次貫通了，而我這個說法不是空口說白話，因爲我自己就是一個現成的證明：沒有誰教我三乘菩提，以前我跟一個所謂的善知識學了五年全都是錯誤的；後來我全部丟棄，自己參究，這樣走過來以後，更不可能有誰教我三乘菩提。但是隨著我所讀的經典，我就把往世的所證次第找回來，自己就通達了！

所以你想要有智慧時得要先有慧根，你有慧根而生起智慧的根源，卻是因爲你證得那個「**無慧無慧根**」的「**無名相法**」第八識；這一點一定要先信受，否則佛菩提道永遠都走不好的。也就是說修行的是我們五蘊，而我們要證得的是五蘊之所從生的根源第八識；當我們能證得那個根源時，我們就開始有智慧——慧力開始產生作用，那慧根當然也就圓滿了。所以「**無名相法**」要依照 世尊這個聖教說：「『**我**』**此法中……無慧無慧根**。」因此，這句聖教中說的慧，講的都是三界中法，包括嬰兒慧。

不能說「我就努力打坐一念不生了了分明」，說這樣叫作無分別智，其實那只是五別境心所法中說的「了別慧」，是對六塵的了別慧，不屬於三乘菩提的智慧。如果要說那樣子打坐一念不生的智慧，認爲能保持最長的人就是智慧最好的人，那問題就出現了：應該是剛出生兩、三個月的嬰兒是最有智慧的聖者，因爲他都一直一念不生；而末法大師們說的一念不生就是沒有語言文字的境界，就叫作一念不生。其實沒有語言文字的境界中，仍有很多的妄念不斷生滅不已。就算他們說的一念不生是智慧好了，那他們一念不生的功夫有比兩個月的嬰兒更好嗎？都沒有！依他們的說法作標準，顯然嬰兒的般若智慧都是比他們更棒的。

可惜的是，依他們說法的標準來定義，嬰兒越長大就使悟境越退轉，是不是？正是啊！因爲又有語言文字生起了，那就是悟境退轉了！依大法師們的定義，竟然是每一個人生來都曾經有開悟，但每個人出生開悟以後接著越長越大就越沒有悟境，依照大法師們的定義就變成這樣。所以那個錯誤的心態一定要改正過來，所證悟之標的是「無慧無慧根」這個第八識眞「我」，這個「我」的自身境界中沒有五蘊我的我性，沒有三界我、十八界我、六入我的我性，但是祂常住不壞，而且是我們五蘊、六入、十八界我之所從來，祂是我們的根源，不曾有生而永遠不滅，所以祂才是眞實「我」，因此 世尊把祂說爲「我」；那麼依據 世尊這段聖教說：「『我』此法中……無慧無慧根。」所有參禪人都得要記住這一點。

接著又說：「無明無非明。」明與無明相對，也就是與非明相對。在《阿含經》中說無明就是不知。又說，什麼叫作明呢？知就是明。所以明就是了知的意思。了知二乘菩提就是有二乘菩提的明，明就是智慧；不了知二乘菩提就是有二乘菩提的無明，被解脫道所攝的無明所遮障就叫作無明。那麼大乘法也是如此，如果有明，就表示對大乘佛法有所了知而有明。

其實明是應該分層次來說的，第一個層次就是「聞慧」，聞慧也是明的一種。譬如以前修學佛法老是覺得渺渺茫茫無所適從，至少在進入正覺以前大約都是如此，都是讀了正覺的書以後才恍然覺悟說：「原來這個才是佛法。」爲什麼呢？因爲以往修學佛法二十年、三十年後，依舊對佛法無所適從，不知道要從何下手才能實證，也不知道應該要怎麼修；所以修淨土的人也不知道怎麼樣才是實證，修禪宗的、修律宗的或不管他們修哪一宗，包括最會判教的天臺宗，都對佛法的實證覺得無所適從，所以老是感嘆說：「三藏十二部經教浩如煙海，無從下手。」

所以過去二十幾年都在逛道場，眞是逛的，因爲每一個道場去努力修學三年，最後就得離開了。不管去哪一個道場學了三年以後，原來就是這樣，再也沒有什麼可學的，於是到另一個道場去又三年，逛十個道場下來就三十年了，結果發覺每一個道場都一樣，學了三十年以後對佛法的內涵依舊無所知。一直到有一天回到家中看到書架上有一本書是蕭平實寫的，「不然，我就拿下來讀讀看吧！」原來十五年前人家就給他了，那他想，是人家好朋友一直解說的，不好意思丟到字紙簍去，所以書架上一放十五年；如今拿下來抹布擦一擦，重新再來讀一讀，覺得讀不懂欸！好深喔！這到底在講什麼？耐著性子把它讀完，終於稍微瞭解一點，這時才發覺這蕭平實講的有些道理。

也就只是瞭解這麼一點，最後整本書讀完時緊接著看到「正覺同修會修學佛道的三個次第」；讀完了才知道原來這書裡是有方法可以入手的，好好研究一下，然後想：「我應該去試試看吧！」雖然晚了十五年，畢竟不是明年就要死了，就想著去試試看。這麼想著，再翻過去下一頁時看到〈佛菩提二主要道次第概要表〉，這一看才驚覺：「啊！原來佛法是這樣修的。」終於才下定決心走進正覺來，對不對？

所以我們出版社常常接到會外的人來電致謝，有年輕人、有中年人、也有老年人，打電話來道謝說：「謝謝你們喔！我學佛三十年都不知道什麼叫作佛法，現在才終於知道了，原來佛法得要這樣修。」所以打電話來道謝。

後來終於看到書後有寫到全省各地正覺講堂週二開放聽經，就開始來聽經了，越聽越上癮，聽到上癮幾年以後他想：「得要去報名參加共修。」確定要報名了，然後跟著在禪淨班上課，漸漸懂得什麼是佛法了，這表示有聞慧了。有聞慧時就表示除掉了一分的「非明」，也就是無明。除掉一分無明時，所除掉的無明只是因爲聞慧而產生的明，以聞慧的智慧而去除那一分的無明。

接著每一次聽完回家自己就思惟，思惟的結果又有一分的智慧生起，又多了一分了知，就是思慧。因爲聽聞的跟思惟後的了知不一樣，譬如你讀書讀過了就能考好試嗎？不會的，讀過以後爲什麼要再複習？或者上課時老師教過回家以後要自己再複習？因爲這樣才能如實瞭解，那就是思惟所得慧，這就是第二個層面的思慧。表示他有這個層次的智慧時，就是有這個層次的明，就表示相對於這個層次的無明已經除掉了。同樣的道理，如實去修行時就會有「修所得慧」，依於「修所得慧」繼續修到有一天就會有「證所得慧」；有了「證所得慧」以後要能夠轉依成功，才能夠叫作「得」，那「得」就是常住不退的智慧。這就是聞、思、修、證、得，這五個層面表示明與非明都有五個層面。

可是，不管你是在哪個層面的「明」與「非明」，這都是你的意識層面的事，都跟「無名相法」這個眞實「我」無關，因爲祂是被證的標的，祂什麼都不用作；只要你存在時祂可以配合好就行了，祂不必出來拋頭露面作許多你五陰所作的事情。譬如董事長坐在總公司中，他交代總經理去作；總經理是誰？就是意根；總經理權力很大，但董事長不管事，只要總經理努力把錢賺好就行；董事長只管錢賺多賺少，賺多了收進來，賺少了變成存貨多了他也收進來；那總經理需要錢時他就供應，但總經理可不可以把賺的錢放入自己口袋？不可以！一定要交給董事長，董事長在這一方面全部抓住。

所以你別妄想說：「我這一部分種子自己保存行不行？」不行的。你的如來藏不會放手給你保存的，你也沒有這項功能，而祂抓得緊緊的。意根什麼都管，但意根需不需要很有智慧？不需要。這是說總經理不需要很有能力，總經理要像雷根那樣笨笨的，但是會用人就好，美國就強大了。所以總經理用了一個很聰明的經理叫作意識；那意識就很會思惟、規劃、分析……等，然後交給眼、耳、鼻、舌、身等五識去作，而董事長在背後支援著一切。

就這樣一家公司營運得很好，所以到現在爲止你們都還活著，不是嗎？正是這樣正常運行著。

因此所謂「**明**」的發起，全都是你識陰六識的事情，也是你意根的事情，無明的消滅斷除也是你們七轉識的事情，跟眞實我——「**無名相法**」無關。所以明的實證、明的發起，是你要去修行把「**非明**」斷除，因此你五陰有了「**明**」。這些都是五蘊自己的事，而「『**我**』**此法**」不管這個事，祂只管支援你，該給你什麼就給你什麼，你需要什麼就給你什麼，但是你修行好了，智慧生起了，這個成果還是要歸到董事長「『**我**』**此法**」中，但是「『**我**』**此法**」第八識心卻只管收藏明與無明的種子而不加以了別。因此在「『**我**』**此法**」中「**無明無非明**」。

那麼這個地方還得要再稍微說明一下，一般說既然沒有「**非明**」，那就是有「**明**」，爲什麼卻說沒有「**明**」以後還沒有「**非明**」？那不就是贅語嗎？可是　佛陀說法無贅語。從現象界來說，假使有一個人他很有智慧時，就說他有智慧光明——他沒有無明；但問題是，有智慧光明而沒有無明，是不是落在明的一邊？是喔？那麼沒有無明的這一邊呢，看起來也是像有智慧，看起來跟智慧是同一個法；既然是同一個法，爲什麼說「**無明無非明**」？這就要來談談「『**我**』**此法**」。「**我**」這個法跟意識心不一樣，意識心會落在兩邊中的一邊，但是「『**我**』**此法**」從來就不落在兩邊，而你也不能說祂就在中間；因爲如果說祂在中間，那就是意識了，還是一邊啊！意思就是說：「『**我**』**此法**」沒有智慧光明，但也沒有無明。

這樣講，也許有人體會不出來，那我們要說明一下。無明爲什麼是跟意識相應？是因爲意識有所不知，例如對聲聞菩提不知，所以稱爲聲聞菩提的無明；對緣覺菩提、佛菩提的不知，所以稱爲對緣覺菩提、佛菩提的無明。換句話說，有明的人就會有無明，因爲他不是具足知，除非成佛了，對一切法無所不知，才能說「**我有明而沒有非明**」，否則只要是有明的心就會有非明，因爲沒有具足知，這個就是意識的境界。可是「『**我**』**此法**」這如來藏法，你再怎麼修，祂都不會有智慧；你若是完全不修，祂也不會有無明。因爲智慧與無明是相對之法，同一個意識覺知心才會有這個相對之法存在，可是「『**我**』**此法**」中沒有這些東西，不管是智慧或是無明都不存在，因爲智慧或無明是在三界中的境界，而「『**我**』**此法**」——「**無名相法**」如來藏，祂不是三界中的法，所以祂的境界中沒有「明」也沒有「非明」，世尊才開示說：「『我』此法中……無明無非明。」

再來說「無解脫無非解脫」。「非解脫」是說眾生因爲我見、我執和我所執的緣故，因此在十方三界的六道中輪轉生死永無窮盡，這就是「非解脫」。「非解脫」的原因當然有很多種現象上的差異，但是歸結起來就是對三乘菩提的無知，所以他所住的境界不是解脫境界。既然說眾生「非解脫」，就表示有一類有情是解脫的；既然有一類有情是解脫的，顯然就有解脫可證；有解脫可證時才能說其他的人「非解脫」。那麼現在就來看一看，「非解脫」的有情是誰？是三界六道眾生。那麼有解脫的又是誰？就是聲聞、緣覺、菩薩以及諸佛，這都是有解脫的人。有解脫的人跟非解脫的有情合在一起來說，就叫作十個法界，也就是四聖六凡法界，就是六道眾生的法界以及這四種賢聖的法界，一切有情無過於此。

那麼這四種聖人得「解脫」，六趣有情「非解脫」，這解脫與「非解脫」都只是在五蘊中的識蘊上面來判定；也就是說，有三乘菩提的智慧所以他有「解脫」，六道眾生沒有三乘菩提的智慧所以不得解脫，叫作「非解脫」。但是，證得「解脫」是誰的認知？是意識的認知；「非解脫」又是誰的判定？還是意識自己的判定。眾生不會說：「我『非解脫』。」因爲眾生都有無明。但是智者會說：「眾生非解脫。」所以智者的意識可以判定眾生有「解脫」或「非解脫」，而凡夫眾生的意識無法認知「解脫」與「非解脫」。所以才會有外道的五現涅槃，自認爲解脫，其實是錯會。但是「解脫」與「非解脫」只有你的意識能認知、能判定，也只有意識能在捨報時想要入無餘涅槃而被意根決定接受，於是捨報後中陰身不現前，就這樣消失了！那麼現在從五蘊消失以後「不受後有」或說爲「不更受有」來說「解脫」時，這個解脫境界叫作無餘涅槃，但無餘涅槃中是什麼法？大聲一點！（大眾答：如來藏。）是如來藏獨存。這如來藏又名「無名相法、無分別法」，就是 世尊在這一段經文一開頭講的「『我』此法」。

那我們講過很多遍，也講過很多年，已經有二十多年了，說如來藏自己的境界中離見聞覺知而不了知六塵。無餘涅槃中只剩下如來藏，沒有六識心、沒有意根、沒有六塵時，當然更沒有色身了，這時如來藏能有思想嗎？能有覺知嗎？能反觀自己嗎？都不能。所以祂的境界中有沒有誰知道解脫？

已經沒有人可以了知解脫，那祂當時會知道眾生「非解脫」嗎？不會！所以祂那個境界中「無解脫無非解脫」。那麼這個道理瞭解了，從無餘涅槃中拉回到現前來說，你證悟明心了，你來觀察你自己身上這個「『我』此法」，看祂自己的境界中有沒有了知解脫？沒有的；而祂的境界中有沒有解脫可說？也沒有，因爲祂不會加以了知，所以祂自己的境界中「無解脫」；那祂會不會了知眾生「非解脫」？也不了知，所以祂的境界中「無非解脫」，因此世尊說：「『我』此法中……無解脫無非解脫。」這樣子這句經文就懂了。

這個法近代沒有人講過，並不是那一些善知識吝嗇，不能責備他們，因爲他們也不懂。就算有人願意講，也講過了（因爲我知道有個道場曾經講過《佛藏經》，但他們只講前半部），那他們宣講的結果請諸位判斷一下，會不會正確？當然不會。他們講的既不正確，徒眾們能不能聽得懂？當然也不能。而我現在把它解釋清楚了，諸位聽懂了沒有？（有人答話，聽不清楚。）聲音這麼小！到底是懂還是不懂？（大眾答：懂！）懂了！因爲我把這個道理清楚解釋給諸位知道了。

這也就是說，大乘經典中所說的了義法並不是玄學，祂是可證的，並且可以經由不同的人再三實證、再三檢驗、互相比對、互相檢驗。所以大乘經典說的都是義學，不是玄學。那麼你從如來藏自身的立場，假使你實證了，可以把我今天所說的一面聽聞、一面現前觀察，可以立刻印證。如果你現在還沒有實證第八識，就成爲「現前立少物，謂是唯識性」，那個「少物」就叫作如來藏；你心中建立好像有個東西存在，說祂叫作如來藏，而祂的體性就是這樣。那你用這樣的正見來聽時也能聽懂，剩下的是能不能現觀的事，接著就是按部就班去走了。

所以「『我』此法中……無解脱無非解脱」，這絕對是如實語，不能像那一些佛學研究者、那些學術界的人們說：「這些大乘經都是玄學，講出來就是讓人家弄不懂。弄不懂時大家就無法評論，無法評論就是玄之又玄，就無法推翻它。」大膽的人就說那都是玄學。問題來了：玄學、玄學罵了幾十年以後，出來一個正覺同修會說祂不是玄學，然後把他們所說的一概推翻，這時才終於知道原來大乘經典非玄學，而是義學，但是爲時已晚，對他們而言該謗法的都謗完了，該謗佛的都謗完了，而現在整個佛學思想體系已經建立到那個地步，現在想要把自己所說一舉推翻，就算堂頭和尚願意推翻，底下所有法師們可不願意推翻的，那怎麼辦？就變成騎虎難下。就是這樣眞的騎虎難下，最後只好心中惶恐捨報無所能爲啊！

因此，如何去實證「『我』此法」才是重要的，實證了以後自然就知道：**「原來眞的有解脫，至於有解脫、無解脫的了知，那都是我們意識心的事，而我們覺知心所證的『我此法』，祂自己才不管有解脫或無解脫，因爲你解脫後也是祂，你不解脫時也是祂。」**這樣聽起來又覺得怪了：**「豈有此理？我努力修行而得解脫時怎麼會是祂？而眾生不努力修行不解脫時爲什麼也是祂？」**又覺得困惑很大了！其實沒什麼可困惑的，有一句臺灣的諺語說：**「江湖一點訣，說破不值一文錢。」**對不對？眞的如此。

那我們現在就把這個道理說穿了，能得解脫（先不談大乘法，單說聲聞菩提比較簡單一點，也比較容易理解），當一個人從凡夫位努力修行降伏了性障，然後把我見斷了，接著又斷除了我執，捨報後中陰身不現前而入無餘涅槃，入無餘涅槃時「不更受有」，也就是「不受後有」，不再去受生了，所以三界六道中都找不到他，他就消失而成爲無餘涅槃。但無餘涅槃中是什麼呢？就是如來藏，就是「『我』此法」；這時已經沒有五蘊了，請問這時解脫的是誰？

還是「『我』此法」如來藏啊！所以解脫的是祂。

然而未入涅槃前還沒有證解脫時，如來藏自己也沒有生死，既然如此，將來入無餘涅槃後解脫的是祂，那我何必入無餘涅槃？入無餘涅槃的是不是傻蛋？是不是傻蛋？對嘛！所以 世尊才說「凡愚不能知」，或是「不爲凡愚說」。凡就是凡夫，愚就是二乘聖者那些阿羅漢們。那麼菩薩看清楚了這一點以後就說：「那我何必入無餘涅槃？因爲入了無餘涅槃中解脫的是祂，是如來藏，那我何必拉著祂入涅槃？我看到祂現前已經解脫，而我生活在如來藏中，如來藏沒有生死，所以我現在活著或是以後死了都沒有生死，因爲沒有生死的是祂！」

話說回來，就說凡夫好了！我們剛剛說凡夫正在生死輪轉時，生死的本體也是祂。你來看看，比如說，我們來講三世生死；前一世叫作張三，張三死後不存在了，投胎來到這一世時換個身體也換個家，也是換一對父母而說他出生了叫作李四。李四出生以後努力學習怎麼樣在世間生活，所以他首要之務就是當學生；當學生而從學校畢業到了社會上還是當學生，因爲他繼續要學習怎麼生存，所以畢業到了公司作事乃至當老闆創業，或者當皇帝、當國王、當總統，依舊是學生——學著怎麼樣生存。當總統或皇帝也要很小心的，不然被人家拉下馬，所以他還是當學生，學著怎麼樣生存。所以當人家說：「欸！你的總統任期只剩下兩年，現在跛腳了吧！」他偏不要跛腳，想方設法掌權不放，因爲他要生存，所以繼續學著怎麼樣生存，就要有很多智囊團幫他提供意見。然後終於到老了，死後李四這一世結束了，投胎到下一世去，又換了對父母、換了個家庭、換了個五陰，這時他叫作王五。

那諸位這樣來看，王五依舊繼續輪轉生死，最後也會老、會死，張三、李四、王五都會被替換，可是只有一個不被替換的，就是他們的如來藏——如來藏常住。也就是說「『我』此法」常住，這個常住的心永遠不生不死，永遠存在，祂是常住法。上一世的張三來住在這個如來藏旅店中，死了以後就說他搬出去了——離開了；這一世換李四住進同一個如來藏中，李四住進來到老了又死了，離開如來藏；然後下一世換王五住進同一個如來藏中，又重複同樣的過程。這樣顯示前世的張三、這一世的李四、下一世的王五在輪轉生死，可是張三、李四、王五有在輪轉生死嗎？其實沒有。因爲全都只有一世，哪裡可以說是輪轉生死？所以輪轉生死的主體不是張三、李四、王五。

想通了？喔！終於想通了，所以你們才會笑嘛！那麼張三、李四、王五都沒有輪轉生死，因為張三不從前世來到這一世，李四不從這一世去到後世，王五也不能從後世去到後後世，只有一個是三世都不中斷而一直輪轉下來的，就是被意根帶著一直不斷延續的「『我』此法」，祂叫作如來藏，又名「無分別法、無名相法」。

所以，眾生輪轉生死是如來藏，而解脫生死入涅槃以後也是如來藏。這樣看來解脫的是如來藏，「非解脫」的也是如來藏。也就是說輪轉生死的是如來藏，住於涅槃的也是如來藏；但是如來藏卻不會反觀自己的境界，也不會作主，祂自己永遠不了知什麼涅槃與解脫，在祂自己的境界中正是「無解脫無非解脫」。正因為是這樣自在無為的自性，所以祂才能陪著眾生輪轉生死，也才能使眾生證得涅槃而非斷滅空。

這樣看來很奇怪對不對？其實不奇怪，也眞的不奇怪，是因為你證悟了而能如是現觀。可是對於第一次聽到這樣說法的人，心中會覺得很奇怪。一定會覺得很奇怪，你想：解脫的是祂，修行的是我們；輪轉生死的是祂，不修行的是我們；這就是兩類人——賢聖跟凡夫，那這問題要怎麼解決？看來似乎很矛盾。解脫的是祂，修行的人證得解脫以後沒有解脫；在沒有解脫之中修行了以後卻能解脫入無餘涅槃，結果卻是祂住在無餘涅槃中，而努力修行的人竟消失了，竟然沒有入無餘涅槃，看來很不公平。可是正因爲這樣的很不公平才是公平，因爲法界中本來就應該如此。

爲什麼呢？因爲即使眾生很努力修行，得解脫以後說他證得解脫了，可是問題來了，入無餘涅槃中住的是「『**我**』**此法**」如來藏，但是請問：「『**我**』**此法如來藏無始劫來有沒有出生過？有沒有死過？**」如來藏本來無生無死、本來就涅槃，何需要你修行幫祂解脫？祂本來就解脫，不需要你修行幫祂解脫啊！所以祂對於所謂的流轉生死，或者所謂的解脫都不加以了知、也不關心，要關心的是你五陰。這就是眾生對解脫或無餘涅槃很難接受的地方，所以末法時代的眾生們，且不說眾生，就說末法時代的佛門大法師們，他們也都不接受。

然而法界中的事實卻是如此，聖教量中告訴我們的也是如此。所以你有沒有看到哪一部《阿含經》說，得解脫就是五蘊去到下一世，永遠不死一直存在或一直輪轉下去？沒有的。世尊說的解脫就是「**不更受有**」或者「**不受**

後有」。其實世尊講明了就是說：凡是想要入無餘涅槃得永遠解脫的人，就是要自殺，而且要殺得盡、死得透。就是要死得透，死不透就會再去接受後有，那就會繼續有生死輪轉。世尊也明明告訴大家：苦集滅道的實修而證解脫，就叫作滅度，是用八正道的方法來得滅度，滅盡了五陰就是解脫，才叫作得度生死。沒想到末法時代大法師們都不接受，都說：「**我不要滅而得解脫，我們可以繼續保有覺知心去住在無餘涅槃中而得解脫。**」可是眞正的解脫沒有這回事。因此說，輪轉生死的是祂如來藏，解脫的也是祂，可是祂自己的境界中不會認知自己有沒有解脫，所以說祂的境界中「**無解脫無非解脫**」，這才是眞正的佛法。能如是現觀的人，才是眞正進入般若的後得無分別智中的賢聖。

接下來說「**無果無得果**」。我要先提示一句《心經》說的「**無智亦無得**」，如果所證的開悟、所明心的那個心是有得的，那就錯了。然而末法時代普天之下所有的大法師們所悟的心都是有所得心，有所得的心就是意識心以及背後的意根。無所得心既無所得，那祂能修什麼行？能得什麼解脫？能修行的一定有所得，無所得的心就表示祂不會修行，不會修行的心才是開悟明心時所要證的心，而祂的境界中並不了知有無證得解脫、有無開悟明心。以前我們有人會退轉，是因爲不能安忍於如來藏的無所得，雖然我們把勝妙法送給他們，不斷地攝受他們，不斷地爲他們講經證明，增上班的課也爲他們解說而不斷地證明，但他們心中始終不得決定，所以老是想：「我證得這個心，這個心都無所得，這樣眞的叫作開悟嗎？」他們會覺得說：「那我悟得這個心永遠無所得，像這樣，我有什麼功德受用？又不能飛翔，又不能有五神通，發不了大財。」對不對？對啊！他們心中就這麼想：「我悟了以後有智慧，我死後這個智慧就不見了，而我悟的這個不會死的心永遠都不會有智慧，那這樣我有什麼功德受用？」原來他要悟的心是會有智慧、會有功德受用的心，那就是有所得法，不離意識生滅心。

問題是，所謂的功德受用是什麼？是我們悟得那個無所得心、無智慧的心以後，我們這個覺知心、我們的五蘊能把自我否定，願意死掉自己來承認那個從來無所得的心才是眞實法，這樣才能眞的除掉我執；轉依此心以後對於世間五欲的貪著就漸漸淡薄了，也能次第解脫生死苦了，這不就是解脫的功德受用嗎？然後三乘菩提的經典請出來一讀：「喔！原來如此！」以前是怎麼讀就怎麼不懂，現在讀了就開始懂了：原來如此。這時就說你好眼力，爲什麼呢？因爲你這時的眼力，不論讀到哪裡都是力透紙背；經典中這些文字所說的道理以前老是讀不懂，就像是隱藏在其中一樣；現在讀到其中去了，那不就是力透紙背了嗎？「**原來你有好眼力！**」人家形容書法寫得好的人說「**你的功力貫透紙背**」，其實哪有力量透到紙背去？那不過是個形容。

同樣的道理，說你現在讀經時好眼力，爲什麼好眼力？因爲經典文字所說隱藏著的意思你讀出來了，所以說你好眼力，力透紙背。所以經典可以讀透，不再落到那一顆一顆黑豆一般的文字表面上了。經典翻出來讀時不就像一顆一顆黑豆排得整整齊齊？但它到底講什麼？一直都不知道，看來就只是一顆一顆黑豆。現在終於懂了：原來如此！所以開始可以有智慧生起說：「**三乘菩提原來是這麼回事。**」智慧生起時就是功德受用，學佛不就是要擁有解脫與實相的智慧嗎？有智慧時不就是功德受用了嗎？不然什麼叫作功德受用？是悟了以後會飛天遁地嗎？沒那回事；會飛天遁地的有神通者照樣讀不懂般若諸經，照樣沒有解脫與實相智慧。所以有智慧生起就有功德受用，因爲從此開始懂得三乘菩提的道理。

那麼這時就叫作得果。得什麼果？得解脫果與智慧果。智慧果可不是水果，智慧無形無色，所謂的證果只是一個施設。講到這裡讓我想起十幾年前有一個居士很可笑，他認爲自己證悟了是幾地菩薩，或是認爲自己已經是成佛了，所以還會寫經典，眞的好厲害。我弘法到現在不曾寫過一部經典，他倒是比我厲害，寫了經典還拿到我們講堂九樓門前來發；據說他印證某一個弟子證得什麼果時就發給一張證書，證明弟子證得什麼果。然而有果可得的就是有所得，有所得的法在《佛藏經》前面已經被世尊斥責過了，這裡不再重複宣說。這表示那位居士落在意識中，像這樣的人自稱成佛，然後封很多弟子們是某某菩薩，全都寫在經典中。唉！說起來他的膽子比老天爺還大。也就是說，凡是有得果的就不是「『**我**』**此法**」，就不是「**無名相法**、**無分別法**」，就是意識心。而眞實證果的人是無果可證的，才能叫作證果。

但佛法中既然說有證果，表示有一個果可證，那個解脫果、智慧果卻不是具體的東西，所以二乘菩提中施設四向四果，因此就有向初果、初果、向二果、二果、向三果乃至阿羅漢，這叫作四雙或者叫作八輩。既然有緣覺菩提，就會有辟支佛果，因此就有人說四向五果；四向從初果向到四果向，四果加上辟支佛果就叫五果，簡稱四向五果；這是二乘菩提所證的果，但在大乘菩提中就是五十二個菩薩位，再加上佛地總共五十三個果位。五十二個菩薩階位就是十信、十住、十行、十迴向、十地，最後兩位就是等覺地、妙覺地。妙覺地就是一生補處的菩薩果，然後就下生人間成佛了，成佛就是菩薩果的最後一個，就是佛果。近代佛教界都只說四向五果，沒有人講過五十二個菩薩位跟第五十三階位的佛果，就只有我們正覺出來以後一一表列出來，大家才知道證悟般若的果位。以前只有天臺宗講過，但是對於聲聞菩提、緣覺菩提跟佛菩提，也都是含糊攏統，弄不清楚。

那麼末法時代被主張最多的說法，是把佛菩提當作二乘菩提來講，就是印順派的那一批人；所以釋印順說修學佛法證悟了，所證果位就是四向四果，證得第四果的人是阿羅漢，得阿羅漢果就是成佛了。這讓我想起來，以前現代禪跟印順派有過一番爭執，但為什麼對治不了印順派？因為現代禪講的佛法般若證悟同樣是四向五果，那印順派講的也是四向五果，雙方就有得拚！因為大家都同樣在這個框框中跳不出去。

但是忽然出現正覺同修會，把這個框框四向五果的內涵講完了，另外講出五十二個菩薩果來，這時他們都沒得講了，只有正覺可以繼續講。因爲正覺講的是證如來藏，不講什麼證得離念靈知等意識境界；正覺講的是菩薩果五十二個階位，函蓋四向五果在其中。如果來正覺要談四向五果，正覺可以跟他們談，他們一樣談不過關，但正覺要跟他們談五十二個階位的修證，他們全都沒辦法談。所以這個如來藏跟菩薩五十二個階位的實證與演說，就變成正覺的專利，沒有人敢來談論。但爲什麼會這樣子？也就是說正覺證得這個「『我』此法」是「**無名相法**」，函蓋了解脫道與佛菩提道，非他們之所能知。

但我十幾年前在桃園演講了以後整理成書，叫作《邪見與佛法》，那時剛出版後，佛教界罵翻了！因爲他們沒有聽過人家這樣講涅槃與阿羅漢，當時我當然也沒有聽過，是憑著自己所證的現量直接講出來的，所以當時我說：「**阿羅漢沒有證涅槃。**」好多人背後都說：「**這蕭平實好膽大，連阿羅漢也敢否定。**」可是我說阿羅漢沒有證涅槃，並沒有否定阿羅漢的證量，是他們自己認爲我否定的，可是他們又無法推翻。後來又過了六、七年，我有一次讀到《百論》時，發覺《百論》中早就講過了，我所說的正是《百論》裡的法義，我並沒有新創佛法。這是《百論》已經講過的法義，那《百論》的作者其實就是依現觀而講出來的。那我現在所說來源於《百論》的東西，他們總不能再講話了，除非他們要把提婆菩薩也給否定了。但他們敢否定提婆（聖天）嗎？不敢啦！所以我講的他們就不敢公開否定了。

這也就是說，不論你怎麼修行，不論你證得什麼果，你是聲聞果、緣覺果或者菩薩果都好，所證的智慧全都是意識心的境界，而你所證悟的實相法界是第八識心，入無餘涅槃後的境界也是第八識心。雖然你所證的是「**無名相法**」如來藏，然而你同時證得聲聞果、緣覺果與菩薩果；因爲你證得菩薩果時是會函蓋二乘菩提果的，所以你有這三乘菩提的果報。有這果位的證得，所以說你得果。然而得果的是意識心、是五蘊的事，第八識「**無名相法**」如來藏從來不得果。所以，你開悟拿到金剛寶印時很高興下山回家，你可以看自己的如來藏祂有沒有高興？祂完全無動於衷，所以得果的是你，而祂又沒得果，祂怎麼會高興？比如說兄弟或姊妹兩人，其中一個人去買了一張樂透彩票，結果中了頭獎，領得五億元臺幣；那是大姊買的而得獎了，小妹沒買，那小妹會高興嗎？會不會？會喔？亂講！高興是表面上：「**唉呀！大姊**

好好，中獎了。」可是小妹心裡一定想：「也沒有分一半給我。」小妹會高興才怪咧！

現在又有個問題，假如大姊買彩券得獎，小妹完全不知，因爲小妹既瞎又聾，完全不知道大姊得獎了，你想小妹會不會高興？再問你，這回不說會高興了！因爲她完全不知道；會替大姊高興的，一定是她知道大姊中獎了。同樣的道理，當你證悟而得果了，你的如來藏不知道你證悟、得果，無從高興起來。這樣解釋就聽懂了。所以得果的是五蘊的事，如來藏既不在六塵中了別，如何能知道什麼叫開悟、什麼叫得果？諸位試著去想一下，證悟得三乘菩提的果，能不能離開六塵境界而證悟得果？都不能的。那「『我』此法」如來藏是不住在六塵境界中的，連基本的佛法祂都不知道，因爲祂連六塵都不了別，連六塵的內容都不知道，那祂怎麼可能修學佛法？又怎麼可能得果？所以祂沒有得果。祂的境界中沒有得果這回事，所以你去打禪三開悟拿到金剛寶印了，心裡歡喜說：「我被蕭老師印證開悟了，很高興可以進入增上班繼續增長智慧。」可是你猛回頭去看自己的如來藏：「祂怎麼都沒反應？我這麼高興而祂都沒有替我高興。」可是我告訴你，你要接受這個事實，也會自然接受這個事實。如果祂會替你高興，那你就倒楣了，因爲到時候開悟的果要歸祂得了，那你還能得果嗎？你就沒有得果這回事。所以祂不知道要高興才是對的，也因爲祂不能證果，證果的是你。

既然你能證果，就表示有一個果可證，而這個有果可證是依什麼說有這個果？是依你證得「**無名相法**」如來藏而產生的智慧，以及伴隨著智慧而出現的解脫果，這樣來說你證果，顯然這個果與祂是無關的。這個果是與你有關的，因爲你了知六塵與諸法，而祂離六塵，不了知六塵；當祂不了知六塵時，知道得果的就是你，知道有果可得的也是你，祂不了知果與非果，所以得果以及所得的果位的內涵是什麼，那個解脫功德、那個智慧功德祂都不了知，所以「**無名相法**」如來藏的境界中，世尊說「『**我**』**此法中……無果無得果**」。

接著說「**無力無非力**」。「**力**」我們剛剛說了五根五力，現在就不談五根五力，談一談佛地的十力；可是佛陀的十力說來絡絡長，那我們現在也不是在講諸佛果位的事，所以我們只講一種就好了。佛十力之中有「**處非處智力**」或是「**宿住隨念智力**」等十種力，這十力不但外道等沒有，乃至三明六通大解脫的阿羅漢們也都沒有，甚至於菩薩只能得極少分。現在我們只談一個宿住隨念智力就好。三明六通大解脫的阿羅漢，譬如他想要知道自己過去世、過去劫的事情，或者他想要知道某一個有情過去世、過去劫的事情，得要先入定，然後用宿命通去觀察，一世又一世往前看，一劫又一劫往前看，這叫作「宿命通」。那三明六通大阿羅漢可以往前看到八萬大劫，所以叫作「宿命明」。現在社會上或別的宗教或者有些相命者說他們有宿命通，我都不信；他們都是從命盤推論得來的，不是眞的有看見。那阿羅漢—三明六通的阿羅漢—是有宿命明的，所以能夠往前看到八萬大劫；但這宿命明除了八萬大劫的限制以外，他還得要入定以後用他的宿命明去看；這樣子，一則花費時間，二則所見有限制，不能超過八萬大劫。

可是諸佛如來的宿命明已經變成「**宿住隨念智力**」，這是十力之一。這個宿住隨念智力跟三明六通大阿羅漢的宿命明有什麼不同呢？這差異可大了！也就是說，不論遇到哪一個有情，如來只要想知道他的往世，隨念即知；想要知道他往世的所有經歷，不必用宿命通去一一觀察，一念即知；所以 如來看到某一個有情時想要知道他的事情隨念就知道了，不必像三明六通大阿羅漢得要先入定，然後用宿命明或宿命通去看，這就是說，如來的宿住隨念智力已經不是宿命明或宿命通，而是一種智慧的力量，經由至少三大阿僧祇劫的修行過程而產生這個智力，所以隨念即知。

因此以前有一個老人家，聽到如來出世如優曇鉢花難可值遇，就說他要出家；沒想到去到了僧團中，舍利弗爲他一看就說：「你八萬大劫來，沒有種過佛菩提的因緣，也沒有學過聲聞菩提，從來沒有歸依過，所以你沒辦法出家，沒有因緣。」哭哭啼啼找了須菩提後又找上目犍連尊者，大家都看他沒有出家的因緣，都拒絕他出家，他很傷心：「我終於遇到佛出世，卻不能出家！」哭哭啼啼走回家。

路上剛好遇見佛陀要回精舍，佛陀問他：「你一個老人家哭什麼呢？」他就稟告，佛說：「你可以出家。」爲什麼呢？因爲佛一看就知道他有往世的因緣。是因爲他超過八萬大劫的幾倍時間以前，那一世遇到一隻老虎要咬死他，拿他當食物，他就趕快爬樹，可沒想到老虎也爬上來；因爲老虎很會爬樹，獅子、豹都很會爬樹，當他爬到樹上快被老虎咬到時，沒辦法了只好大聲呼叫：「歸依佛！」就這麼一句「歸依佛」，所以無量世以後有因緣可以出家。而　佛陀不必入定使用宿命明，直接就可以知道，這就是「**宿住隨念智力**」，一看即知啊！

那麼菩薩到底有沒有這個智力？菩薩們有沒有？舍利弗等人還在阿羅漢位中，還沒有轉入諸地之前，當然不會有這種功德。但他們證得般若又實證了道種智以後，開始有一點這類功德了。而菩薩們不能叫作宿住隨念智力，但是有少分這種功德，因爲已經修學超過一大阿僧祇劫了；有時他們想要知道時，突然間靈光一閃：「**啊！原來如此！**」他就知道了，但你若是要他拿證據出來時，他卻沒有證據可說，因爲文獻上不會有。就好比我十幾年前說：「**經過六、七次辯經的勝利以及泥濘地上的混戰以後，覺囊達瑪就被薩迦達布消滅了。**」但我沒有讀過也無法提出文獻上的根據，道理是一樣的。這個問題今天只能講到這裡。

諸位今天應該覺得座位寬敞一點，因爲今天我們先開放地下一樓第五講堂，不必再像以前那樣讓大家膝蓋碰膝蓋，前後左右終於能有一點點距離了。九樓講堂的座位好像沒什麼拉開，是因爲九樓有很多人希望擠進來，就排得密一點，但各講堂前座後座都會有一點距離，諸位的聽經待遇終於算是比較好一點了。針對諸位這種佛教界的稀有菩薩，是應該給大家好一點的待遇，別老是坐得那麼擠。

回到《佛藏經》上週我們講到第六頁第二段的倒數第三行「無力無非力」。那麼因爲說到「力與非力」，就得要先說明力的內涵或者道理。我們上週先談到五力之後，有再談到諸佛的十力，舉出佛十力中的一種來說，就是「宿住隨念智力」。那我們上週也大略解說了「宿住隨念智力」的義理，最後記得是向諸位提出一個問題：究竟菩薩有沒有宿住隨念智力？然後時間就到了。我們就延續這個題目再來談，宿住隨念智力到底菩薩有沒有？諸位認爲呢？有少分？欸！眞奇怪！你們竟然能懂得菩薩也有少分。喔？我有講了？你看我這個人記憶多麼差。

這道理就像菩薩的道種智和佛的一切種智一樣有差別，菩薩因爲一切種智不圓滿，所以稱爲道種智；那麼道種智修學圓滿了，就稱爲一切種智，這就是具足與不具足的差別。所以一切菩薩不可以說他有一切種智，因爲他還不具足、不圓滿，只是隨分得而已，不具足得就不是一切種智。那麼這個「宿住隨念智力」是諸佛的十力之一，既然是佛的十力之一，當然唯有諸佛才有這個智力；而菩薩在三賢位中無法發起這個功德，要到十迴向位滿心，這時「如夢觀」已經有了，接著進入初地後也有了諸地菩薩所隨順的佛性了，有這個佛性的直接受用時才能有那麼一點點，就是很少分的宿住隨念智慧，但還不可以稱爲智力。所以佛有十力，菩薩在這十力上面不可以稱爲已有，但是諸地中都會有少分或多分這種功德，一直到滿分功德時才可以稱爲宿住隨念智力；有這個功德時就表示成佛了，所以一念之間能知有情的過去世一切事情，除非沒想要知道，如果想要知道時隨念即知。

那麼菩薩爲什麼說入地後由於佛性運用的關係也有少分這個功德呢？也就是說，當他有了諸地菩薩所隨順的佛性以後，這種直接的了知有時就會出現。例如幾年前……我們《狂密與眞密》出版多久了？十年了嗎？差不多？在那之前我們有兩位師兄，有一次因爲問到我一些密宗假藏傳佛教的事情，那我告訴他們說：「**密宗假藏傳佛教的法很怪，不應該認定那是佛法。**」當時我們還在中山北路一棟公寓的地下室共修，那時我的大女兒剛嫁不久，我把她的房間改爲書房來用，就在那房間寫書。那師兄他們送我兩大箱書籍（眞的是兩大箱，其中一箱一個人扛不動，要兩個人一起扛），是兩箱密宗假藏傳佛教的書籍，所以我有空時就稍微翻一翻，一目兩行很快就把它們翻過去。後來因爲已經確定密宗假藏傳佛教不是佛教，那我想：「這密宗假藏傳佛教的勢力越來越擴張，就等於開始把正統佛教鯨吞了，已經不是蠶食。這個問題很嚴重，因爲正法的命脈可能會葬送在他們手裡，古天竺密教興而佛教亡的故事，可能又要在臺灣或者大陸重演了。」當時發覺這個問題很嚴重，認爲不處理不行，所以我決定要寫關於密宗假藏傳佛教的書，來說明他們的本質全然不是佛教。本來只是要寫一本，就開始針對比較重要的幾本書去閱讀；有一天讀了其中一本叫作《土觀宗派源流》，讀到書中寫著「他空見」法義的部分。那時我在二樓那個書房讀完「他空見」時，雖然書中寫得很簡略，因爲土觀也不是眞懂「他空見」眞正的內容；當晚讀完時已經將近半夜十二點鐘了，我想就不要上三樓去睡覺，乾脆在二樓書房睡；因爲本來就有一個單人床在那邊，然後就開始睡覺。

那應該是超過十年了，因爲我大女兒出嫁後，現在外孫已經讀國一了，所以一定超過十年了。當晚我就躺下來睡覺。當時我的時間還很充裕，所以每天睡覺前都會入等持位看一看，那晚想：這一回能看到什麼？然後就看到以前在西藏，有許多喇嘛來跟我們辯經；辯經時就像他們現在那個方式一樣，兩手還是這樣切的。我們每次都辯贏，但是贏了之後過三、五天就有一群喇嘛帶著一大群人，拿著棍棒刀子來把我們打打殺殺，我們人少，死的死、傷的傷，就只好退走，一座寺院就被搶了。然後接著又這樣繼續辯經和打殺，看到最後我說：「欸！不看了。這麼悲慘，又不是快樂的事情，不用再看了，知道就好了。」然後我想：「這到底是應該作一個什麼樣的結論才正確？」我不假思索就在心中講出結論：「經過六、七次的辯經勝利，以及六、七次泥濘地上的混戰以後，覺囊達瑪就被薩迦達布消滅了！」然後就要睡了，但我緊接著想：「不對！這些名稱我大部分沒聽過，我得要寫起來，否則明天醒來一定會忘記。」因爲我這個人健忘，明天一定記不住是什麼名稱。所以又爬起來，拿鉛筆在紙條上寫下來。

過幾天在中山北路地下室上課時，剛好他們學密的兩位師兄也提早到，我就問他們：「我前幾天看見那個狀況，然後作了這個結論，可是這些名詞我大部分都沒聽過！朗達瑪我有聽過，覺囊達瑪卻沒聽過；薩迦有聽過，可是薩迦達布也沒聽過。」就問他們，但他們也不知道什麼叫作薩迦達布，只知道有薩迦而不知道薩迦達布。他們兩位在密宗混了十幾年出來投入正覺，那時已經混了快有二十年了都還不知道，而且他們是很深入修學的人竟還不知道，我就說：「奇怪！我怎麼會作下這個結論？而你們也不知道什麼叫作薩迦達布、覺囊達瑪。」那我就白問了。

我記得講經時曾經講了出來，後來有一位同修現在也當老師了，他有想到這件事情就去查，大概是在六、七年前吧，他查到有一個達布派。達布是一個派別，那個達布派後來分裂而變成九派，那達布派就消失了。就好像蘇聯分裂成很多國家以後，蘇聯消失了，所以現代的學密者反而不知道有個達布派。至於覺囊達瑪，我到現在也還不知道。但當初我看見時並沒有看見什麼書寫著這些名稱，而我所看到的影像中也沒有文字，可是我為什麼會直接下這個定論？而且那些名稱都是我沒有讀過、沒有聽過的，到現在我們密宗假藏傳佛教資料兩百五十幾冊中也沒有這個名稱，所以沒有人知道。那為什麼我當時會下那個結論呢？包括名稱都有了。（編案：現在查明覺囊達瑪的意思是：覺囊派的法。達瑪意謂法。）

這表示是過去世的某一些事情想要知道時，一念就知道了；但是我們需要有因緣激發才會這樣下定論。如果不是讀了土觀那一本書，又讀到書中的「他空見」等兩頁文字，我進入等持位中也不會看見那個景象。而且如果我看完以後沒有想要下一個結論，也不會冒出薩迦達布、覺囊達瑪這些從來沒聽過的名詞來，當時由於想要下一個結論，所以就直接以這句話作了這樣的結論，然後趕快寫下來。爲什麼作結論時會直接知道那是什麼事情？這只是一念之間的事情，卻是當時就直接下了結論，這是一個現成的例子。

那麼更早時，也不是說更早，應該是更晚的時候，現代禪在弘法，他們有個月刊好像叫作〈本地風光〉，是不是？是喔？有一次刊載了一篇文章，是藍吉富教授寫的，他談到看話禪與默照禪的事，他大力指責大慧宗杲；那我想：「**既然有人會罵大慧宗杲，應該是無風不起浪，這也眞怪，我得讀一讀。**」所以我就全篇讀完。讀完後當下作了一個結論：「**胡說八道！**」因爲我知道事實不是那樣，藍吉富那樣寫出來時根本就是亂講，可是如果要我提出證據來，我又沒證據。但我知道他講的是胡說八道，苦於沒有文獻上的證據，所以就沒有動筆。

一直到後來游老師給了一片光碟，拿到光碟時我都會注意有沒有續藏中的內容；因爲正藏中沒有這類記載，這一類事情要在續藏中才可能有。後來印順派的人，很努力也把續藏弄到電子光碟——就是電子佛典中，我一搜尋，有了有了！這還得感謝他們。所以我就開始著手寫《鈍鳥與靈龜》，我所舉出來的證據就跟我心中所知道的一樣，這又是一個證明。當時我讀了藍吉富的文章時馬上就評論說：「胡說八道。」因爲我知道事實不是這樣。但是若要出書辨正時，一定要有文獻證據。好在有人留下文獻證據，他們也輸入電子佛典中去，就讓我搜尋到了，我剛好就拿它寫成書。所以那一本寫起來也很快，是三、四個月就完成了。我寫書向來都很快啊！比吃飯快。

那麼除了這兩件事以外，又譬如有一次我想要瞭解一件事情，隨即就知道了。例如 佛世的某某人，就是後來部派佛教時被刺殺的某某人，也是後來某某人，然後又去當了兩世禪師……等，我也是一念就知道。但這些有沒有文獻作根據？都沒有。不會有人寫說自己上一輩子是誰，這一輩子是誰，不會有人這樣公開寫出來的，但是我就知道了！所以宿住隨念智力其實也是從入地以後就會隨分顯現功德，一直到佛地圓滿。所以 佛陀想要瞭解什麼人過去世有什麼經歷，此世跟什麼事情有因緣，馬上就會知道，不必像三明六通大解脫阿羅漢一樣得要入定，然後閉起眼睛去看，而且還侷限在八萬大劫中；但是諸佛如來沒有限制，而且不必入定，一念即知，這就是宿住隨念智力。

我們現在不是在講解增上慧學，所以不必把十力全部拿來說明，我舉這些例子來講解就夠了。也就是說，當你可以跟如來藏中的種子相應時，就依照你相應是即將滿分或者多分、或者半分、或者少分、或者一點點，來確定你對於這個「**宿住隨念智力**」可以有多少的功德，但都還不能稱之爲力；因爲若眞要稱爲智力，那就是佛地的事，是全部圓滿以後的事。也正因爲如此，所以佛說「**菩薩不可思議**」，因爲阿羅漢的所知，需要入定用宿命通去看，但是菩薩入地之後，不必用宿命通去看，他進入等持位中也許會看到什麼，也許沒看到什麼，但這個跟三明六通阿羅漢的宿命智不一樣，卻可以直接下定論。阿羅漢們的宿命智，是可以指定要看前一世、前兩世，或是前一劫、前兩劫，但三地滿心前的菩薩所見是隨機的，沒有辦法指定要看什麼；他也許看見未來的什麼事情，也許看見過去的什麼事情；也許看見這一類，也許看見那一類，不會都一樣，他不能指定。但是因爲看多了以後，把所看到的過去世、過去劫的事情前後順序排列起來，就知道自己原來過去世、過去劫曾經是怎麼回事，就知道自己這一世該幹什麼了。佛有沒有交代並不重要，你自己最後都會知道該幹什麼，就直接去作，不能推辭。這個就是宿住隨念智力的少分、半分、多分的差別。

但這個前提是你要有無生法忍，你還得要有如夢觀，並且也有諸地菩薩所隨順的佛性起用，才能有入地後的佛性可以相應。入地後的佛性相應時跟十住位的眼見佛性不一樣，可以跟如來藏中的某一些種子相應。所以如果遇到過去世的弟子、父母親……等，當對方是在專心的狀況下，你就可以感應到，就會知道，這就是由宿住隨念智力配合諸地菩薩所相應的佛性而達到的一種智慧，但還不能稱爲智力。但這個其實本質也就是佛地的「**宿住隨念智力**」中的少分功德。那麼這個就叫作力，其他佛地的九力，我們就不談它。

回到經文來說「**無力無非力**」，那麼剛剛講的是力，顯然菩薩有這個智慧所產生的功德力，爲什麼還要說「**無力**」？既然有這個功德力可以叫作「**無非力**」，好像講得通啊！但其實「**無非力**」也講不通，因爲明明就是有十力的少分或多分了。那爲什麼我說還是講不通？「**無力**」而且「**無非力**」好像沒有解答，講了等於沒講，但我們來說明一下以後諸位就能瞭解了。凡是智力，不論是智慧或者五力、十力，都是意識相應之法，若是意識相應之法，就與「『**我**』**此法**」如來藏不相應。

五力或佛地的十力，都是在六塵境界中顯現出來的功德力；這種功德力是由意識來運用的，是由意識來了知而利樂有情，既然如此就跟「『**我**』**此法**」——「**無名相法**、**無分別法**」不相應。與「**無名相法**」不相應時，這些功德力就不屬於祂所有，所以從「**無分別法**」如來藏的境界來說便叫作「**無力**」——一力也無。既然沒有這個功德力就談不上非力，所以說「**無非力**」；因為非力是相對於功德力而存在、而建立的，是一個對待法，或者說為相待法。

例如《楞伽經》中講「**兔無角**」法，這個「**兔無角**」的法是世間人無法推翻的。當你提出一個主張——兔無角，世間沒有人可以證明兔子頭上有角，既無法證明就無法推翻你這個主張。但那是一個邏輯上的陷阱，為什麼呢？因為兔無角固然是事實，可是這個事實並不是一個眞實法，是相對於牛有角而施設的，才能說兔無角。當然我們也可以主張說人無角，沒有人能否定，問題是人無角這個說法或這個道理，是依於大眾看見牛頭上有角、羊頭上有角，才說人的頭上無角，所以這是個施設法，世間並沒有人無角這個實物存在。既然是個施設法，就表示非眞，只是依存於人們的概念中。

同樣的道理，大家現在因爲知道諸佛有十力，而十力很厲害，所以隨意所知都無有障礙；那麼因爲諸佛有十力的關係，這十力又不可否定，因爲十力是眞實存在的法。再從諸佛來反觀一切菩薩、一切有情，就說一切人都是「**非力**」；由於諸佛有十力，顯示其餘的眾生「**非力**」。「**非力**」就是說沒有十力，或者如果相對於菩薩而言，菩薩具足五根以後現在又具足五力，相對於這五力而說一般有情「**非力**」。

現在就有個問題來了，「**力**」是現實上存在的，有努力學佛也已經實證的人，可以從某一些菩薩們身上觀察到確實有五力，也確實觀察到一般眾生「**非力**」——一力也無；例如十信位中的菩薩們一力也無，既然眾生沒有五力更沒有佛地的十力，當然就叫作「**非力**」。可是這個「**力**」與「**非力**」是你意識的所知，是由意識運作的。如果換個角度，你來站在「『**我**』**此法**」、站在「**無名相法**、**無分別法**」第八識的境界來看「**力**」與「**非力**」時，莫說

「**非力**」，連「**力**」都不存在，因爲「**無名相法**」不了知六塵境界，也就不管誰有五力、十力，也不管誰無五力、十力，所以「力」與「非力」全都是你意識心中的事情，所以 世尊說：「『**我**』**此法中……無力無非力**。」因爲這些事情都不是祂所領會的事情，不是祂所了知的事情。

那麼「**無非力**」再從另一個層面來說，當你有了十力中的少分功德力，你說：「**我有這些功德力**。」顯示這些功德力是你在運作的，是你意識在受用的，卻不是「『**我**』**此法**」「**無名相法**」之所運作、之所相應，所以你的境界中有「**力**」可以了知眾生「**非力**」，但是對「『**我**』**此法**」「**無名相法**」來說時，沒有力也沒有非力可說——「**無力無非力**」。

接著回到意識來說，當你轉依了「**無名相法**」、轉依了 世尊說的「『**我**』**此法**」時，你意識還可以說「**我有少分功德力**」嗎？不行的。你既然轉依了，就不可以常常想著：「**我有這個功德力**。」所以你連「**我有這個功德力**」的認知都不可以了知，何況能去了知一般眾生而說「**他們沒有功德力**」？這才是如實的轉依。能這樣轉依時會一天到晚炫耀說「**我有某某功德力**」嗎？不會了。這時就表示你可以返本還源、入廛垂手，十牛圖最後那兩個功德就顯示在你身上了。但是寫十牛圖、畫十牛圖的人沒有資格用，因爲他們落在意識中，連如來藏這「無名相法」的自性都不了知了，何況能轉依？更何況能和光同塵？那麼這個就是說，在諸地菩薩實證的境界中，或者三賢位的菩薩證悟後可說他有五力，或者諸地菩薩實證境界中可以說他有少分的十力功德力，但是在「我此法」、在「無名相法」之中，沒有「無力」與「無非力」可言，因此世尊說「我此法中……無力無非力」。

接著說「無所畏無無所畏」。「所畏」就表示有個畏懼的對象。畏懼這件事情很難說，沒有人敢說他永遠無所畏。那些亡命之徒壞事幹盡，看來好像無所畏懼，其實不然，例如臺灣以前有十大槍擊要犯，那些人不是很凶狠嗎？殺人不眨眼，等到行刑的日期訂下來，即將要槍斃時，很多人是吃不下、喝不下，有的人連送行的酒飯根本都沒有去動，臨將槍斃時還嚇到尿褲子，這可見他們其實也是有所畏懼，只是造惡業時存著僥倖心態而已。就好像有的人躲在背後用化名上網隨便罵人、誣賴人，也是僥倖心態。這樣作的大部分人是因爲不信因果，所以爲了名聞利養什麼都可以幹。

但是也有人判刑確定即將行刑時，他沒有畏懼，因爲他早就認命了，早已確定自己本來就應該要死的，他想通了所以從容就死。但是他心中有沒有畏懼？也還是有的，所以交代家人要幫他辦佛事。有的人聽到法師開示說：「造了這些惡業將來要下三惡道！」他很恐懼！轉求一神教後聽到牧師告訴他說：「不用下去地獄，只要信上帝，上帝就會赦免你的罪。」他很高興立刻就信上帝，那他有沒有畏懼？還是有。等到死了以後在餓鬼道或者在地獄道中出生時，他才知道受騙了：「原來上帝沒有能力赦免我的罪，騙人的。」可是他來不及想，也來不及罵上帝，得要時時刻刻躲避痛苦，所以上帝永遠聽不到他的抱怨。他來不及罵，因爲緊接著就是地獄的廣大身，每一寸身根都在受極重苦，他哪有時間去罵上帝？所以上帝也不知道自己騙人，這是法界中的事實。那麼他改信上帝或者說他沒有改信上帝，但他信因果，所以請家人在他死後幫他作佛事，就表示他仍然有恐懼。

恐懼的現象很普遍存在，在社會上更普遍，那你們也許問：「阿羅漢有沒有恐懼？」有沒有？有啊！阿羅漢都有兩個恐懼：第一是恐懼死後中陰身出現時又得要去受生；第二個恐懼是我執的習氣種子還沒有斷盡，所以他們也不願意餓死；因此有時托缽托不到食物時，他們也得爲了繼續延命吃牛糞。又例如阿闍世王跟提婆達多勾結要害 佛陀，那時放出大醉象，而且在象鼻上綁了利刃，放了以後大象就往 佛陀衝來，路就這麼小小一條，那時佛陀立定不動，可是阿羅漢們跑的跑、飛上天的飛上天，只有一個阿難跟在 佛身邊。但阿難不怕嗎？也怕呀！只是因爲他對 佛信心十足；那大醉象當然是被 佛的威德力嚇死了，但也是被 佛度了而生欲界天去。這表示什麼？阿羅漢也有恐懼，所以依舊「有所畏」。（《增壹阿含經》卷九〈慚愧品第18〉：「爾時，暴象聞世尊說此偈，如被火燃，即自解劍，向如來跪雙膝，投地以鼻舐如來足。」）

那麼也許有一、兩位同修會想：「欸！請問您蕭老師有沒有恐懼？」我也有啊！怎麼會沒有？因爲大家會想：「當年月溪法師的邪法於臺灣東西南北都廣大弘傳時，您竟然敢寫、敢出版《護法集》。又碰巧才一出版一星期時，桃園縣長劉邦友官邸被人滅門，看來您好大膽子，看來好像無所懼。」其實不然，我也有所懼，因爲我該作的事情還有許多沒作完，所以我得要小心一下；因此我不隨便到處去走動，回家就回家，乖乖關在家裡工作，沒別的事時就是工作。因爲我怕該作的事情在有生之年沒有作完，這也是一種恐懼。我預定的事情一定要在這一世作完，下一世我們諸位親教師們好好弘法，我混在裡面就好，不必站出來，多輕鬆呢！就怕沒有好好作完，這就是我的恐懼。

所以我該作的事情得趕快作完，因爲身心中最大的恐懼就是：有能力把佛教復興起來時，但卻沒有把它完成。若是還沒有完成時就走人了，世尊來接我時，頭要低低的不好意思，這就是我的恐懼，除此以外我沒有別的恐懼。所以誰都不要恐嚇我，不要嚇我說要在什麼時候把我幹掉，我不接受這種恐嚇，因此該作的照作，恐嚇我是沒有用的。因爲往世也被殺而死掉過，又不是下墮惡道或怎麼樣；反正痛是無常，一會兒就死了馬上就斷氣，那沒什麼好畏懼的，比一世辛苦還痛快一些。所以說，我也會有所畏懼，是因爲有所堅持。

但是話說回來，凡是有所畏懼都是與意識相應，意識相應了所以意根就會相應，由於意根相應的關係，融通妄想的緣故，正在恐懼時就會臉色發白、手心冒汗；甚至聽說有的人背上還會冒冷汗，這都叫作「融通妄想」，《楞嚴經》講的。因爲你意識心知道危險，意根有所執著，於是那個恐懼執著就產生了色身上的變異現象，佛說這叫作「融通妄想」。這就表示，一定是由於見聞覺知的心了知危險，所以意根在背後跟著產生了我執或者我所執，因此就有「融通妄想」的出現。所以正當恐懼時瞞不了人的，例如有的人一生沒有拿過麥克風，突然間叫他上去在大庭廣眾拿著麥克風講話，那時他拿著麥克風，不但手會抖，講話時嘴皮也在抖著；這就是恐懼，是意識心相應法。

很早期我曾經去拜訪臺灣南部一位法師，他也在電視上弘法；當年我完全是好意，沒有絲毫惡意，可是在座位坐定談話時，我覺得有一點不好意思，因爲我看他嘴角在發抖，我就覺得不好意思。因爲我是很恭敬的，我也禮拜他了，也送上紅包供養了，眞的沒有惡意，是因爲臺南講堂即將開放使用了，所以只是去拜個碼頭而已，沒想到他會這樣子。這就表示他一定知道我是何許人，然後心中想：「會不會是來跟我踢館？」因此針對這一件事情有恐懼。一定是先知道這是何許人，然後思考到他會不會是來踢館的？如果不是意識心知道這一些事情的話，意根就不會相應，就不會嘴角發抖，這也是「融通妄想」。今天順便講了《楞嚴經》的「融通妄想」。

但是這一些畏懼的事相，前提都是因爲先有意識了知，意根在背後依據意識的了知，知道原來如此，於是對那個違心之境覺得很恐怖，才會有身體上的那個反應出現。但是若從《佛藏經》講的「無名相法」來說，祂既然對六塵境界無所了知，就沒有順心境也沒有違心境可說，那祂就什麼都不怕了。那是不是代表祂很勇敢？其實祂也沒有勇敢；一般人都是相對法——不怕時就很勇敢。然而「『我』此法」「無名相法、無分別法」，不曾落在兩邊中，所以無所畏懼時不代表祂很勇敢。因爲勇敢的事也是有境界法，勇敢的事是在六塵中才能存在的，若是離開了六塵就沒有勇敢這回事；反過來說，離開了六塵時也就沒有恐懼這回事，所以就沒有畏懼的事情可說了。

我再提示一下，因爲這個聽起來有一點玄，就好像在談哲學一樣，然而哲學不及於此。例如離開六塵境界時人間最常見的是睡眠，其次叫作悶絕；悶絕不一定每一個人都體驗過，我們就說睡眠。當你睡著無夢時離開六塵了，會離開六塵，其實是因爲覺知心中斷了，所以沒有六塵的領受；正當沒有六塵領受時，還懂不懂勇敢？還懂不懂畏懼？全都不知道了。例如你的寶貝女兒睡著了，你對她呼叫，她也聽不到你在叫她了。那她生平最怕蛇，那時你抓了一條無毒的蛇，在她面前晃啊晃，她會不會恐懼？也不會，因爲她意識中斷而不了別六塵了，所以不知道要恐懼；可是你把她搖醒了再拿一條假蛇就好，不用眞的，因爲是寶貝女兒怎麼可以嚇得太厲害，就拿一條塑膠做的假蛇，把她喚醒而在她眼前晃，她會怎麼反應？她會恨你好幾天吧？因爲她了知是蛇，就嚇死了。

換句話說，有所畏懼是因爲在六塵中面對違心之境，也就是面對逆心之境所以有所畏懼。可是「『我』此法」——佛在《佛藏經》說的這個「無名相法」祂是離六塵境界的，對六塵境界都不加以了知的，所以祂當然沒有畏懼可說，所以祂是「無所畏」者。那麼「無所畏」者同時就是「無無所畏」的心，這個也容易講；例如你的寶貝女兒睡著時，她對六塵境界不加以了知，這時連想要對「無所畏懼」的境界可以長時表現出來的狀態，在她心中也都不可能存在了。

譬如你這個寶貝女兒也許在一家公司中是個主管，連老闆都得要敬畏她三分，因爲她的能力太好了，那她就是個無所畏者，在公司中得自在。接著，既然她有著無所畏的心，成爲習慣後就會有「無無所畏」的狀態了；譬如下屬的經理、課長、股長，有一天跟她說：「總經理！看來妳好像都無所畏了，見了老闆也都不怕。」那她也許說：「我無無所畏。」也就是說：「我心中沒有無所畏的想法，只是該怎麼作就怎麼作，所以老闆來了我也是這樣講。」董事長也不會對她如何，因為她若走了，公司可能就要倒閉。那她就據理而說、據理而為，董事長也得尊重她。可能她也許心中沒有想到說：「我是不是無所畏？」她從來沒有這個想法，所以在她心中，也許哪一天人家跟她的下屬或者跟她討論起來時，也許她說：「我無無所畏，對你們而言我是無所畏，但我心中無無所畏。」為什麼呢？就跟牛有角、兔無角相待的道理一樣。

在意識的境界中有一個無所畏，是因為「我很行，因為我依理而行，老闆為公司好，一定要依照我這個構想去作，而我是為公司好，所以老闆來了我也是這樣講，我無所畏。」可是得要等到想起來時或者跟人討論時才會談到說：「我是無所畏的。」而平常她心中是「無無所畏」可以言說的。當人家在問她這個無所畏時，她很可能告訴你：「我沒有想到這個問題。」那你就知道她「無無所畏」。然而這個「無無所畏」是誰的境界？還是意識的境界。可是「『我』此法」「無名相法」是離六塵境界的，就好像一個人睡著無夢時一般，完全沒有畏懼，也「無無所畏」，這樣講就容易瞭解了。所以世尊就說：「『我』此法中……無所畏無無所畏。」

接著說「無念無念根」。「念」是心所法中的一種，每一個人的八識心王都有五個遍行心所法：觸、作意、受、想、思。可是意識還有五個別境心所法：欲、勝解、念、定、慧。這個「念」的意思，是對於自己曾經歷過的事情能明記不忘。自己親身經歷過的事情，不止是日常生活中的事情，包括某件你覺得對它很深刻或者必須要記住的事物，你對它有了勝解以後就會明記不忘。如果不是你親自經歷過的，那你就難以明記不忘。換句話說，一定是對某一件事情你有了勝解（勝解就是具足理解。有殊勝的理解了，就是具足理解），而那一件事情是值得你記住的，或者不得不記住的，就成爲你明記不忘的內容，這個明記不忘的功能就叫作「念心所」。也就是意識的心所有法之一，一定是有所勝解才能明記不忘。

這個「念」也是五根之一，剛剛講的「念心所」是針對所經歷過的事情的憶念，但是這一句經文講的「無念無念根」，顯然講的是五根中的念心所；既然是五根中的念，就表示這是對於三乘菩提諸法應該明記不忘的內容，所以叫作「念根」。這個念根具足圓滿之後才能談得上念力。現在說這個念顯然是指對於三乘菩提諸法的記憶，而這個記憶是源於深入瞭解所產生的，如果不是深入瞭解就不可能有記憶，於是記不住。就像二乘定性聲聞，他們在世也聽過 佛講完大乘經，可是他們對於大乘菩提沒有勝解而沒有念心所；也就是說他們對於大乘菩提的念根沒有發起，所以就沒有念力可說，因此，他們結集出來的成佛之道就成爲解脫道的法義了。大乘經典被他們聽聞而結集之後依舊是二乘經，因爲他們對大乘經中所說的佛菩提法義沒有勝解，因此念根與念力都不成就；念不成就時，就結集不出如實的大乘經典來，只結集出大乘經典中與二乘菩提有關的部分。所以《阿含經》中有一些經典跟大乘經典的經名一樣，但內容只有二乘菩提，原因在此。

現在說，「念」既然是如此，表示這是意識相應之法；只有意識能對六塵中的境界有所勝解，你不能叫你的如來藏來瞭解境界：「**如來藏！你既然是記持種子的，由你來瞭解吧！我以後就不會忘記。**」可不可以？不可以！如果可以這樣是不是很好？（有人答話，聽不清楚。）什麼不好？好啊！爲什麼不好？諸佛就是因爲意識可以跟如來藏中所有的種子相應，所以才有那十力，因此眾生心中的種子祂可以相應，所以眾生心中有些什麼，包括眾生的過去世、過去劫一切事，佛都知道，眾生自己都還不知道，這怎麼不好？眞的好啊！但是這要到佛地才辦得到，所以你不可以要求說：「欸！如來藏！我找到你了，你如今逃不掉了，從此以後記事情時都由你來幫我記。」祂不會回答你的，而祂會主動幫你記下來；但是要把所記憶的事找出來仍然是你的事，你依舊無可奈何。

所以印象深刻的你就會記住，沒什麼重要的事情過後就過了，你不會記住的。例如我小時候被人家罵「抾角（閩南語）」，我會記住，因爲知道這是一句很嚴重的侮辱，印象深刻；然而當初不敢生氣，但是印象很深刻。所以曾經立下一個志願（現在終於有一個志願記起來了）：「我絕對不要像人家那樣在人間浮沉，隨波逐流，我一定要跟人家不一樣。」可是立下這個志願也沒用，只好想辦法說：「那我不要跟他們一樣去拿死薪水，我一定要自己去設法看看能幹什麼？」所以打定主意，我就是不考公職人員，不當事務官，所以我這一世才能在四十八歲退休修行弘法。

但是話說回來，這些都是意識相應的事，因爲有這麼一個念，所以不管怎麼辛苦，我就是跟人家學習，拜師學藝時怎麼苦都沒關係，薪水再怎麼少也都沒關係。所以我剛到臺北時，我的同學們很多人考進國稅局、稅捐處，一個月領三千多元；當他們領三千多元時我一個月才領一千塊錢。晚上睡覺時上半身在床外，下半身在床內，你們一定想：「**這怎麼睡覺？**」因爲我是睡在人家床下的地板上，就這樣過日子。床上是有人睡的，我比一個工友還不如，但我肯吃苦，就這樣努力學習，別人四年還作不到的事，我一年半就作到了。然後因緣際會遇到有人介紹我一個外面的大客戶，就出來自己當個小老闆，就這樣創業開始作起來。但這個志是誰立的？是意識立的。爲什麼立了這個志？因爲一方面想：「**在學校都只讀課外的書，學校裡的書讀不好，也沒有能力跟人家考什麼公職人員，那就好好學藝吧！既然不想跟人家一樣，就努力去幹，再辛苦也得幹。**」就這樣記住了，這就是「念」。

這個「念」就因爲以前曾經有過那樣很清楚的勝解，所以就憶念而行。接著開始學藝的過程中，自己也要在法律上努力研讀，所以也買了《六法全書》好好去讀，讀到後來甚至還可以指正地政事務所主任對法律條文的解釋錯了。在我退休以前，我的見解沒有爭取成功，可是聽說我退休五、六年後他們改回我的見解了。這靠的是什麼？靠的是念心所。可是這念心所是因爲先有勝解。當時我對債權債務的關係有深入的勝解，所以我說：「**你們規定**

抵押權的塗銷登記，說那個理由要叫作『塗銷』，這沒道理，你說那個理由要叫作『清償』，這也沒道理。當你清償債務以後只是債權消滅，可是抵押權那個物權還是可以繼續存在的，所以塗銷抵押權的理由應該要叫作『拋棄』或者『放棄』，不可叫作『清償』。」後來聽說他們也改了，是我退休五、六年後的事。

但這是憑什麼能夠有這樣的一個念心所記著這件事情？因為對我來講這件事情太深刻，當時我認為他們亂解釋法律，他們對債權跟物權弄不清楚。接著我就把它記住，可是我能記住、能指正他們，還是因為勝解的心所法產生作用，才能有這個念心所來運作說：「我所讀過的民法債權、物權是怎麼講的。」因為我對這個有勝解，就有了念心所；所以他們這麼一改，我不服氣就提出申訴。最後聽說地政處改下來，還是恢復原來較早前的說法，可是地政界沒有人抗議過，我覺得好奇怪，追究下來就是因為當時的地政士們沒眞的懂得債權、債務、物權之間的對應關係。

這個在告訴我們什麼道理？告訴我們說，念的根源就是先有勝解。一定先有勝解才能產生念心所，否則你記不住的。尤其我的記憶很差，記憶差的人爲什麼會記住那些事情？因爲有勝解，所以就產生念心所的作用。同樣的道理，你們問我很多事情，問後我就忘掉了；可是談到佛法時我又滔滔不絕了，因爲我對那一些事情不想去記，縱使有勝解也不想記，認爲不重要，就把它丟了。可是佛法這一些內容，我認爲這是最重要的，不但這一世，我未來世還要運用，怎麼可以忘記呢？於是先經由勝解之後接著記住了，這就是「念」。

那麼剛開始學佛的人不斷地熏習，這就是在鍛鍊自己的念根，就是五根中的信、進、念、定、慧那個念根。把這個念根繼續鍛鍊，鍛鍊到十信位滿足了，開始有一點念力，終於來到正覺學法時，有時可以記得這個，有時可以記得那個，但是出去外面跟人家講解了以後，人家馬上忘掉，而你竟然不會忘記，爲什麼呢？因爲他們聽不懂，就記不住，可是你聽懂了，就能記住，表示這時你有了念力，念的力量出現了。既然念是要經由勝解而得，念根的培養也是要由勝解去培養出來，表示這些都是六塵中的境界，所以你想起來什麼、忘記什麼，都是在六塵中的事；沒有人是在睡著無夢時忘了什麼、想起什麼。如果睡覺中會想起什麼、忘了什麼，一定是你已經醒來。所以念或者念根，都是六塵境界中的事，那都是意識的事情。既然都是意識的事情，而這個「無名相法、無分別法」祂不在六塵境界中了別，不了知六塵，所以祂就沒有所謂的念與念根可說了，因此世尊開示說：「『我』此法中……無念無念根。」

接著下一句「無坐無行無有威儀」。我們常常說每一個人都有四威儀，有的人四威儀很好，有的人四威儀很差，四威儀就是行住坐臥。那麼行住坐臥是五陰的事，有的人會稱讚說：「某某人威儀太好了！很有氣質。」可是談到另外一個人時，眉頭就皺起來說：「那個人好粗魯。」有氣質、很斯文，或是粗魯、無理，這是怎麼看出來的？都是從一個人的行住坐臥去看出來。例如有一個人睡覺時，一個大轉身趴過去，突然腳就直直地伸出去跨在別人肚子上睡，你就知道這個人白天也不會很斯文。因為人的心性不會在睡覺時隱瞞起來的，白天縱使可以隱瞞也是隱瞞不了多久，常常會有蛛絲馬跡顯現出來。這意思就是說，每一個人五陰的運作不會完全相同，在行住坐臥中會顯示出一個人的威儀好或者不好；可是不管怎麼說，四威儀永遠都是五陰的事，與「『我』此法」無關，扯不上「『我』此法」。

也許有人想說：「好像不太對吧？既然如來藏在我們身中，是有自性、有功能的，那祂一定在行住坐臥中顯示出來，怎麼可能『無坐無行無有威儀』呢？」那我就得要請問了：「難道你的如來藏會走路嗎？」祂既然無形無色，都不是物質的法，怎麼可能走路呢？如來藏會不會打坐？有沒有人認為如來藏會打坐？請舉手！其他的講堂、地下一樓的講堂，你們說有沒有？第五講堂的同修們，請問有沒有？有沒有人舉手？沒有！為什麼呢？因為祂無形無色，當然不會打坐。

可是有時候又想：「不太對呀！為什麼人家問禪師『如何是佛』？禪師就跟人家打一棒。人家又來問，為什麼他把人家喝出去？他明明是叫人家離開啊！有時又叫人家進前三步，有時又叫人家『喫茶去』，那不都來來去去嗎？」可是如來藏無形無色，怎麼可能有來去？聖教量也明明告訴你不來不去，祂怎麼可能會有四威儀？所以來的是五陰，去的也是五陰，喫茶去、喝了茶的也是五陰，如來藏哪會喝茶？如來藏連水在哪裡、茶在哪裡都不知道，還會喝茶？如來藏連路都沒看見怎麼會走路？如來藏也沒有觸覺，祂怎麼會走路？是啊！所以如來藏完全沒有四威儀。有四威儀，會行住坐臥的永遠都是五蘊的事，所以來的是五蘊，去的是五蘊，喝水的是五蘊，打坐的是五蘊，怎麼會扯得上如來藏？當然跟「無名相法」如來藏無關！

所以凡是有坐、有行、有威儀的都是五陰，如來藏離見聞覺知又無形無色，不會有四威儀。無形無色，例如意識心、六識心，或是識陰六個識加上意根，也都是無形無色，可是他們知道自己在打坐，因爲身體就安坐在這邊常坐拘身，他知道自己在打坐；但如來藏完全無知，跟打坐的境界完全不相應，怎麼可能祂會打坐？那你走路來來去去，來正覺講堂或者聽完經回家，你知道路怎麼走，也知道正在走路，也知道路中的狀況，可是如來藏對六塵完全無知，祂怎麼會走路？所以走路的是誰？是五陰。打坐的是誰？是五陰。參禪的是誰？是意識啊！念佛的是誰？是意識啊！都是意識在想念阿彌陀佛，對不對？干祂如來藏何事？所以，佛就告訴你：「『我』此法中……無坐無行無有威儀。」

所以誰如果誤會了公案來告訴我說：「導師！我知道了，走路的就是眞實我。」一棒就把他打出去，因爲不但違背現量，也違背聖教量。聖教量明明說「無坐無行無有威儀」，怎麼會說走路的就是如來藏？我以前寫的見道報告有一小段話這麼說：「信知學佛以來每天禮佛，但從來沒有禮過佛。」為什麼呢？因為一直在禮佛的是五陰，我的如來藏沒有禮過佛。這樣講有沒有道理？（大眾答：有！）有喔？有道理就好，但是我不會有下文。也就是說「法無定法」，佛法是非常難理解的，因此自古以來禪師們都說佛法不是小事，眞要弄清楚還得要先從這些知見中去理解；先建立正知見，然後再去參禪，才不會落到五蘊中去。

那麼接著來談下一句「無此無彼無憶想分別」。我們意識，或者說七轉識和合運作時，向來都是有此有彼；即使善知識在弘法時也得有此有彼才行，乃至於十方世界諸佛教化眾生時，一樣得要有此有彼。如果沒有彼與此，要如何教化眾生呢？就像二十幾年前、大約三十年，應該有二十五、六年了，以前佛教界常常在相諍說：應該說「我」才對、應該說「無我」才對。就針對我與無我諍論不休。就是說，對於此與彼究竟有或者非有，他們互相諍論。然而他們不懂得說：理上的境界是沒有我可說的，不論是三乘菩提的哪一種菩提中，全都沒有我可說；可是現象法界中弘化的事相上一定有我、有你、有他。諍論到最後終於有一個法師出來說：實際上是無我的，可是必須要有方便說；一定要有個方便而說我說你，否則沒有辦法教化眾生。於是大家才終於閉嘴。

所以在《中阿含經》中有個嗏帝比丘亂說法，舍利弗尊者等人爲他解說時他也不聽，後來人家告到世尊那裡去了；世尊就反問他：「你聽過我曾經這麼說法嗎？」他竟然當著佛的面前說「世尊有這樣說過」。世尊又問其他的比丘們，他們答覆說：「我們沒有聽過世尊這樣說過。」所以世尊責備那位比丘是「愚癡人」。那麼世尊不是人無我、法無我都已經具足實證了嗎？這時責備弟子爲什麼還說：「你有聽過我這麼說法嗎？」那不是有我嗎？其實這時是度化眾生得依五陰而說你、說我，是現象界中的事，當然是有你我他；否則阿羅漢證得無我以後，是不是你與我就分不清楚了？是否我與他就分不清楚了？那就變成沒智慧了。即使是一個傻大呆，他都懂得分別你我他，所以被人家冤枉時雖不太會講話，他也會一直指著作壞事那個人，不斷地指著對方。這表示他雖然表達不清楚，但他也知道你我他。如果證得三乘菩提以後反而分不清楚你我他，那就乾脆別學佛法吧，因爲越學越笨，不是嗎？

可是真要有智慧卻得要證得「無此無彼無憶想分別」的「無名相法」才有辦法生起智慧，悟了以後不是自己變笨而不能分別，而是悟了以後能廣分別，才是更有智慧。但是卻是因爲證得「無分別法」第八識才變得很有智慧而能夠廣作分別。所以修行佛菩提的智慧，不是要讓自己一念不生而變笨、不能分別，而是要讓自己去證得「無分別法」的如來藏所以能廣作分別，這樣才叫作佛菩提的智慧。因爲諸佛通稱爲覺者，菩薩稱爲覺有情；諸佛不是無知者，而是正遍知覺，菩薩也不是無覺的有情。所以不要學著那些瞎眼阿師說：「**我們什麼都不要分別。**」如果他們把主張的無分別學成功了，就應該認不得徒弟，也不懂得說話了，因爲他們完全無分別了；可是他們宣稱證得無分別境界以後，竟然還懂得肚子餓，懂得罵典座說：「**你今天煮得太鹹！不稱職。**」顯然他對無分別沒有修學成功。其實是他們誤會無分別的意旨了。

所以我們悟了以後更要能弄清楚你我他，當然更要懂得「多、一、無」：這個多，這個只剩下一個太少了，這時根本都沒有了，我無法跟他往來。這個「多一無、你我他」有誰講過呢？以前有位大法師講過啊！就是曾經走過地球南北五大洲的大法師呀！但我們不要像他那樣，我們要的是親證不知道有我有你有他，也不懂得想任何事情而像傻大呆的「無名相法」，又名如來藏，祂的境界中「無此無彼無憶想分別」，可是只要我們一證得祂，智慧就開始如泉水般湧上來一樣，源源不絕了。那麼我們證得祂以後，知道祂的境界是怎麼回事了，所以我們對三乘菩提就開始通達。只要你證悟明心了，經過一段時間的現量觀察，智慧開始圓融了以後，《阿含經》就不必人家教了，你自己讀了就會懂：「啊！解脫原來是如此！」

所以我這一世破參前讀那兩鉅冊的《阿含經》，作了很多斷句；但是破參以後全部重讀一遍，發覺許多地方要改，因爲以前大多斷句錯了。我的國文底子算是很好的（有一點自我標榜喔？我初中時就自己讀《古文觀止》了，初二下學期讀《古文觀止》時，讀到李密的〈陳情表〉會讀到下淚，這表示我知道他在講什麼，被他感動了），可是那時讀《阿含經》斷句竟然會錯那麼多，表示悟前並沒有如實理解。可是破參後過了幾年有一天想：「我應該重新讀一讀《阿含》。」以前覺得不太懂，可是重讀了以後發覺斷句錯這麼多，於是一面重讀一面重新斷句。好在那時候都是用鉛筆斷句的。

這表示，你證得這個「無此無彼無憶想分別」的心以後，對於種種法中的此與彼都可以理解，也可以憶想分別，所以你讀懂以後能記得法義，也能爲人廣作分別。這如果是初學佛的人或第一次來正覺講堂聽經，可能會覺得說：「**這沒道理啊！祂既然什麼都不懂，爲什麼你證得祂以後，你就什麼都懂？**」如果眞的要這麼一問，我還眞的無理可伸、無話可說，但事實就是這樣。因爲你從證得這個「**無此無彼無憶想分別**」的法以後，知道實相法界是這樣，正因爲這樣所以能實行因果律。所以祂能出生我們的名色，能出生萬法，而心中全無偏黨。正是因爲證得這個「**無此無彼無憶想分別**」的如來藏之後，你仍然可以有此有彼有分別，然後轉依於祂而事事無礙。

話說回來，爲什麼祂「**無此無彼無憶想分別**」呢？因爲祂離六塵境界的了別。祂出生了六塵給你，可是祂完全不了別六塵，那你如何能說祂會分別彼此呢？想想看有沒有哪一個人可以不在六塵中而分別出彼此？當你分別兩個東西時，此與彼兩方一定都是在六塵境界中；當你分別我與你時一定也在六塵中，如果不在六塵中就表示你不存在了，因爲你意識心一定要藉六塵中的法塵才能夠出現，如果離開了六塵就表示你不在了，那你如何能分別法義等等？所以，正是因爲證得「**無此無彼無憶想分別**」的心以後，而你意識仍然在六塵中有此有彼有憶想分別，所以你的智慧才能出生。

爲什麼這時能有勝妙智慧呢？因爲你此時可以雙照空有而又跳脫於空有兩邊，這時你就能安住於中道的境界中，而你所說的法大家聽了也就只能信受，因爲完全符合聖教量與實證者的現量。別人將來如果悟了以後，回憶你告訴他的這一些道理，他也只能接受，因爲符合悟後的現量，而他如今也在這個現量中。既符合聖教也符合現量時，你所推理出來的比量境界就不會成爲非量，也就會成爲正確的現量境界——如同現量一樣，這就是「『我此法中……無此無彼無憶想分別』，正因爲「**無此無彼無憶想分別**」的緣故，才能成就一切諸法。

也許有人今天第一次來聽我說法時會覺得奇怪：「**怎麼可能如此？**」我們就來簡單的說明。假使實相法界——一切有情各自都有的眞如心—祂有此有彼有憶想分別時，顯然祂會了知六塵中的種種名相，一定會有種種分別；當祂有分別而懂得彼此時，五陰造了善業，祂一定說：「**這個業種好，要好好收藏起來，未來世我要好好享福。**」那這五陰假使遇到一個不好境界，例如被人家欺負到很嚴重一時不忍，正在削著水果的刀子突然間一刀刺出去，正好刺中對方的左胸刺到心臟，一條命就沒了，如來藏若會分別時就會想：「糟了！糟了！我這個五陰不小心幹了惡業，雖然不是故意的，無根本、無方便，但是有成已，恐怕會下墮惡道當狗去，或者當羊當牛去，這個業種不要保存，得把它丟了。」是不是會這樣？一定會這樣的，任誰都一樣。

你可別告訴我說：「我不會這樣。」到時候一定會這樣，一定把惡業種子丟了。這麼一丟，是不是因果都亂掉了？如果「無名相法」第八識心是有此有彼有憶想分別時，現在應該是怎麼樣的狀況？應該沒有三惡道才對。因爲無始劫以來每一個人的如來藏都在作選擇，惡業種子都不會保存著，那麼應該三惡道早就消失了，只剩下天與人，那怎麼可能會有人覺得世間有苦而來修行然後成佛？連佛與菩薩都不會存在了；因爲沒有人會覺得苦，大家都好快樂時怎麼會苦？那會有誰修行？也就沒有人成佛，自然就沒有菩薩也沒有諸位。可是明明都還有啊！這表示什麼？表示這個心一定是「無此無彼無憶想分別」，所以 佛才說：「『我』此法中……無此無彼無憶想分別。」今天講到這裡。

《佛藏經》上週講到第六頁第二段倒數第二行，講完「無此無彼無憶想分別」，今天要從「無菩提無菩提分」開始講。

「無菩提無菩提分」，並不是菩提這件事情不存在，也不是與菩提有關的智慧與修行等法不存在，而是說在「我此法」之中，也就是在「無名相法」如來藏自身的境界中，沒有菩提可言，也沒有菩提的智慧和修證等事情可說。在一般的想法中都會想：學佛的目的就是爲了菩提，菩提名爲覺悟，而覺悟有三乘菩提的差別，所以悟入二乘菩提就有聲聞解脫道的解脫智慧，或者悟入緣覺菩提，例如修證因緣觀而成爲辟支佛，也會有緣覺菩提的智慧。更重要的是諸佛來人間示現的目的是要讓大家實證佛菩提，既然如此，那就有聲聞菩提、緣覺菩提、佛菩提的智慧差異了，但是在「我此法」的「無名相法」境界中，卻是「無智亦無得」的，就是「無菩提無菩提分」。

聲聞菩提可以使人成爲阿羅漢，不論是慧解脫、俱解脫、三明六通大解脫，都是聲聞菩提；然而佛世有許多、而且可以說絕大多數的阿羅漢們，都同時也是辟支佛，但是這一類辟支佛稱爲緣覺而不稱爲獨覺，因爲他們是在有佛之世聽聞 佛陀演說因緣法而證悟的，而不是在後末世 如來不在時獨自實證而成爲辟支佛，所以佛世的阿羅漢們絕大多數都是緣覺，而他們同時也是辟支佛，但不是獨覺而是緣覺。

那麼佛菩提的內涵與二乘菩提有共通和不共通之處，共通的地方就是解脫道的實證內涵，所以菩薩在第一大阿僧祇劫中固然不急著證聲聞果，都是證得初果之後在二果、最多在三果之中就不再往前修證，專心在佛菩提來實證；因此要經由一大阿僧祇劫的修行才到達解脫果的究竟果，也就是慧解脫、俱解脫或者三明六通大解脫；但是仍然刻意再起一分思惑，繼續受生在人間或者天上行菩薩道，這出三界的解脫果是入地之時所必須要辦到的——必須要具足二乘菩提的實證。當然在那時證二乘菩提慧解脫果時，也取證了辟支佛的解脫智慧，這是菩薩修道所學的佛法與二乘菩提共通的地方。所以二乘菩提的內涵在佛菩提道中同樣具足，而且還更進一步修除習氣種子。

解脫之道在二乘人來說，他們只要斷除三界愛的現行就夠了，可是在菩薩道來講，於佛菩提道中這只是一小部分的修行；佛菩提道在第一大阿僧祇劫，不僅同樣要實證阿羅漢的解脫，在大乘般若眞見道以外，還得再修相見道位的非安立諦三品心，直到即將入地前第十迴向位中把這三品心全部修完，這是非常寬廣的實相般若；然後到了入地前得要再修加行，也就是他這時必須取證阿羅漢果，也必須取證辟支佛果；以前一直處在三果位中，到這時得要取證解脫道的究竟果，得把安立諦的十六品心以及九品心修好；修完了這個加行成爲阿羅漢時，再發十無盡願，憑著實相般若的總相、別相智慧，發十無盡願而起惑潤生、進入初地；這時開始的第二大阿僧祇劫，就有解脫道中不共於二乘聖者的解脫法要修，就是斷除三界愛的習氣種子。

習氣種子是二乘聖者之所未斷也無法斷，因爲這得要成爲阿羅漢以後繼續進修一大阿僧祇劫的無生法忍，到遠行地時把最後的部分斷除，三界愛的習氣種子才能完全斷盡無餘。當他到達七地滿心而把習氣種子斷盡無餘時，你送他任何一個禮物，他是完全不動心的。例如你送個禮物給阿羅漢，用個鐵罐裝著，當他伸手出來時，你把禮物罐反倒在他的手上，再把那個覆蓋禮物的容器拿開，他一看是蜈蚣，當下會怎麼反應？猛的一甩就丟了！但七地滿心菩薩就不會這樣，只會緩慢地把蜈蚣放回地上，因爲他的習氣種子已經滅盡；這是第二大阿僧祇劫的修行，把所有習氣種子一分一分去斷除，要經由一大阿僧祇劫修行才能斷盡。

例如有個愚比丘竟然敢恐嚇 佛陀（眞的叫作愚比丘），且不說 佛陀，七地滿心下至初地菩薩就不受恐嚇了，因為這修行與二乘菩提是不一樣的，不但有佛菩提果無生法忍的實證，也同樣有解脫果的實證以外，入地前就已少分在修除習氣種子了，七地滿心位則是全部斷盡習氣種子，這是佛菩提道在解脫道中與二乘菩提不共之處。換句話說，二乘菩提所證的菩提只限於解脫道，而且聲聞阿羅漢在解脫道的實證上並不究竟，因為只斷現行而不斷習氣種子。

那麼菩薩修學了佛菩提，從第七住位開始的證眞如就不是阿羅漢之所能知，所修的內涵與智慧亦非阿羅漢之所能猜測。就這樣子在第七住位常住不退，轉入內門廣修菩薩六度萬行，終於進入初地時已經過完一大阿僧祇劫。說起來眞的很快，但是修起來不容易；特別是末法時代，單說二乘菩提斷三縛結證初果就很難了，何況是佛菩提道中的開悟明心。所以諸位在正覺安住學法，要覺得「好幸福、好幸福」才對啊！

開悟「眞見道」了，接著還有「後得無分別智」，也就是實相般若的別相智要繼續進修到入地心才算圓滿，也就是「非安立諦」的三品心必須修證完成；這時轉入第二大阿僧祇劫修行，除了要斷除三界愛的習氣種子以外，還得同時開始修十度波羅蜜多。那麼這個無生法忍的部分可就更深了，因為這一些實證的境界和體驗的內容以及功德受用都無法為一般人說明，所以通常經中、論中都不說，古來也很少人演說。

到了這個年代眞正的佛法幾乎滅亡了，而大家對於三乘菩提的實證也已經都沒有信心，所以我們講《楞嚴經》時多少講一點證悟的事，讓佛弟子們讀過以後瞭解說：「原來佛菩提的勝妙之處，在末法時代還是有人可以親證。」於是起了一個想法：「舜何人也？予何人也？有為者亦若是。」諸位不就是這樣進來的嗎？以前通常是這樣想的：「我有個很要好的同修，他到正覺學法以後，兩年半禪淨班畢業就出語不俗，都還沒有開悟；又過了半年，聽說他開悟了，說起法來怎麼我都聽不懂，可是無法反駁啊！」這才知道：「原來佛菩提眞的可證，佛法眞的可以覺悟，而佛法的覺悟就叫作佛菩提。」但所證悟的實相境界中卻是「無智亦無得」，令人難以理解，所以「無菩提無菩提分」這個菩提的定義要先瞭解。

那麼這樣子繼續進修十度波羅蜜多，直到妙覺位，識陰區宇即將滅盡，六根互通，就預備成佛。可是從三地的「色陰盡」開始到六地的「受陰盡」、七地的「想陰盡」一直往上進修到成佛，這是入地後就開始的十度波羅蜜多，這要修足兩大阿僧祇劫。所以菩薩證阿羅漢果、證辟支佛果，得用一大阿僧祇劫去證，爲什麼呢？因爲意不在此。那明明是一世可以證的，爲什麼菩薩要花一大阿僧祇劫？因爲菩薩認爲這只是副產品，隨著歲月的推移，都在佛菩提的實相般若上面前進，不很用心在解脫果上面。所以對菩薩來說，二乘菩提的實證不重要，這在修學佛道的過程中自然會一分一分出現，然後自然取證，不是有意要取證的，因此二乘菩提的解脫果只是副產品。雖然是副產品但是也不能捨棄，因爲畢竟可以使菩薩有解脫的功德受用。

又譬如說，碾米廠碾米出來，古人都吃糙米比較單純；現代人貪求口感只吃白米，碾米廠就得精碾，第一次碾除掉的那一些穀皮，閩南話叫作「粗糠」就捨棄了，有人要用就自己來搬；可是第二次精碾以後有什麼副產品？就是米糠——胚芽。六十幾年前、五十幾年前我們在鄉下（看來我是老了），當年我們在鄉下養雞養鴨怎麼養的呢？去碾米廠挑兩大米籮粗糠回來；米籮都是這麼大，挑兩米籮回家，孩子就可以挑，因爲那很輕，挑回來放到後院；順便會向老闆要一點米糠，那時米糠也是免費的，但現在米糠賣錢了，因爲現在的人終於知道：「那叫作胚芽，很有營養的。」我們以前也知道那很有營養，但是因爲有錢人不吃，我們也跟著不吃，就把剩飯加上穀皮再加上米糠，攪一攪、拌一拌，去到後院「咕嚕咕嚕咕嚕……」呼叫起來，一大群雞都來了，牠們吃穀皮是沒問題的，就這樣養雞。

講到這個又有個題外話，天馬行空；彰化以前出現過米糠油事件，諸位有年紀者可能還是印象深刻，那些人到現在都還治不好。米糠是非常有營養的東西，榨油來吃爲什麼會中毒？不該有中毒的事啊！但因爲它壓製成油以後其實是要經過一段過程製作，因爲它有個味道有的人不喜歡聞，所以廠商用多氯聯苯脫臭，但多氯聯苯這個東西很毒，滲入油中吃了無法新陳代謝，所以很營養的東西吃久了中毒，那佛教界最有名的米糠油中毒者是誰？我記得跟你們講過的，忘了嗎？叫作曾銀湖，有沒有聽過？（大眾答：沒有。）沒有？唉！孤陋寡聞。他是專門搞南傳佛法而不相信大乘法的人，可是我告訴諸位，不相信大乘法的人就是少福德之人；聽說到現在那個毒還沒有辦法完全排掉，他可能都還在受苦。

這就是說，雖然是個副產品，可是這個副產品很有營養，因此現在就有人專賣胚芽粉；如果你每天老是覺得沒精神沒氣力，只要每天早上泡牛奶或者泡燕麥奶時，加上一茶匙胚芽粉一起喝，保你每天很有精力。但我要警告一下年老的男眾不能多吃，因爲不利於攝護腺。這要先講一下，免得喝上半年以後說：「**都是你害我的，讓我去動手術。**」這就是說，它雖然是個副產品，但它非常有營養。

同樣的道理，這二乘菩提雖然是修學佛道中產生的副產品，可是這個副產品其實可以使你得到解脫的受用（雖然無法讓人生起般若智慧），但菩薩不是刻意要修它。就好像我這一世把初果、二果、三果、四果的內涵寫了出來，《阿含正義》裡都已證明了，但我這一世是故意修它的嗎？不是！我只在佛菩提道上用心，是往世的修證在回復佛菩提智以後自己出現了，我不是故意修來的。菩薩也是如此，第一大阿僧祇劫中都在佛菩提上用心，因爲佛菩提的所證內涵不共二乘菩提，但非常深廣；可是佛菩提有共於二乘菩提之處，修學佛菩提的過程中會有副產品，就是解脫果這個副產品。

這個副產品將來也蠻好用的，我想起一句儒家的名言說「威武不能屈，貧賤不能移」，就是這個心境。如果有人要誘惑你說：「**拜託！幫我眼見佛性，**

我供養您兩千萬元。」你也不會賣人情，爲什麼呢？因爲這時你已經有解脫果的功德受用，對於三界中的東西沒什麼興趣；當然，如果觀察這個人有眼見佛性的因緣，無妨加倍開價：「四千萬元！我幫你見性。」四千萬元收來同修會裡入帳，開了收據給他，這也行啊！但是要先聲明：「不一定買得到見性。」因爲見性的事，善知識也是無法完全保證的，那時就退錢也行，但絕對不會爲自己這一世謀取世間利益。也就是說這一個解脫果使你不受誘惑，也沒有人能逼迫你。「貧賤不能移」是用不上的，因爲菩薩修到這個地步不會買不了一間公寓，一定是廣有資財的；所以這句話是可以適用，但沒有用武之處。

話說回來，佛菩提所成就的二乘解脫果這個副產品，其實對菩薩來說也是蠻重要的，可是如果先取證二乘菩提的解脫果，而沒有先把非安立諦的三賢位這三品心修學完成就先實證，就會危險！爲什麼危險？因爲會起涅槃貪；當一個人流轉生死久了以後，終於證得慧解脫、俱解脫、三明六通大解脫，有把握死後不會生起中陰身時，他心中對於入涅槃就會有很強烈的意願；他不會馬上入無餘涅槃，可是會有一個很強烈的意願。那麼對治之道就是入地前所發的十無盡願，以及三賢位所修的非安立諦三品心、安立諦的九品心、十六品心作支持，才不會入無餘涅槃，否則沒有希望成佛的。因爲隨時或者假使這一世控制住了沒有入無餘涅槃，下一世也可能會入，那是他的損失，也是廣大眾生的損失。

所以證這個解脫果要有個正知正見，因爲我們是佛弟子，不是聲聞弟子；我們修學的是佛菩提，所以我們應該在入地之前才取證解脫果，然後再起惑潤生、繼續後面兩大阿僧祇劫的功課。所以說，這個解脫果對入地的菩薩而言是有很大功德受用的，因爲他可以依照自己的理想去作，住持正法應該如何，救護眾生應該如何，他規劃完善後就去作，不接受任何威逼和利誘，就是因爲從這個解脫果功德而來。那麼這個副產品很好，但不要急著去證，所以你們不要說：**「欸！您蕭老師告訴我的啊：這個副產品很好。爲什麼我不先實證呢？這只要一世就可以實證的，您蕭老師不該這麼吝嗇吧？」**

但是我勸諸位不要這樣，因爲雖然是一生可以實證，但你不一定能實證，因爲你對人間的種種法還很喜愛，放不下，根本不可能實證。但是眞能實證時也許覺得那色界清淨梵天，往生去那邊有何不可？等到你可以去那邊時，想要實證解脫果就非常非常快，可能那時你一取證就會入無餘涅槃。所以對一個修學佛菩提的人來講，二乘菩提不應該早證，而應該順理成章到時節因緣成熟時再取證，就是以副產品的姿態或者方式來受用它，是在悟後進修想要入地之前才修，這樣最好。這就是說，佛菩提與二乘菩提有共通的地方，就是解脫果，也就是聲聞菩提的智慧、緣覺菩提的智慧；但是還有不共的地方，就是廣行六度所得的福德，以及證得實相般若後的眞見道、相見道等世出世間智慧，若再加上諸地所修的一切種智永遠不共二乘，這就是佛菩提。

這樣看來，菩提確實是有三乘之分，然而二乘菩提其實只是佛菩提中的一個小部分，所以我說它是副產品；佛菩提函蓋了二乘菩提，爲度眾方便才分割爲三種來說，其實還是唯一佛乘——叫作佛菩提。

那麼對「菩提」瞭解了，接著來說「菩提分」。「菩提分」要分成三個部分來說，第一部分就是實證二乘菩提之前需要有些什麼條件？實證大乘菩提之前又需要有什麼條件？佛法是有條件的，不是無條件的。雖然有人會想：「佛法不是講平等嗎？爲什麼還要談條件？」這就是說，「條件」講的不是一般說的條件交換，而是基礎。譬如想要蓋個草房，只要把泥土填高一點再把它夯實了，泥土的外圈鋪上些石頭，避免雨滴濺到泥土崩塌；然後一個一尺高或者兩尺高的泥土平臺夯實了以後成爲地基；再用木頭或竹子在泥土地上豎起來，然後弄些茅草編成一片一片蓋上去就可以住了，那就像是聲聞菩提。

如果要蓋好一點，就弄些泥土把草混合製成土塊，陰乾後推疊起來，上面弄瓦片或茅草蓋起來，就好比緣覺菩提。這樣的房子只要把泥巴夯實了就可以，不必用到水泥地，更不必挖地下室。可是你如果要蓋大樓，你總不能在泥巴地上直接蓋上去，因爲蓋不到五樓、六樓就倒了！所以得要挖地下室，而且要灌鋼筋混凝土才能往上蓋，可以蓋到十樓、二十樓、三十樓，這就是佛菩提。那你想，三乘菩提實證所需要的基礎一樣不一樣？絕對不同啦！因此一定是各有不同的基礎。

你們看看阿含諸經中，凡是有人來求法，世尊說法時都有一定次第，除非是菩薩再來者。如果是菩薩再來，世尊就只說：「善來比丘！」當下鬚髮自落。鬚髮自落是什麼意思？是煩惱頓斷的意思，不是眞的就掉光鬚髮；然後他就成為出家人了，為什麼？因為他心裡就出三界家了，心已不在三界內，當然是出家人，當然是比丘。那麼一般的人來求法時，佛陀說法是有次第的，「施論、戒論、生天之論」，要他信受施與戒的因果，並且還要懂得三界的層次內涵，如果不懂三界的層次內涵，隨隨便便就說：「我出三界了！」結果是出三界時竟然還有一個「我」，而且還是欲界人間的我，根本就是大妄語。

你們看末法時代佛教界不都這樣嗎？各個大師們都說他們證悟、出三界、得阿羅漢果了，結果他們的心還是人間的心，連欲界都沒超脫。因為依舊是五塵中的離念靈知，連欲界都還沒超脫；縱使離念靈知可以久住未到地定中，上面還有色界、無色界；這是因為不懂三界的境界所以他們自以為解脫了，其實還是在人間。如果要說解脫也有啦，就是暫時解脫於三惡道（但他們解脫於三惡道能解脫多久？解脫到死前為止；因為他們大妄語，所以只能解脫到死前為止！）然後捨報後就下去了。這就是不懂生天之論的後果。所以世尊為人解說解脫道妙法時，一定先演說「施論、戒論、生天之論」，如果對方能接受了，接著再講「欲為不淨，上漏為患，出要為上」，就告訴他說：「欲界是不清淨的，生到欲界天一樣是不淨的；到色界天時還是有上漏，雖然沒有欲界漏，還有上漏，那也是個災患。如果生到無色界天好像是解脫了，其實還沒有，還是要出離這個地方，這才是最重要的事，而這就是最高的解脫——出要爲上。」

你們看，先要有這些次法的基礎，能夠理解、能夠接受了，世尊才會爲他說四聖諦，才能證解脫果。所以四聖諦也不是隨便說的，這就是基礎，也就是條件。所以修學二乘菩提之前要有這個基礎，這個基礎如果修學完了，四聖諦爲他演說完了，他可以證初果，接著才會爲他演說佛菩提。那麼要說佛菩提的基礎就是初果，不會再墮於三界法中，他的見地已經超越三界了，這就是修學佛菩提的人應該有的基礎或條件。所以要開悟之前先要取什麼果？正是初果。但證初果有沒有果？無果。如果說證初果時是有個什麼具體的東西，那就是妄想。所以十多年前有個居士封他的徒弟爲某某菩薩、某某菩薩，又說他們證的是四果的果位，然後這個是初果人，發給一張證書；二果人也發給一張證書。依我看，那些證書都有個副名，叫作入住地獄申請書。因爲都是因中說果。因中說果會怎麼樣？當然要下去啊！好在現在沒有人敢這樣作，因爲我們的書流通多了，他們知道這事不好玩，都不玩了。

這就是說，你想要證悟之前一定先得斷三縛結，如果三縛結沒有眞的斷，幫他證悟以後，我見又會像僵屍一樣又活過來，那不好玩，所以證悟之前一定要有基礎。要有這個解脫果作爲基礎才能夠修學佛菩提，可是修學佛菩提的基礎不只如此，因爲還要修除性障，這是絕對必要的；還要有很好的智慧知見，我們稱之爲正見；也要有基本的定力，因爲修學二乘菩提證初果就必須要有定力——未到地定，更何況進一步想要證悟佛菩提。我們會裡要求的未到地定不是打坐來的，是無相念佛修出來的，這是動中的功夫。

除此以外，要看他想要實證大乘菩提的福德資糧夠不夠？如果福德資糧不夠，即使很努力修也是很難實證的。證悟所必須的福德資糧要修多少？要很多喔！諸位想想看，從十信位圓滿進入初住位，修到第六住滿心是一大阿僧祇劫的三十分之六，想想看那是多少福德？是六度萬行修的福德，要修一大阿僧祇劫的三十分之六，當然是要有福德的。也許有人問：「那如果沒有福德而證悟了呢？」僥倖證悟了，很簡單啦！就是隨時準備退轉。有人想：「退轉就退轉，有什麼關係呢？我從第六住位繼續再修就好了！我再把它修

回來吧。」

但退轉了就會謗法，就像律部有一部經典《菩薩瓔珞本業經》，說無量劫前淨目天子、法才王子、舍利弗證悟實相菩提「**般若波羅蜜正觀現在前**」，但是沒有善知識攝受，所以遇到惡知識時就退轉了；退轉之後，佛說他們「**若一劫、若十劫乃至千劫**」之中「**無惡不造**」，那你想，他們福報享盡了以後，這些惡業就會現前，現前受報下墮三惡道中要多久才能回來？要等很久了，那個苦痛可想而知啊！這就是說，佛菩提的實證不同於二乘菩提，因此佛菩提所說的「**菩提分**」還要包括這個福德，有大福德的人悟後遇到惡知識時，會有善知識攝受而不退轉，就不會謗法或造惡而下墮惡道。

那麼接著就是要有正知正見，而正知正見得要跟隨眞正的善知識受學，如果跟錯了，好有一比——「女怕嫁錯郎，男怕入錯行。」就是這個意思，如果嫁錯了人，一生受苦；譬如嫁了老公既吝嗇，一天到晚又壞脾氣，可是孩子已經生了，怕孩子沒爸爸，只好忍氣吞聲了！對不對？所以有的女人到了六十歲時堅持要跟她丈夫離婚，死也不作他家的鬼。有沒有？有啊！前些時候就有一件。但她倒是還好，孩子願意幫她打官司去爭取，終於打贏了，不冠夫姓，離婚了，不作他家的鬼，算她聰明。其實也不聰明，作鬼有什麼好聰明？作自家的鬼而不當對方家的鬼，也還是鬼。但她總算比一般的人好多了，若是一般女人，就是忍氣吞聲到六十歲，心想：「算了！都老了，就認了！」就這樣忍下去了。這就好像跟錯善知識了，跟隨了惡知識就是這麼痛苦。

所以說，跟錯善知識的人總是離不開，會一直跟下去；看臺灣、大陸佛教界大部分人都是如此，誰能夠捨得原來跟隨的道場？於是就繼續忍下去了。讀了正覺的書以後，明明知道這才是眞的，但是又想：「那我師父呢？顯然是在正覺所評論的那一些境界裡面，是未悟言悟。」可是以前都跟著說大話：「我們師父這個法才是眞正的。」說了一堆，現在一朝要反過來，很難欸！只好繼續忍下去，就這樣耽誤一生；下輩子也許還被耽誤，因爲那個情緣斬不掉。

「菩提分」說到這裡就要點出來了：要能夠跟對善知識，你得要有大福德，福德不夠時就是離不開誤導自己的惡知識。但這福德不是指世間錢財的福德，例如有人一捐就很多錢——例如十幾年前捐了二十七億臺幣給某大山頭的電子公司老闆，但是他追隨的師父教的是什麼佛法？根本就是外道法，還以爲自己的師父很厲害，但「宇宙大覺者」其實只是一個未斷我見的凡夫。一般人當凡夫還算好的，但「宇宙大覺者」這個大妄語業要怎麼了？這才是大事。所以說，佛菩提修學中的「**菩提分**」有很多內涵，這些內涵是不可或缺的。那麼在佛菩提的「**菩提分**」具足，也就是說見道的福德資糧夠了，這時取證佛菩提果進入第七住位常住不退，就是水到渠成的事了，往往不必很刻意的一個時節因緣，一不小心就開悟了！

所以有好多人，平常共修或者在家裡作家事、營生等，有一個因緣他突然會了：「**唉！原來如此。**」這麼一念就會了，這才叫開悟。開悟是一念之間的事，如果開悟是要一分一分累積的，就是錯會。證悟了，表示他的福德資糧已經夠了，也就是他在佛菩提分的基礎已經建立，那就是該他開悟的時候了，這就是三乘菩提說的佛菩提分。

世尊開示說：「**我此法中……無菩提無菩提分，**」證悟菩提是你意識心的事，實證了二乘菩提而有二乘菩提的解脫智慧，也是你意識心的事；當你壽算終了捨壽入無餘涅槃時，十八界俱滅，意識不存在了；這時不管是粗意識、細意識、極細意識，已經沒有任何一分的意識存在，所以智慧就不在了；因為智慧是意識相應法，智慧是意識所有。如來說的「我此法」如來藏，出生了十八界，而意識在十八界中；但在入無餘涅槃時意識是要永遠斷滅的，那時十八界全部滅盡，所以叫作「不更受有」或者說「不受後有」。這時在無餘涅槃中只剩下如來藏「我此法」獨存，這時沒有意識存在了當然「無智」「無菩提」，意識不在智慧當然就不在了。

那麼佛菩提，從菩薩證得佛菩提來看二乘聖者時，菩薩卻說：「當你阿羅漢還沒有入無餘涅槃時，就已經無智了！」有沒有想到這一點？你們破參以後都沒有想到這一點。阿羅漢入涅槃前意識還在，當然意識就有解脫智慧，可是阿羅漢的涅槃本際「我此法」——這個「無名相法」——的境界中就是無智，也就是「無菩提」，菩薩現前所觀正是如此。所以想要實證無餘涅槃中那個無智的境界，不必去自殺，都用不著；也不必這一世就把五蘊自己斷滅，因為盡未來際還有如來藏「我此法」的境界是「無菩提」的，完全符合聖教量，菩薩現前所觀是如此。

當阿羅漢、辟支佛入了無餘涅槃中意識永斷，因為十八界永斷了，當然是無智——「無菩提」。可是菩薩所證的是依於證得「我此法」如來藏，來現觀這個如來藏自己所住的境界之中，沒有智慧可得，當然「無菩提」。可是現代佛教在臺灣剛剛興盛起來時，很多人說：「我們應該要無分別，《心經》也講『無智亦無得』，所以我們不可以有智慧，因爲懂得太多就會成爲『所知障』。」我想很多人聽過或讀過某大法師這樣講，但這就是誤會；明明學佛是要生起智慧的，爲什麼要壓抑自己變成沒有智慧的愚癡人？偏又學不像，因爲眞正的愚癡境界是吃到狗屎也不知道是狗屎，吃了也不知道吃了，這才是眞正的「無智亦無得」，這是如來藏的境界。

你意識想要像如來藏那樣無智，那就學學看、模仿看看，你如果辦得到，我還眞佩服；但是佩服完了給一句評語：依舊是大妄語。因爲他所謂的實證無智境界，依舊是妄語。所以末法時代佛法可觴，就是錯會。錯會的原因是因爲被六識論者所誤導，如果他回到八識論來，好好把 玄奘菩薩的《八識規矩頌》讀一讀，就懂得說：「原來我們人人都有八個識。」就會知道說：「我們現在見聞了了，能夠分別清楚，那就是識陰六個識；讀了正覺的書以後決定要信或者不信，就是意根。」那麼他就會知道說：「實證般若所悟得的無智境界，是第八識的境界。」等他弄清楚了好好去求證第八識如來藏，有一天終於證得如來藏，再來觀察這個如來藏：「啊！原來『無智亦無得』是講如來藏的境界，祂的境界中果然無智——無菩提，我卻因為證得無智的祂，變得有智慧！」三乘菩提就通了。

這樣看來，「無菩提」的境界是如來藏的境界。那既然「無智、無菩提」的境界是如來藏境界，表示祂不懂得修行。祂既然不懂得修行，你能叫祂修行嗎？你不可以告訴祂：「欸！我如今悟了，知道你在哪裡，你逃不掉了，就請你乖乖替我修行。」但我告訴你，不但不答應你，連回應都不回應你，由著你怎麼罵去，祂都不理你，你也無可奈何。因為需要菩提分的是你，去修菩提分的也是你，累積「菩提分」的也是你，都跟祂無關，悟後要修行的仍然是你。可別打妄想：「我找到如來藏以後，開悟了，換我叫祂修行，由祂來替我修。」沒這回事啦！修行仍然是自己，不會改變的，只是你有解脫的功德、有了實相的智慧而已。

所以不要期待說：「我找到祂了，我悟了以後就命令祂去作什麼。」這話有對與不對；你真的可以命令祂作什麼，但是有許多事情祂才不聽你的，因爲祂永遠不聽你的。懂這意思嗎？永遠不聽你的就是說「不管你講什麼祂都沒聽見」，那你能叫祂幹什麼？但這話很奇怪是不是？是很奇怪，可是等你證了以後發覺一點兒都不奇怪，因爲法界中本來就這樣的，所以佛說的聖教量都是誠實語「我此法中……無菩提無菩提分」，沒有菩提可說，也沒有菩提分可說，因爲這些都是你五陰的境界。

接著說「無智無非智」。諸位想想看，「我此法」這個「無名相法」如來藏離見聞覺知，對六塵都不了知，那麼請問祂能不能聽經？六塵都不了知就表示祂不見色、不聞聲、不嗅香、不嚐味、不覺觸、不知法，所以你再怎麼罵，祂依舊如如不動；你反過來把祂褒獎，褒獎上天了祂依舊如如不動；因爲你等於在跟石頭講話一樣，石頭聽不懂你的話；但祂其實不是聽不懂，是沒聽見。這就是說祂離六塵的見聞覺知，這時你說法給祂聽，祂沒聽見，如果你說：「不然，有問題，那你來問我吧。」祂又沒有嘴、沒有舌頭；你說要叫祂修學三乘菩提的基本知見，祂沒有辦法修學；你要使祂修學，祂也無法修學。祂既然對六塵完全不了知，你叫祂說：「你好好學，並且還要參禪喔！證悟以後你就有智慧喔！」祂連聽都聽不見，哪來智慧？當然更不會參禪，所以祂的境界中永遠不會有智慧，不會有菩提。

所以不要期待說：「我開悟了以後，叫祂給我智慧，因爲佛法說的都是祂呀！所以智慧都是在祂那裡，由祂給我就好了。」不！智慧還是要你去修，雖然證悟佛法所得的智慧都是從祂而來，但不是由祂給你，而是你去觀察祂，好好去現觀，從祂的自性和功德中產生你的智慧，所以祂不會有智慧——「無智」也「無菩提」。既然不會有智慧，當然菩提這個覺悟也是你該覺悟而不是祂該覺悟，你不該叫祂替你覺悟菩提。「無智」卻又說「非智」，智慧是三界中事，三界中事沒有絕對待的，都是相待之法，因此有智慧就表示也有「非智」的一面。

「非智」，例如有時新聞報導，或者學術界有時會罵人：「這個人屬於『非智』之人。」意思是說他根本不理性，他想要怎麼樣就怎麼樣。就好像很多年前流行的一句話：「只要我喜歡，有什麼不可以。」所以只要我喜歡，把人家的小孩子殺掉，殺上一、兩個小孩也不會被判死刑，惡人是這麼想的，這叫作「非智」，因爲不理性。你跟他講邏輯沒有用，跟他講什麼眞理也沒有用，他想怎麼樣就怎麼樣，就是「非智」。

而「非智」的現象在世間很普遍，譬如有一個大歌星來了，一群少男少女去迎接，而且會驚叫！有時看到新聞報導，心想說：「人為什麼會這麼愚癡啊！」對啊！那是最愚癡的人！奉獻錢財給人家賺了，還要崇拜人家，這是世間最愚癡的人。那愚癡的人總是很多，不斷地跟流行。我家孩子們，我都是小時候就教導他們，我說：「創造流行的人被崇拜還賺大錢，追隨流行的人被人賺錢還要崇拜別人。」他們就聽懂了，所以他們永遠不跟流行，那我就少費心了；而他們都可以自保，不會追隨流行，所以錢都不會亂花，也不會一天到晚伸手說：「欸！老爸！拿些錢來。」這就是你對子女該作的教育。

同樣的道理，世間「非智」之人非常多，所以選舉時也有許多「非智」的現象；這是扯上政治去了，但是「非智」之人不可理喻。有智慧的人會判斷這個是對我有利或對我無利，是對國家有利或無利，對社會有利或無利；可是有許多「非智」之人想：「反正我就看著，誰欣賞他或是替我罵什麼，我也高興。」至於他選上以後對大家好不好，就不是他所關心的事了。這種情形，不管臺灣或者哪裡其實都差不多。但是為什麼會有「非智」？是因為他有世間智慧，凡是有世間智慧時就有「非智」，智與「非智」是一體兩面。

也許你想：「那我們證悟實相以後不該有『非智』了吧？」有的，有另一個層次的「非智」；譬如我剛剛說的：你有了實相的智慧，這是意識的智慧境界，所以你看見一群年輕人被歌星、影星所迷惑，你想：「這些人眞是『非智』。」也就是已經迷了的意思，所以叫作歌迷、影迷。那你腦袋中不是就有「非智」這個法嗎？這時你心中有沒有「非智」這個概念？有！有智慧當然就會有相待而生的「非智」之法。所以你心中就有很多的判斷，你就看到說：這種也是「非智」，那個主張也是「非智」，你都看得出來啊！但是不管「智」與「非智」其實都是你意識的事，跟如來藏完全無關——如來藏的境界中沒有「智」也沒有「非智」，所以 世尊說：「我此法中……無智無非智。」

接著說：「無地無水無火無風，」地是指堅硬的物質，水是柔軟而潤濕的，火是有熱度、溫度乃至於可以焚燒一切，風就是動轉之事、動轉的功能，存在於很多事物之中，包括人間有颱風、大風、輕風、微風、颲風等。這四大是人間必須要有的物質，在人間如果不具足地、水、火、風可就麻煩了，因爲所有有情都會滅絕，連植物都不能存在了，所以這地、水、火、風四種極微元素是人間必須要有的。那麼地、水、火、風的最微細狀況就叫作「鄰虛塵」，因爲四大極微是一切宇宙萬有組成的材料。

當它們在極微的狀態時都是圓相，因爲極微只有圓相可以存在，這在古時候經論講過了。以前也許有人質疑說不可能是圓相，心裡不太信受，但是諸佛境界都知道這些事情；那現在科學發達，特別是物理學；物理學研究的結果首先發覺了原子，原子是什麼相？圓相。有了原子以後又發覺有電子，電子也是圓相，不是方形、三角形，不是不規則的；接著又發覺中子、質子，然後J粒子，就是丁肇中發現的；後來又有夸克，找到夸克的人敢說這個就是最微細的物質嗎？他也不敢說。所以有人號稱什麼「上帝粒子」，其實上帝連這個都不懂、談什麼上帝粒子？因爲上帝連五陰都不懂，連地、水、火、風都不懂，他能談什麼上帝粒子？

然而佛法中早就講過了，一切物地、水、火、風不斷地細分再分析，到最後叫作「鄰虛塵」，這極細物質再過去就變虛空了。請問：再過去是虛空，那麼這一些地、水、火、風「鄰虛塵」到底是從哪裡來的？是不是可以變爲虛空？可不可以？不可以？不知道？老實話，誠實人。其實有可變，有不可變，因此經論中就有不同的說法。在第三轉法輪諸經中世尊開示過，十方世界的一切地、水、火、風，是由一切有情的如來藏共同變現出來；這個如來藏又名阿賴耶識、異熟識，佛地叫作無垢識，祂有集性自性、相性自性等七種性自性，其中有一個大種性自性。大種性自性的意思是地、水、火、風四大極微，是阿賴耶識所有的功能，祂可以變現出來。那麼三界一切有情必須在三界中不斷地流轉，就要有器世界存在，所以地獄世界、畜生世界、餓鬼世界、人間世界、欲界天、色界天的世界，所需要的組成物質都是由如來藏變現出來的，只有無色界不需要四大種。

既然眾生在這裡由於各自的心境需要生存在這些境界中，當然就要有各種不同的器世間，來供眾生受報以及繼續造業，所以眾生的定義叫作受報者、造業者，三世不斷地循環。既然眾生需要這一些器世間，當然就要有組成器世間的物質，那麼這一些地、水、火、風四大極微就是眾生的如來藏共同變現出來的，然後依著眾生所造的業不斷地成住壞空，以致各個器世界都有成住壞空不斷地轉變。那麼請問諸位：「阿羅漢入無餘涅槃，不再有七轉識需要在三界中流轉，那阿羅漢的如來藏所變現的那一分地、水、火、風還會存在嗎？」不會存在了，就消失了。那是不是可滅？是可滅。

但是從絕對多數的有情來說，就說四大極微不可滅，所以《瑜伽師地論》中說「極微無生無滅」，有沒有違背？沒有。爲什麼呢？因爲絕大多數有情會繼續輪轉生死無量劫，而這些絕對多數的有情將來大部分會成爲菩薩，那麼大家的如來藏所變現的四大極微地、水、火、風，就不會有生滅。因爲有情乃至成佛也是永遠不入無餘涅槃，所以地、水、火、風不會有生滅，因此大論中說的是四大極微常住不滅。人間看到的木材燒了變成灰，大風一吹都不見了，但那只是四大極微狀態的轉變而已，總能量並沒有減少。諸位想想，如果總能量會減少，請問：「從過去無始劫到現在，爲什麼還有這麼多山河大地？」應該越來越少了，那是不是再經過一百億阿僧祇劫以後三界全部不見了？是不是眾生全部自然得解脫了？

如果這樣倒也好，都沒有三界等世間可住，就不會再流轉生死而得解脫了，大家都入無餘涅槃去了。但不可能的，因爲眾生都有我見、我執還有我所執，那他們的如來藏自然就會因爲七轉識的執著，使如來藏繼續維持著大家應有的地、水、火、風，所以地、水、火、風常住而「無生無滅」，所有有情都有可以生存的空間，差別只是生存在可愛的空間還是可厭惡的空間。所以臺灣老人家都會流傳一句話，現在人比較少聽見；老人家都會說：「一枝草，一點露。」喔！你們香港來的聽不懂，我講解一下「一枝草，一點露」，就是說，只要有草在，那一枝草在凌晨就會有一點露水，大家都有。意謂每一個人生來都有他自己的福德，差別只是或多或少而已。

所以比我年老的老人家如果買房子給孩子，人家讚歎說：「你對孩子眞好！」以前我有一個客戶住在博愛路，有好幾棟樓房，他因爲有年紀了，開始移轉房屋給孩子，我們讚歎他，他就說：「一枝草，一點露，這也不完全是我的財產，是因爲我生了這些孩子，就多賺了錢，其實是他們帶來的，我替他們收集起來；再過幾年我準備要走了，就交給他們，也是他們本來的財產。」你看這樣的老人家多開明，女眾如果嫁給這老人的兒子，眞的幸福，這老人不會一天到晚頤指氣使說：「都是我給你的啦！」他不會這樣，但這種人福報也是很大的。

這就是說，其實宇宙中的地、水、火、風是每一個有情如來藏自己變現出來的，不要去推崇別人說：「感謝上帝、感謝主！」愚癡人才感謝上帝。你辛辛苦苦賺錢來，要感謝上帝，每次祈禱：「感謝上帝賜我吃，賜我喝，賜我房子住。」爲什麼不說「感謝上帝賜我借錢不用還」？既然他可以賜你這些，當然你臨時有需要借錢也可以不用還，上帝也要賜給你呀！不是嗎？邏輯是一樣的。

可是就有很多的人落入「非智」，就是要繼續迷信下去，眞的叫「非智」；你跟他講道理也講不通，眞的講不通。譬如你講三世因果：既然你這一世可以去到未來世，就表示你是從上一世來的，因爲邏輯是一樣的啊！怎麼可能你這一世是上帝創造的，然後自己可以再到下一世去？因爲這一世可以去下一世，就顯示你是從上一世來的，邏輯一定是這樣的。可是「非智」之人就是會信「上帝造人說」，那父母生他就沒有功德了，因爲他說自己是上帝造的，而他根本不知道上帝也是上帝自己的如來藏生出來的。

所以說每一個人都有他的福德，差別只是多與寡的不同；那麼如來藏各自變生應該有的地、水、火、風，所以地、水、火、風四大極微究竟是常或無常？對解脫者來說是無常、可以壞滅，然而對於流轉生死的絕大多數有情來說是常，因為有情會不斷輪轉生死。對於菩薩來講也是常，所以菩薩行者不可以說「四大極微無常」，否則他就是聲聞人；即使受了菩薩戒，他的心態還是聲聞人，因為不依菩薩法而依聲聞法。那麼講了這麼多地、水、火、風為何會不斷地變生出來而且用不可盡，是因為眾生有七轉識，當眾生的七轉識需要在三界中流轉時，就需要有欲界天、人間、三惡道世間和色界的世間，因為眾生的心性需要這樣的器世間，當然就要這樣的世間供眾生來流轉。

眾生的如來藏自然會維持一定數量的四大，其實「數量」這個用詞不好，因為四大極微沒辦法計算；就是說，共業有情的如來藏會維持所需要的地、水、火、風在宇宙中，不斷地成住壞空，讓眾生有地方可以流轉生死。這就是說阿賴耶識如來藏有變生地、水、火、風的功能，所以地、水、火、風不是無因而有，都是因為阿賴耶識有大種性自性等七種性自性才導致的。那麼地、水、火、風之所以會變生，是由於眾生有我見、我執、我所執，因此感應到如來藏從大種性自性的功能中變生出來，因此無量劫來無量眾生流轉生死而不斷地使用各種物資，可是世間與物資卻是無窮無盡；假使不是如來藏有這個大種性自性，無量劫來無量有情這樣輪轉生死的結果要用掉多少資源，是不是應該漸漸耗減，然後世界越來越少，最後消失了？可是不然，世界依舊那麼多，這就表示這是由如來藏大種性自性去運作。

但是如來藏這個大種性自性的運作，卻是因爲眾生七識心的我見、我執等煩惱的緣故而繼續運作，可是眾生並不瞭解，二乘聖者也不瞭解，這是菩薩實證法界實相以後，親隨佛學而得了知。可是說了這麼多的地、水、火、風的事，這都是眾生在三界中生存之所需，而如來藏有大種性自性，不代表如來藏有地、水、火、風；所以當你證悟了以後，反觀自己的如來藏沒有任何一法可得，沒有任何一色可得，所以地、水、火、風之任何其一都不可得，祂自己的境界中「**無地、水、火、風**」。而如來藏有大種性自性，卻可以出生地、水、火、風足夠一切有情之所需，這在告訴我們什麼道理？告訴我們——心能生物。

但是愚癡人會說「物能生心」，有沒有這種愚癡人？有啊！現代的西方醫學家、科學家都是這一類，斷見論、無神論的外道們也是這一類。科學家們說：「**我們要探討生命的起源。**」所以從物理學上一直去鑽研，可是鑽研到最後，假使有一天到達最究竟的地步——終於找到四大極微等鄰虛塵，終究還是物。假使他們有一天眞能追究到最後地步，也就只是四種物：地、水、火、風四種。縱使他們能夠找到極微，有沒有辦法看到極微如何出生有情？不可能的事。所以從菩薩的智慧來看，就說這一群人叫作「非智」之人；因爲你跟他們說這個道理，他們都不信的。當你說：「只有心能生物，物不能生心。有情都有覺知心，這心從哪裡來，總不能夠說由四大出生吧？」可是你跟他們講這道理時，他們信嗎？不信。他們認爲：「我們是物理學權威，你們得要聽我的，你們佛教徒懂什麼？」可惜的就是沒有人告訴他們說：「你們這樣探究下去，到最後結果依舊是物的範疇中，無法探討到心。」依舊是物，因爲還是「鄰虛塵」。如果到了「鄰虛塵」，他們繼續探究下去會有什麼東西探究得到？沒有了，只剩下虛空。

虛空，他們能探究到嗎？探究不到的，因爲儀器無法顯示那個虛空。這時你正好教他說：「你最究竟，卻已經找不到任何物質了！這儀器告訴你說已經『找不到任何物質了』，無論再怎麼找都找不到更細的物質，那你就找到虛空了！」你正好可以教他這一點。然後接著問他：「請問您，虛空能不能出生有情？」這時他腦袋一時轉不過來，回家好好想啊、想的，有一天突然想通了：「對啊！如果虛空能出生有情，那就變成無中生有，這好像不通；如果物質能出生有情，這又成為物能生心，也講不通。」如果他有智慧，就來問你：「欸！你怎麼懂這個道理？教我、教我！」你就告訴他：「你來正覺修學就會懂啦！」

那麼還有一種人也是認為「物能生心」，就是西方醫學——西醫。我不講中醫，在座的中醫們別煩惱，我有定義是西醫。但是我們在座的西醫也別煩惱，因為你們之中有很多人實證如來藏了，當然知道我不是講你們，別誤會了。一般的西方醫學看法，認為說：「人能見聞覺知這個精神，就是因為有身體；有身體所以有見聞覺知，有心。」所以他們的基本看法是說：你這個身體壞了就沒有心。基本上我不說他們錯了，因為從現象界看來眞是如此；但我們從佛法來看也是如此，為什麼呢？因為人得要有這個色身——要有五個扶塵根、五個勝義根加上意根，當根、塵相觸出生了六識心，加上原有的意根，就有七轉識，那就有覺知心了。沒有錯，醫學家這個部分是對的，但是只知其一不知其三。也就是說他們連意根都不懂的，你告訴他們，他們也不相信；他們總是把意根的作用當作是意識的作用，所以他們有一個名詞說

「下意識」，有沒有？欸！就是把意根據爲意識所有，可是他們都沒有想過：意識睡著就中斷了。

接著說，他們認爲由於身體出生了，所以就有覺知心；身體一旦壞了，心也就沒有了，那不就是「物能生心」嗎？所以有的醫學家就開始打妄想：一個人是有頭腦、有頭、眼睛、鼻子、有身體、有五臟六腑、有四肢，那麼將來有一天醫學發達而可以用物質組成這一些器官，然後合起來，那就是一個人出生了！他們打這妄想。但是我可以先下一句定論——門兒都沒有，因爲物永遠不能生心。如果物能生心，爲什麼一定要藉由有情懷胎來出生然後才有心？爲什麼山河大地等等物質不能自己去配合，然後產生六識心？爲什麼不能？因爲物不能生心，反而是物要從眞心而來。

所以地、水、火、風是有情的如來藏心之所變現，雖然如來藏有大種性自性能變現這麼多的地、水、火、風；依於有情的需要隨時維持應該有的數量，或是叫作定量。可是如來藏祂本身是心，祂自己的境界中並沒有物質，而祂能夠變生，所以叫作大種性自性。但是在二乘法中以及大乘法中都有一個說法，說這個如來藏既叫作「外識」又叫作「色識」——物質識，原因就在這裡。因爲如來藏生了你這個五色根，祂能夠接觸外六塵，依據所觸的外六塵來變生你十八界中的六塵；而你十八界中的六塵是你的內相分，不是外相分；而你覺知心生活在如來藏所變生的十八界的六塵相分之中。

如果有人不信，可以去觀察：自己覺知心是否曾經生存在沒有六塵的境界中？自己去觀察。如果有人能夠找到覺知心眞的住在沒有六塵的境界中，那我封他一個大法號——宇宙特大號的覺者。換句話說，他是從宇宙大覺者衍生出來的，更沒價值了，因爲一定是妄想；要不然就是一場亂夢，卻不知道自己夢中也在六塵境界中。因爲如來藏能夠接觸外六塵，所以我們稱祂爲「外識」，阿羅漢們也稱祂爲「外識」；但是如來藏由於有大種性自性而能夠變生種種物質，所以又稱祂爲物質識——「色識」。可是祂變生了物質以後，祂自己的境界中卻沒有地、水、火、風，這就是證悟者的現觀。世尊講這麼多的『「我」此法中』的境界，都說是無，一直無到底；也就是說諸法從祂而生而顯，可是祂自己的境界中卻沒有任何一法可得。所以 世尊說「**無地無水無火無風**」。

接著說「**無罪無福**」，罪與福一直都是三界中有情的相應之法，一切有情沒有誰能夠說他「無罪」。可是一神教說一切人都有原罪，二者的意思不同。一神教講的一切人有原罪，是繼承亞當與夏娃而來的，因爲亞當夏娃是上帝創造的，但上帝居心叵測又弄了一棵蘋果樹，規定他們不許吃禁果——說那蘋果不許吃。但他們兩人想：「我們有見聞覺知，想要活著就必須嚐味，我們要餵飽肚子啊！那蘋果生在那邊那麼香，憑什麼不吃？」就摘來吃，因此有罪，被趕出伊甸園，這就是原罪的由來。

那麼問諸位，你們是不是亞當夏娃的孩子？眞的不是。《聖經》上有根據的，我告訴諸位：當亞當夏娃被上帝趕出伊甸園時，才看見伊甸園外有好多人，（大眾笑⋯）所以伊甸園外的有情只有極少分是亞當夏娃的後代，因爲園外的很多人難道生不過他們兩個嗎？喔？有沒有道理？有！所以上帝的子民在人間永遠是極少數，但是很多人迷失了，自認爲是上帝的子民，就是屬於「非智」一類的人。由於相信迷信之言，眞的叫作愚癡。

因此信上帝的人一定有原罪，全都跑不掉，因爲他們是亞當夏娃生的，當然要繼承原罪。那我們沒有原罪，我們是由於往昔無始劫來有時行善生天，有時修得禪定、五神通生到色界天去，有時修得四空定生到四空天去，有時來到人間不小心造了惡業下墮三塗，有時又回到人間，不斷地有前後三世的流轉，不是上帝的子民。但我告訴諸位：「**我過去世也當過妓女**，你們都沒有當過嗎？」對了！因爲每一個人都有無量的過去世；既然有無量的過去世，你們也當過轉輪聖王；當過轉輪聖王在人間時夠崇高了吧？如果你現在是轉輪聖王，還不必說到金輪王，只是鐵輪王就好，這鐵輪帶著其餘六寶奉送你去到美國，歐巴馬還得要朝見你，唯命是從。

轉輪聖王在人間夠殊勝了，所以萬一你有機會遇見了總統、皇帝時，需不需要羨慕？都不需要啊！「**我往昔當過很多次了，還流轉到今天。現在我不要再當轉輪聖王，如果是很早以前就開始修行，搞不好比現在的證量更高了。**」對啊！所以不必妄自菲薄，但是也不要高推自己。所以路上看見應召女郎打扮得花枝招展，提著卡地亞還是什麼名牌包包，你看見時別露出鄙夷的眼光，因爲咱們無量劫之前都當過，沒有誰不曾當過，只是因緣際會使她現在如此。那麼這一些現象表示什麼？表示她往世有罪，但她的罪不是上帝給的，也不是違背上帝而由亞當夏娃造成的，而是因爲在人間三界之中有貪瞋癡的緣故，所以造作了某一些業行，導致這個罪的存在。

那麼在人間縱使他們有罪，他們的罪重不重？其實不重，因爲都還可以當人，哪能說罪是很重的。罪比較重的是餓鬼道中的眾生，他們永遠都肚子餓，但你看見時往往不信他們肚子餓，因爲他們肚子永遠都這麼大，好像吃得很飽；其實不然，飢荒年代的孩子沒得吃，有時吃草、有時吃一些土比較經得起餓；可是因爲吃野外的雜草，因爲可以吃的菜也許都被吃光了，有些植物是不太能吃的也只好吃了，由於又吃了土，結果肚子都是鼓鼓的，看來肚子很大，可是肋骨一根一根分明，身上是沒有肌肉的，餓鬼就類似這樣。所以餓鬼們總是餓火中燒，肚子裡面都是飢餓之火，卻是咽細如針，好不容易搶到一口膿痰可以吃了，那是要奮力去爭取來的，正準備要吃，嘴巴一張開，餓火噴出來往往又燒焦了！

沒有學佛的人看到人家畫的餓鬼像，誤會了就想：「哇！這鬼眞厲害，還會噴火。」他還當作是古時的龍會噴火，其實是餓火中燒，那他的罪業是不是比畜生更重？對了。你看畜生多多少少還有得吃，即使流浪狗有時也會遇到善心人士布施一些狗食，可是餓鬼終年難得一口膿痰吃，別的東西又不能吃，只有這個能吃。因此其實人類感冒對他們是恩澤，有時到野外只要不是在房子裡吐痰，他們就有得吃，就看誰的罪比較輕，那餓火就比較少，多多少少可以吃點。假使遇到譬如說鬼神道的菩薩，有的菩薩發願到鬼神道去接引有情，看到有鬼拿到膿痰時就幫他開開咽喉，給他甘露水的神咒加持，他就可以吃了，可是終究不如畜生。所以畜生的罪遠輕於餓鬼，那地獄眾生的罪可就重了，地獄眾生今天也沒時間略說，就只好等下回分解了。

《佛藏經》上週說到第六頁倒數第一行「**無罪無福**」，今天還要談「**無罪**」的部分，我們上週講過其餘二道眾生之罪，那麼現在再來談談地獄眾生之罪，再來談談天界的有情有沒有罪，然後看看「**我此法中**」有沒有罪。地獄眾生的罪當然是三界中的最重罪，雖然地獄中有八大寒冰地獄、八大火熱地獄，也有無間地獄和阿鼻地獄。當然最重罪是阿鼻地獄眾生，就是否定一切有情法界根本心如來藏的人，以及犯下七逆等罪的人往生所去的地方。老實說無間地獄已經夠苦了，如果成就阿鼻地獄罪，那眞是「**無智**」；但「**無智**」的人往往表面上看起來都很聰明、很有智慧的樣子；我說的是「**樣子**」，因爲他們世智辯聰，往往在社會上有地位，或者在佛教界有地位，看來是很有智慧的樣子。但其實是愚智，所以中國話講得很好：「**大智若愚**。」反過來是甚麼——大愚若智！這種人其實不少。

例如清朝皇帝，雍正是其中的佼佼者，眞的大愚若智；他還寫了《揀魔辨異錄》，結果他所說的魔卻是證如來藏的菩薩們，而他自己認為是菩薩，卻是在破壞抵制這一些證如來藏的菩薩，反而說之爲魔。所以那一部《揀魔辨異錄》是不是該改個名稱，很值得討論。雍正是大愚若智的代表者，這是世間法中當了人王還想當法王的愚癡者。

那麼佛教界中的這種人應該以達賴作代表，當然每一世的達賴都不是同一個人，這是可以確定的；因爲每一世的達賴不下地獄也難，大約全部在地獄中了，可是下地獄最深最苦的是達賴五世；達賴五世，就是我的死對頭。但是當代的佛教界有沒有大愚若智的人？有！諸位大概猜到了，就是活了一百零一歲的釋印順，他是極力否定 世尊所說「**我此法**」如來藏的人。他認爲如來藏是外道說的神我，他認爲有情眾生的覺知心是根觸塵就可以出生，不必有如來藏爲因；也就是五色根接觸了五塵，而意根接觸了法塵，就可以出生六識；意根只是腦神經，這是他的說法。

他在弘揚三論宗，雖然他不自稱是三論宗的信徒，但他的本質就是弘揚三論，可是他卻把三論完全誤會。他最推崇的《中論》講八不中道，（無法投影文字，出問題了？沒關係，慢慢修復。）三論宗裡面他最常弘揚的其實就是龍樹的《中論》。龍樹開宗明義就說：「**諸法不自生，亦不從他生，不共不無因，是故知無生。**」明明說不共生、不無因生，也不由他而生；「從他生」，例如主張人類由大梵天所生，那是婆羅門教的信仰，也等於現在一神教的基督教跟回教的信仰一樣，成為有情是由他所生，這些都是龍樹菩薩早就破過了！可是龍樹也破有情說「不共生」。「共生」是怎麼說的？例如六根觸六塵而出生了六識，這就是共生。但釋印順變成同時也是「無因生」，因為他否定了如來藏。虧他還是一個推廣八不中道的人，一生推崇龍樹的八不中道，但他卻公然違背龍樹的《中論》，他的主張變成「共生」，又否定如來藏而成為「無因生」，這也是一個大愚若智的人。

在正覺出來弘法之前沒有人敢說他不是，凡是有人敢說他不是，就會遭到他師徒的圍剿，都很淒慘，最後只好閉嘴。最有名的是汐止慈航堂的慈航法師，辯不過他，只好把他的《妙雲集》拿來當眾焚燒表示抗議；但是慈航很有智慧，他撂下一句話：「**未來自然會有人收拾他。**」他當然不是說人，自然會有菩薩收拾他。那我就來應這個授記，就來收拾他。對印順，我是主動收拾他的，他沒有得罪過我；他也知道無法得罪我，因爲他所知道的我都知道，而我所知道的他卻完全無知。所以這個眼裡容不下一小粒金沙的人，我爲他寫了一本又一本的書，但是從第一本《眞實如來藏》開始，他就不敢回應了。這樣說來，慈航法師還眞有眼光，知道未來會有人來收拾他。那釋印順就是當代佛教界一個大愚若智的標準人物，還被各大山頭推崇爲導師呢！

那麼像這一類的罪屢犯的人，看來是一個很好的人，卻是一闡提人；一闡提人之罪最輕的報在無間，嚴重的話報在阿鼻，這就是最重罪。但是這種最重罪是由意識所造作，意識造作了這個重罪，未來世就會有另一個全新的意識、全新的五陰，在地獄中領受那個重罪。可是他的如來藏境界中卻沒有罪可說，就是世尊在此經說的：「**我此法**（這個無名相法）**的境界中依舊沒有罪之可言。**」只管爲他出生那個地獄中的五陰身心，他的「**無名相法**」如來藏卻不領受任何痛苦境界，所以對祂而言「**無罪**」，對他的五陰身心才是有罪。

三惡道眾生如此，那麼人類呢？人類有誰敢說他從來無罪呢？沒有的。孔老夫子也不敢說他無罪，大多數的菩薩們也不敢說，因爲往世以來多少的小小罪還沒有受報，是因爲努力修福的結果，福業大了就先受福報，因此生在人間。所以如果成爲菩薩摩訶薩以後，萬一哪天不小心被一隻狗咬；而且那一隻狗本來很溫順，突然咬了你一口，你就別怪牠，這像是閩南話說的「反性」，有沒有聽過？反性。牠一向和善，可是見到你時突然咬你一口，也沒來由。牠自己也不知道爲什麼？但是那一口咬過以後，永遠相安無事；那你就得知道，原來往世欠了牠的，早還早了。

這就代表說：「**人不可能完全無過。**」所以罪還是在，但不是基督教胡扯的原罪，因爲我們上週也講過那亞當夏娃被趕出伊甸園外時，原來伊甸園外早就有了許多不是上帝所生的人類；所以人們不會是有原罪，人類如果有原罪，那些人都是上帝的子民才會有原罪，他們合該有罪。

那麼欲界天人到底有沒有罪？也有啊！凡是我執還沒有斷盡之前，他們從往劫留下來的罪都必定還是存在的，只是那個罪不重而已；那麼色界天人比欲界天人輕一點，無色界又輕一點；但他們之所以生到上二界去，是因爲他們定力所持，定福太大了，所以一切輕罪都報不上身。可是愚癡到往上一直修到非想非非想定，等他八萬大劫福報受盡下來時，福德享盡以後下來要去當什麼呢？當毛毛蟲最恰當。因爲在非想非非想天中，他的意識一直在，只是都不反觀自己、也不觀察任何境界，連定境也不了知，如是安住。那麼毛毛蟲一出生以後，不斷吃葉子，不斷地吃，什麼都不想，有沒有很像？像啊！那麼吃完了變成蛹，也是由牠的如來藏去運作，而牠的意識一樣什麼都不想，還眞的像非想非非想天；然後化成蝴蝶、化成蛾等，過的生活也還是一樣。這個就是多數無色界有情下墮以後的果報。

但他們會成爲那個果報，難道不是因爲往世留有惡業嗎？否則他們下來欲界時應該還是當人；但大部分沒有當人，表示往劫的小惡業還存在，所以就去當那一類的有情，這樣看來無色界的境界就不值得羨慕了。如果修得禪定捨壽後生到色界天去，看來很不錯，壽命長遠啊！但是在那裡很難學到佛法，多數是快快樂樂地或者在定中一念不生的過日子；或者在色界天中不是完全住在定中，但大多時候也都是一念不生；這樣過完幾百劫乃至無想天的五百大劫，壽盡下來以後，在人間也沒有辦法得到解脫道或者佛菩提道的智慧；而且是多數人會墮在畜生中，因爲福德享盡了；享盡之後沒有絲毫福德可以依靠時，就只好依剩下的小惡業去畜生道當畜生，所以多數的色界天並不值得羨慕。

可是不管怎麼樣，天人有往昔留下來的微小罪業或者重新下墮於畜生道中去領受那個罪業，其實他們的如來藏完全不領受；就只是依照那個種子直接變現他的五陰身心，讓他在天界享受定福等；定福享完下來時，就應該領受往昔累積的罪業了，因爲沒有比較大的福業可領受了，那時如來藏就爲他變現了惡道身，或者回到人間成爲一個無福的窮者。那他受罪了，可是實際理地，「**我此法**」——也就是他的如來藏「**無名相法**」——並不領受，依舊不理會所生的五陰正在受罪，而他的如來藏沒有罪可言，這叫作「**無罪**」。所以世尊說「**我此法中……無罪**」。

既然談到「**無罪**」，當然要談到「**無福**」，因爲罪福是相待之法。福德有很多種，一般說來，人們修福並不瞭解福德的本質，所以世間人、特別是中國人有個習慣——喜歡蓋廟；諸位常常會看到有一些人被稱爲大善人，凡是要蓋廟，拿了功德簿去找他，他都肯認捐，少者一萬元、兩萬元，多者百萬、千萬元的認捐。可是你如果說：「今天講經說法這個聚會很殊勝，你來聽經，隨便捐個一、兩千元。」他沒興趣，但是唱起梵唄來叫作法會，他又願意捐了。那就施設各種功德主，例如中壇大功德主，三百萬臺幣、五百萬臺幣都有人願意當。那副功德主是其次，如果正功德主五百萬元的話，幾個副功德主大概要四百、三百、兩百、一百萬元；至於信徒們在內壇參加法會，最少要五十萬；然後再施設外壇，分爲十萬、五萬、二萬，下至幾千元，這樣他們都願意。但那種法會是眞法會嗎？

眞正的法會是指說法之會，到了末法時代卻認爲：法會就是要有梵唄，才能叫作法會，大家喜歡來參加，願意出錢。可是眞正的法會—說法的聚會—你要找他們來捐錢，難啊！好在我們這種殊勝的法會從來不勸募，永無此說。但是那些人認爲：「我建廟有大福。」並且是：「最好這根龍柱刻上我的名字：蕭某某敬奉。」這樣刻上去，然後一年三節總是要來上香，上香時就跟兒子講：「兒子！你看這根龍柱是我奉獻的喔！」往常佛教寺廟也是多有此景，非但道教。常常看見這面牆壁刻著：功德主某某人。那也還好，最好不要刻在佛龕上，寫上自己的名字讓人家拜可不好，損福啊！

這就是說，人們對於福業的本質並不瞭解；其實福有很多種，例如在家孝養父母是最大福，這是福業最大的。然後供養三寶也是福，這是其次；接下來利樂一般的有情，又再其次。這是從世間法中由內而外的看法，若是從實質上來說，供養三寶的福最大，其次是父母，再其次是一般眾生。可是愚癡人很多，學佛以後為了要護持正法、供養三寶，或者每個月要供養師父，就把供養父母的月例剋扣下來：「**我現在要供養師父，所以本來兩萬塊錢的月例，現在改為一萬元。**」把其中一萬元拿去供養師父。如果我是他的師父，我就敬謝不敏，少收為妙，因為那背後有業的。但是這種人如果真的學佛，就算他真的進入正覺來，將來還會出問題；而這並不是現代才如此，古代已經如此了。表示這種人對福的實質不瞭解。

同樣是供養三寶，可以是身力護持修福，也可以是捐錢護持修福，各有所長，也各有其福，未來世果報也是不同，但不能一致要求。有的大老闆每年捐個一百萬元，對他來講小事一樁，可是有的人背後對他說閒話：「**叫他來作義工，都不來作。**」這就沒道理了，因為他有的是錢，但他很缺時間。也就是說，依時間來看，他不是個富有的人，他很缺時間。可是對於另一個人，你不能抱怨說：「他都不肯捐錢。」他有一個好處，只要有義工，他必然會到，放下手裡的工作立刻就來作，但你不能要求他捐錢，因爲他這一方面很缺，就是錢財。那這兩個人到底誰比較富有？他沒有錢財可是時間上很富有，哪個人的時間比他富有？富有的定義應該這樣看，不能看單方面。

所以如果有財又有閒，這個人就是眞富有。有財的人往往無閒，沒有閒暇，不就是八無暇之一嗎？正是八無暇之一。所以如果你叫那一些上市公司級的大老闆來學佛，沒門兒！爲什麼？有的是幾百萬員工靠他吃飯，有的是幾十萬，有的是一、二萬員工，少者也有幾十人。幾十人的老闆比較有閒暇，他的員工越多就越沒有閒暇，因此以時間來看，他不是眞富有。我也不富有，我的時間很不夠；如果要說時間，我眞的夠窮，最好一天有三十六小時，多好！可就是不能啊！太陽不能慢一點走，它該那麼快就是那麼快。也就是說，你該修什麼福，應該看情況；別人該修什麼福，也要依他的情況來說，不能一概而論。所以有的人沒什麼錢財護持，照樣上山去打禪三，一樣可以開悟；有的人沒什麼義工可以作，他從來不作義工，照樣去打禪三也可以悟，因爲他從另一個方面來種福，培集他的福德資糧，只要有事他一定奔走幫你把事情完成，這也是他修的福德。那你不能要求他來作義工，各有不同的情況。

就好像你可以把黃金做成臂釧、或鑲瓔珞而供養大菩薩，譬如觀世音菩薩戴著多麼莊嚴。但如果它是一塊木頭叫作沉香，你可以來做成臂釧瓔珞供養菩薩嗎？不恰當。但是你可以拿來當作焚香供養佛菩薩，正得其所。所以不同的人有不同的修福方式，不能一概而論。古時那些大阿羅漢們的福德也是各有往世不同的因緣，所以福有很多種。那麼在世間的這一些福裡面，則以對如來供養、對正法供養的福德最為廣大。前提是先在家裡好好把兩尊活佛供好，知道是哪兩尊佛嗎？你們都很有智慧。

那麼另外有人修福是修什麼福？心性降伏之後成為好心性，那也是一種福。有的人修福是修菩薩性，當菩薩性修好了，福德也跟著成就了。如果他的菩薩性好，表示他不是一世修來的，是多生多世修來的。如果有人只是在世間法上修另外一種福，叫作定福；修定為什麼會有福？會有的，譬如你如果修得初禪就可以生到色界天去當初禪天人，日子多麼安逸，心是沒有負擔的，不像人間老是說他心裡壓力好大。初禪天人沒有壓力。如果當了初禪天人，表示他是有福之人，否則怎麼能生色界天，他的福顯然比欲界天人大。如果他的初禪修得很好，也修了慈無量心而且圓滿了，那麼他捨報後生到初禪天去可以當初禪天主，當大梵天時可以統領多少初禪天人？連梵輔天都歸他管，那你說福德大不大？大啊！可是他的福德是從修定而來，所以修定也有福。

修定的福能不能用在佛道上？能不能？爲什麼搖頭又點頭？當然可以，而且是必須的。即使是個初果人也必須有未到地定支持，由於定的福德產生了心性的改變，自然就有心福了。有這個福，當他如實理解四念處觀，再把四聖諦確實觀行，我見斷了成就初果，那福德就更大。假使沒有這個定福而說他證得初果，那只是安慰說，並無其實。如果想要證得第三果，他得要有初禪的修證，至少要有不退的初禪；倒不必有遍身發的功德，但至少要有不退的初禪，所以證得解脫果也要有定福支持。在正覺弘法之前兩岸佛教界有好多人宣稱證得初果乃至阿羅漢果等，那他們究竟有沒有那個實質呢？後來都證實沒有。因爲依解脫智而言，他們我見具在，不曾斷我見；再從定福而說，他們不曾證得未到地定，更不必說初禪，當然不可能是三果人。

往年也有人宣稱得二禪、三禪等，然而自從我們把初禪、二禪的境界說明了以後，再也沒有人宣稱有二禪、三禪了，因爲他們自己知道連初禪都無。而佛教界也不明瞭證得三果或四果至少必須有初禪的修證，直到我們《阿含正義》特地提出來——有證得初禪的凡夫，沒有不證初禪的三果與四果人。於是臺灣南部有一位法師開始宣稱他有得初禪，因爲他以前宣稱證得三果；但問題是，初禪的證境是什麼？爲什麼講不出個所以然來？這就表示他沒有定福；由於缺乏定福，縱使解脫智慧很好，也是無法證果的，因爲那只是乾慧而不能與所宣稱的果位內涵相應。

那麼菩薩明心也得要有未到地定作支持，沒有這個定福支持，明心也是假的，一樣是乾慧。所以我們正覺同修會打從一開始弘法，就要求必須把無相念佛功夫作好，功夫作好以後還得要一段時間看話頭，最後就是要一直看話頭；因爲這是動中的定福，要以這個定福的實證來作支持，才能使佛菩提慧有最好的實質，悟後才能得受用。這就是說，定福以及世間法上的福德，加上心性的改變以及護持正法的福德，合集起來可以作爲實證佛菩提道的資糧。所以從初住位到六住位外門廣修菩薩道六度萬行，六度中的第五度稱爲禪定而不稱靜慮，直到加行位時改爲靜慮來修；可是在這之前，外門廣修六度萬行時第五度都叫作禪定，爲什麼？因爲是要他好好把心性改變。但心性很難改變，要長時間的修行才能改變；要藉什麼方式來變呢？藉著修定。所以才要施設對治悉檀，主要是五停心觀，原因正在於此。五停心觀的修行假使有成績，就是未到地定，這全部都是在修福。

而這一些福德，乃至於成就佛菩提道的見道之前所應該有的福德，其實也都是意識境界的事，全都屬於五陰；乃至於有人修得非想非非想定，死後生在非想非非想天，若不中夭，壽命最長可以八萬大劫，然而這終究只是世間福。即使修得出世間福，譬如證得初果時有出世間福，可以受供於一般有情；乃至於菩薩明心後可以受供於一般有情，但這也是五陰境界中的事，在「**我此法中**」——也就是在「**無名相法**」如來藏自身境界中，根本沒有這個福德可言。所以 世尊把這個道理告訴我們說：「**無名相法**」自己的境界中「**無罪無福**」。因此說：「**我此法中……無罪無福。**」

接著說「**無法無非法**」。大家進了正覺無非是要學法、證法，在一般的佛教道場中也有修學禪定或者修學般若的，或是修學中觀、學念佛的，大家都想要學佛法。雖然在正覺弘法之前大家都感嘆：「**佛法浩如煙海，無從下手**。」臺灣佛教界早期很有名的一位居士王雲林老人，《大正藏》讀過六遍，佛教界有誰能夠像他這樣讀的？聖嚴法師說在美濃閉關六年，閉什麼關？可不像一般法師說的閉禪關或是閉讀經關，他是閉讀書關；讀什麼書？讀日本鈴木大拙等人寫的書。那也值得閉關喔？才怪咧！那麼王老居士讀六遍《大正藏》，你想想，天下難得幾人！他也是感嘆佛法浩如煙海，無從下手。有一次打電話給我說：「**蕭老師啊！我就欠腦後一槌**。」我說：「**行啊！你要想挨這一槌的話，禪三留給你一個名額**。」可他沒辦法來，他那個肺氣腫發作起來是隨時要走人的，他都是靠 琉璃光如來護著，不然早沒命了。

你想佛教界能有幾人讀過六遍《大藏經》？但他依舊感嘆佛法浩如煙海，因為根本不知道佛法的次第和下手處，後來才知道要先從禪宗的開悟下手。正要下手實證時需要什麼樣的條件？又需要什麼樣的正見？還需要有什麼樣的定力？需要什麼樣的福德？全都不知道。所以我們正覺初成立早期有位師兄很有趣，他報名時福德欄寫著：我在慈濟捐多少錢，我在某仁波切的道場或是某某山捐了多少錢，我在基督教的什麼會捐了多少錢。顯示他修了福德。我就感嘆說：「這個人學佛法時都沒學進心裡去。」所以有一段時間我作了比喻：「你們可不能去華南銀行存了錢，到期時去跟臺灣銀行要領本息。」你們都聽過我說了，就是因爲這樣的迷糊人。這叫什麼？應該說他的腦袋住著一位仙人叫作「混沌」，不然怎麼會迷糊到這個地步？他在華南銀行存款，到期時的本息就該在華南銀行領，他卻跑到臺灣銀行要領本息。

意思就是說，所修集的福德是在世間法上修的，這可以作爲即將開始修集了義正法福德的支持，但還是要再往上修了義正法方面的福德。譬如去基督教的什麼院、什麼會護持了以後，那個福德果報可以在世間法中報償，於未來世會報償；但如果要拿來在了義正法實證作爲福德的基礎，不但不得報償，而且有阻礙，因爲一神教是抵制佛教的，這怎麼能夠作爲想要實證了義正法的福德？有人去慈濟很護持，每個月在慈濟護持，來到同修會就只是上課；問題來了，禪三報名表背後寫著：我每一個月在慈濟捐幾萬元。捐的眞不少，不能說他沒有福德，然而慈濟是在擁護正法的弘傳，還是在抵制了義正法？是抵制的啊！

他們的行爲也確實如此，我們在大陸參加書展時，他們舉報我們是法輪功，我們就被取締，但我們的標誌是正覺呀！全無法輪功的氣息，而他們是這樣作的。後來我們開始蒐證，他們就比較收斂一點。此外，每年五月浴佛法會時，人家浴佛時浴的是悉達多太子的聖像，他們浴佛法會浴的是誰？是「宇宙大覺者」釋證嚴。這到底是護持佛教還是傷害佛教？是傷害喔！是你們講的，我可沒講，不過我認同你們的說法。那麼從那邊種了福田，能夠拿來這邊抵用嗎？他們在否定我，我怎麼能讓他們抵用？我沒大力抵制他已經夠好了，說的是吧？因爲事實是如此。

這就是說，學佛法時必須有他的條件，但法到底是什麼，大家認識不清；也就是說，法的本質如果有所瞭解，那麼修集福德時以及避免造罪時，就會知道什麼該作、什麼不該作。如果對法的本質無知，那麼修學佛法時就亂種福田，甚至於種到了毒田，你們知道我要講什麼。早期有一位師兄，就不說他姓什麼，他總是跟我說：「老師啊！我種了很多福田。」我說：「你別再跟我說你種很多福田，因爲你種的是毒田。」然後他每一次見我：「老師！你不要老是說我種毒田。」我說：「我爲什麼不跟你講？因爲你都還繼續在種，我當然要講，講到你不種爲止。」怎麼說呢？他老是在密宗假藏傳佛教那裡

法的本質不理解。所以要談到「**我此法中……無法無非法**」時，當然先要談到法的本質是什麼。假使大眾對於聲聞菩提、緣覺菩提、佛菩提有實際上的瞭解，而不是被誤導了，那麼他們種福田時，就會知道該怎麼簡擇。

例如你來到正覺剛開始學半年、一年，還不太會簡擇，因爲都還在前面的基礎知見上修學；一直到後面講到般若度，開始瞭解聲聞菩提是這樣，緣覺菩提是那樣，而佛菩提原來是這個如來藏妙義的實證，那麼接著就瞭解實證這三乘菩提需要些什麼樣的福德等，都有所理解了，於是種福田時就開始作抉擇：「**我種這個福田時，這本質是不是眞的福田？**」如果不是眞福田就開始離開了。如果確定這是福田時，有時也得揀擇一下：這個是貧窮田，這個是報恩田，這個是功德田。深入瞭解福田的本質，然後如果錢多得無處花，三個田都種也無所謂。

有的人確實有很多錢，他們是一個月賺一億、兩億元不算多，那他什麼田都可以種，只要不種毒田就可以。但是有的人收入不是很多，例如朝九晚五的人領的是固定薪水，問題是這幾年來什麼都漲就是薪水不漲，那他得要精打細算；爲了使種福田的福德達到最好的邊際效益（經濟學都講邊際效益），那麼他得要選擇：「我種這個福田，最好是功德田同時又是報恩田，那就最好了。」如果不能同時具足兩種田，至少也要是功德田或者報恩田之一，這樣的話，他雖然種福田時錢財少，或者付出的精神勞力少，倒也無妨，因爲果報大；如果是功德田，未來世果報無量啊！那他就是懂得揀擇。

可是他懂得揀擇的由來，卻是因爲對於法的實質瞭解了，他就懂得什麼田不該種，種了後果會如何，是不是未來世收割的是毒果；他也瞭解、知道什麼田可以種，什麼田種下去以後邊際效益最高。最後他會瞭解：「我證悟之後，現在以無所得心種福田，既無能種者，也無種田這件事，也沒有福田可種，如是種福田的福德功德具足，而且最廣大。」到這個時節三輪體空無所揀擇，所以他隨便種福田都是大福德。可是要探究他爲什麼能有這個智慧這樣種福田？是因爲他對法的本質有實證。這跟前面講的有所了知又不一樣，因爲他實證了；所以對法的本質如實理解了，就知道什麼福該修，什麼罪該遠離。

這是指對法的理解，那麼對「法」理解之後，對於「非法」也就同時可以理解了；譬如諸位進入正覺學法之前，對「法」沒有深入的理解，也沒有廣大的理解，所以往往被人家誤導；很多人是被大師誤導的，被誤導以後，「何謂為法？何謂非法？」不但無所適從，根本就是連聽都沒聽過，因為沒有人在解釋什麼是「法」、什麼是「非法」。以前大家都要作好人，都是很鄉愿：「我不批評別的大山頭，所以別人就不會批評我這個大山頭。」這樣子大家相安無事，佛教界一片和諧；看來佛教很興盛，但骨子裡腐蝕了。可是沒有人知道，問題就是「法」與「非法」沒有人出來講清楚。

可是善知識出來弘法講出了「法」，就會間接顯示佛教界存在已久的「非法」；雖然你不評論人家，人家也要評論你；因為你說出了「法」時人家會比對，誰會先比對呢？不是一般信眾，而是那些大師們會先比對。所以正覺成立了同修會正式弘法以後，諸方大山頭的壓力排山倒海而來；正覺同修會當時很小，小到修學很久的學人都不知道，一般信徒就更別提了。但是有一個比喻：譬如一根金剛鑽——百煉精鋼打造成的，縱使有幾千萬噸的棉花壓下來，能不能把它壓垮？不能啊！這個金剛鑽一發熱時，橫衝直撞所向無敵。正覺就像這樣子，越挫越勇。不管外部怎麼樣，甚至於從內部要來作亂也亂不成功，這也是事實。

爲什麼如此？因爲我們剛開始只說「法」時，那些大師們覺得這個正覺對他們而言會是個禍害，因爲他們知道自己的「法」只要被學人比對就會出問題，所以私下抵制很嚴重，不斷地有流言批評正覺而在私下流通；後來我們開始作回應，回應之不足，主動出擊，就對密宗假藏傳佛教以及印順學派主動出擊，因爲這二派別是對佛教的根本直接重傷的根源。當我們對印順派主動出擊時，順便就把日本那些脫亞入歐、主張大乘非佛說的學者一併打倒。日本那些學者是掃到颱風尾，雖然只是被颱風尾掃到，但這個颱風尾力量還很強，所以日本主張大乘非佛說最有名的那三個人，現在不再大聲呼籲大乘非佛說了，因爲他們都懂中文，正覺的書不必人家翻譯他們都讀懂。因此他們前些年有大陸官方機構要幫他們出書時，他們竟然婉轉拒絕，爲什麼呢？因爲要考慮到一個問題：如果這一本否定大乘的書籍流通得很廣時，正覺大概就會注意到了，後果如何可想而知啊！那不是身敗名裂嗎？所以婉轉拒絕。

既然他們婉轉拒絕了，我們就不針對他們再作評論，我們依舊針對印順就好了。其實印順學派現在也沒有什麼人理他們了，我們臺中游老師是因爲他時間閒著作娛樂——以破印順作娛樂，他覺得這樣很高興，那也很好！既然有娛樂、順便又可以救人，何樂而不爲！漸漸地他們那些信徒也開始瞭解什麼是「**法**」、什麼是「**非法**」了，這是個好現象，如今只剩下那些在印順派門下出家的比丘尼們繼續信受大乘非佛說。

至於其他的大山頭當然也得開始瞭解「**法**」與「**非法**」，因爲若不瞭解的話他們就跟不上潮流；現在佛教界的潮流就是如來藏，不但臺灣如此，大陸也是如此。所以在大陸想要找到誰出來否定如來藏，還真難找；尤其在這個時節，現在官方說：「**玄奘大師的法好！**」請問玄奘大師弘揚什麼？（大眾答：如來藏。）對啊！既然如來藏妙法已經成爲主流，他們不跟就不行了。所以各大山頭組成研究小組（早的是十一、二年前就開始，晚的是六、七年前開始，都組成研究小組。）（編案：這是二〇一四年所說），專門研究蕭平實的書，目的是爲什麼？希望從書中瞭解蕭平實沒有明講的密意，「**然後我們也可以弘揚如來藏妙法**」，當然我也隨喜。但他們想要瞭解「**法**」，研究我的書以後自然會漸漸知道自己什麼地方「**非法**」，一定會瞭解，這是不可避免的。

而「**法**」與「**非法**」瞭解以後，他們抵制正法的現象就會漸漸消失，因為他知道抵制「法」的結果是後果難量，他們後來一定會知道。所以現在臺灣佛教界有個流行的對話就是：「師父！我想開悟，請您教導我。」師父說：「你去正覺。」這拜二〇〇三年那一批發動法難者之賜，所以當年會裡有人氣憤塡膺時，我說：「不用生氣，這是一個機會。當我們把這個事情轉為佛事以後，可以使佛教界瞭解正法的本質，他們漸漸會瞭解到正覺才是佛法眞正的代表。」所以從《燈影》出版以後接著《眞假開悟》出版，佛教界瞭解眞正的佛法是什麼。因此從二〇〇四年以後，除了密宗假藏傳佛教以外，就沒有人罵正覺是邪魔外道了！因為他們必須要考慮的是：如果正覺是邪魔外道，那麼玄奘也將是邪魔外道，提婆、龍樹都同樣會是邪魔外道，追溯到世尊也會是邪魔外道，因此他們不敢再罵了！這也就是說「法」與「非法」的如實理解會導致他們在修道上的改變。

對於一般大師而言，他們沒機會瞭解「法」與「非法」的實質，但我們有義務來告訴他們，因為復興佛教不是單單由正覺來作，對於高層次的部分我們要自己作，但是我們得要影響那些大山頭，由他們繼續去影響他們的信眾，未來大山頭的法師們和所有信徒們就不會再謗「法」而下墮，我希望這樣子，也應該要這樣子。所以某些大山頭有時在他們的刊物上面寫出來：「**確實有阿賴耶識，有如來藏。**」那是個好現象，最後大家因爲潮流所趨，他們不得不跟進，佛教就復興起來了。佛教的高層被我們拉上去以後，底層就不得不跟上來；因爲他們如果不跟上來，他們的層次就變得很低，最後失去了信徒。

所以「**法**」與「**非法**」一定先要瞭解，瞭解了「**法**」與「**非法**」之後才能談到實證，有了實證才能夠如實現觀「**我此法中……無法無非法**」。那麼我們提出來的「**法**」是三乘菩提匯歸爲「唯一佛乘」，同時說明想要證「**法**」必須先在「**次法**」上有所修學，而這個主張我們是一開始弘法就實行的，只是我們沒有宣揚出來。爲什麼說是一開始就實行的呢？諸位回想一下我們禪三的報名表，一開始背後就寫了什麼？是所修集的福德資糧，然後親教師的評語分爲好幾欄，有知見、向心力、性障、定力、慧力等，還要自己略述所修的福德，函蓋面是很廣的。親教師評過了，各組還要再評議：行政組、福田組、財務組、教學組、編譯組、香積組。這表示什麼？是說這些次法是實證三乘菩提的支持。若沒有這些次法的福德……等來作爲支持，實證了三乘菩提也是無效的，因爲他將會成爲解悟；不論解悟初果的斷三縛結，或者解悟明心、解悟佛性都一樣沒有功德受用。

所以「法」與「非法」的弘傳之中，應該同時教導眾生要修學次法，這也是世尊一向的聖教，因爲我們一開始沒有這樣宣揚，卻有這樣的實質在執行。可是後來有一些問題，因此我們不得不提出來公開宣揚；所以這幾年就特別提出來「次法應該先修」，這也是對佛教界的一種針砭，特別是對我們自己的學員所作的針砭，因爲有學員忽略了。那麼法與次法之修學是一個基礎，有的人在其他道場修學的次法學得很成功，所以一進同修會就很容易修學「法」，進同修會以後走得很快；如果以前在其他道場修次法學得不好，或者那個道場教得不好，因此他們次法學得不好，那我們在禪淨班裡面親教師就要多多著墨了，要讓他們把次法學好，同時教導了「法」。

在禪淨班後半段也常常要說明什麼叫「非法」。爲什麼要講解「非法」呢？因爲要跟「法」作比對。末法時代的佛教中有許多「法」似是而非，如果沒有把「法」跟「非法」作比對，單單教導了「法」而不說明什麼是「非法」，那麼往往他們在別處聽到「非法」時，不會知道那是「非法」，只知道

「法」是什麼，然後把別處學的「非法」同樣當作是「法」，於是智慧不夠犀利，在學「法」時就會產生混淆，他想要實證「法」時就一直不斷地走偏，想要實證於「法」就變得非常困難了。所以「法」與「非法」的內容，我們禪淨班到後半段一定要配合著說。因此談到「法」時，往往親教師會把跟這個「法」相關的「非法」同時提出來談，大家就比較能瞭解「法」與「非法」的分際在哪裡，將來去打禪三時就比較有清晰的輪廓，懂得往正確的方向去修學、去參究，實證於「法」而遠離「非法」就可以修得很成功。

所以「法」與「非法」一定先要瞭解，瞭解之後就知道：我想要證得聲聞菩提之法，得要先理解五陰和十八界的內容。那麼他對於聲聞菩提的修學就容易了，因爲有正確的方向。五陰、十八界的內容爲什麼重要？而 佛陀爲什麼特地要這麼施設建立？當然有其原因。我們可以從現代佛教爲什麼會走偏鋒而混到密宗假藏傳佛教裡面去，就從五陰與十八界的內涵是否具足瞭解來作個印證。

現代佛教界在正覺出來弘法之前，所謂的開悟、所謂的證果乃至成佛，全都落在識陰的範疇之中，不曾外於識陰，沒有一人是已斷三縛結的，聰慧如釋印順者依舊不離識陰。那些宣稱開悟的大師有時會這麼說：「開悟的聖者不會欺騙人。」因爲自認爲是聖者。可是那個開悟有沒有實質呢？沒有。因爲他所謂的證眞如，不外於識陰，就表示他們對「法」不解；對「法」不解的原因是對五陰、十八界的內涵不如實知，不如實知的緣故就變成了妄修妄證，因此成就大妄語業；甚至還殘害了被他印證的弟子們共同成就大妄語業，這是菩薩十重戒之一！在聲聞戒中依舊是重戒。

成就這種大妄語業的人很可憐的，因爲很難脫離斷頭罪——波羅夷，因爲他們既有根本、又有方便、也有成已，這三個具足了，波羅夷罪不成立也難。但最大的原因就是對「法」最基礎的部分都不能理解，而三乘菩提中這個「法」的最基礎正見就是五陰、十八界的內涵，所以我們禪淨班中親教師們，要花很多時間爲大家解說五陰的內涵、十八界的內涵，無一遺漏，原因就是要讓大家如實理解五陰、十八界的內涵。能如實理解了，大妄語業的成就機會就非常少，將來實證「法」的機會就很大，也就可以漸次遠離一切「非法」。

剛才說明了「法」與「非法」的本質，然而諸位要瞭解：這一些「法」

與「非法」的本質，當你證悟佛菩提以後，再來看看眞如境界中迴無一法可得；不但無「非法」可得，乃至「法」亦不可得，所以悟後誦《心經》會覺得這麼親切：「原來《心經》就是講我自己的眞如。我的第八識如來藏就是那樣的境界，原來《心經》是可證的。」這時當人家說「大乘非佛說」，當人家說「如來藏是外道神我」，再也聽不下去，因爲心得決定。這時《心經》所說的境界已經是你的現觀了，進而想到：「爲什麼說『三界唯心，萬法唯識』？原來《華嚴經》講的都是眞的！」然後突然想起來：「怪不得《華嚴經》是經王。所以每一次放蒙山或作什麼法會，一誦起來先歸依《華嚴經》，然後才是歸依佛法僧，然後才來歸依釋迦牟尼佛、極樂世界阿彌陀佛……等，眞的有道理；因爲三界之所以唯心，也就是唯這個無名相法如來藏；萬法之所以唯識，就是只有這八識心王才能共同成就萬法。」眞的沒有錯，這是法界中的事實。於是「法」實證了，可以現觀了。

那麼這時大家就理解了，這時何謂「非法」也能一目了然。假使再有人告訴你說：「外道那一些法可以如何如何成就佛果。」或者告訴你說：「你只要跟上帝懺悔，上帝可以爲你贖罪。」你聽著不覺笑了起來，爲什麼笑？因爲覺得：「上帝好愚癡，他連自己的罪都贖不了，還要代贖眾生的罪。」因爲他降下天火、降下大水，燒死人、淹死人時，那些罪他自己也贖不了，那些罪都被記載於他的如來藏中，未來他一定要受報的；而他向來都生活在他的如來藏中，死了也都在他的如來藏中死，他的這些罪業種子都逃不掉。但他竟然不知道自己的如來藏在記存一切業種，顯然他的天壽終了時也不能不受報；而他自己連自己的罪業都無法自贖，何況能爲眾生贖罪？

這時覺得：「上帝還眞愚癡呢。」原來上帝不只愚癡，還眞的自大，因爲自己的罪都贖不了，還誇口說能爲眾生贖罪。這時一想起來：「那些神父、牧師，也眞夠笨的，這種沒來由的說法他們也會信，而且相信到底。」回過頭來看看自己說：「我竟然可以瞭解這個事實，原來都是佛陀之所賜。都因爲三寶住世，所以我有這個機緣可以如是現觀。」於是瞭解了「法」與「非法」，也現觀到自己所證的如來藏妙眞如法的自身境界中，無有惡法也無有善法，迴無一法可得，於是現觀到「無法無非法」，對於如來的聖教再也沒有懷疑了！因此　如來說：「我此法中……不但無男無女，無天無龍，無眾生乃至無『法』無『非法』。」

所以　世尊這一句聖教說「**無法無非法**」是如實語，一切有智之人誰能不信？所以如果有哪一個人不信，你就說：「**那你是愚者。**」因爲你的現觀就是如此，諸大菩薩的現觀也是如此；而這並不是一家之言，是十方如來皆同此說，正覺同修會中所有實證的菩薩們亦復同此一說；可以互相驗證，當然不能說是一家之言。

接著又說「**無苦無樂**」。世尊說：「**我此法中……無苦無樂。**」例如我是一九九〇年出世弘法；一九九〇年我破參時寫了見道報告遞出去，但那個報告對我有效，對收受者無效，因爲聖嚴法師讀不懂。我在報告中說：「**我確實知道自己從學佛以來不曾拜過佛，我也不曾唸過佛。**」我當初把報告遞出去時有先影印下來，那個原稿將來應該要交回來會裡保存，未來應該算是墨寶吧？我就這麼寫著：「**信知此生不曾唸佛，不曾禮佛。**」每天拜佛竟然說我沒有拜佛，一般人讀了一定會說：「欸！這好奇怪！」可是我告訴你，眞的如此啊！因爲我不曾拜過佛，這個「我」是指誰？（大眾答：如來藏。）是如來藏。但因爲轉依如來藏了就以如來藏爲我，五陰是如來藏的附屬品，所以「我」不曾拜過佛。

我們打禪三時每次過堂，我總是講一些奇奇怪怪的話，是不是？可是當你實證了以後聽起來就不奇怪，實相本來就這樣啊！但是對於一般人，他們聽起來就是感覺很奇怪。甚至於相聲大師吳兆南說，學相聲入門先要學這麼一段話：「**吃葡萄的不吐葡萄皮，不吃葡萄的倒吐葡萄皮。**」我老是唱不好、唸不好，得要慢慢講，因爲我不是口才伶俐的人。可是我告訴你們，不管誰人，只要他自稱開悟了，得要能夠解釋相聲入門的這兩句話。要是解釋不來，他就不是眞的證悟者。

怪不怪？怪！可是不怪，因爲法界的實相正是這樣的：吃葡萄的人眞的沒有吐出葡萄皮來，沒有吃葡萄的人卻是吐了葡萄皮。也許有人想：「**你也是個怪人，佛法憑什麼扯到相聲去了？**」可是我不是在講相聲，我講的是實相，我只是藉相聲的話來表達實相而已。你要是眞實證悟了，一定會現前觀察到吃葡萄的人確實沒有吐葡萄皮，沒有吃葡萄的人確實吐了葡萄皮。實相的佛法就是這樣啊！

一切世間法都納入佛法中，也就是說法界中其實沒有一法可得，這才是實相的法界；然而實相法界函蓋現象法界，現象法界一直都在實相法界中存在，所以人們「生也從如來藏中來，死也往如來藏中去」，生死便這麼了。想要了生脫死嗎？就這樣了。所以了生脫死的人一世又一世再來生死，於無量生死中卻沒有生死，在沒有生死中卻顯示出無量的生死。所以 佛有入涅槃嗎？沒有入；佛有離開涅槃嗎？也沒有離開；就這樣度眾生永無窮盡，這樣來度眾生，就讓菩薩們亦步亦趨緊緊跟隨；而菩薩們緊緊跟隨以後，世世受生於人間荷擔如來家業；在三地滿心之前如是荷擔如來家業，非常辛苦；可是菩薩竟然是苦中作樂，在苦中作樂以後，你問他說：「菩薩你很辛苦喔！」他說：「沒有辛苦。」那你問他說：「你是以此為樂。」他說：「也沒有樂。」

也許有人說：「那菩薩你是不是白癡啊？可是看來又不像，因為菩薩說法滔滔不絕卻又很有世間人說的哲理或邏輯。」菩薩聽了說：「狗屁哲理！」是哲理就不是佛法了。菩薩說的是以實相法函蓋了現象界的一切諸法，可是實相法界本身無有一法可得，那自然就「無苦無樂」了。那麼所有菩薩實證了眞如以後，現前看到這個「無名相法」的眞如境界之中沒有苦、沒有樂，卻又不妨現象界中繼續有苦有樂；當你在眞如法中來現觀時，苦與樂都是眞如所生的五陰、十八界自個兒的事，與眞如無關；既然與眞如無關，轉依了眞如當然就說「無苦無樂」啊！所以禪師的弟子悟了以後，和尚給了賞棒並且還打得不輕，問他說：「痛不痛？」弟子說：「不痛。」硬著心腸要說不痛。其實很痛啊！因爲五陰眞的很痛，可是所證的眞如無痛；師父打了這麼一棍以後看他說無痛，就說他鐵定不會退轉了。用這樣來勘驗，也眞的狠。這個師父心腸眞狠，對不對？可是他這個狠還眞慈悲，因爲他可以確定這個徒弟永遠不會退轉，就永遠不會下墮了。

當然啦，師父打痛棒，用痛棒幫徒弟開悟，有的師父其實有一個目的：要叫你永遠感恩我。有的師父有這個目的，因爲這樣弟子就不會忘恩負義，將來不會背離佛法。怎麼說呢？當他來問佛法大意時，師父很誇張的刻意打得很重，叫這個徒弟悟了以後膏藥要貼很久；縱使傷好了以後，每年一到秋天重陽節前後氣候變時就隱隱作痛，就會想起來：「要不是我師父給我這個痛棒，我哪有今天啊！」所謂的「哪有今天」有兩個意涵，我就不必解釋了。於是每年他都記得，要派徒弟回本山供養師父，每年都不會忘記，正法的流傳也就不會斷絕。

可是等到他講起這個故事來，徒弟就問師父說：「師父！當年師公打您時疼不疼？」「不疼。」徒弟當然覺得奇怪，就會立下志願說：「我一定要弄清楚師父爲什麼疼那麼久，而且每年秋天他就會記得師公，我一定要弄清楚。」他就發奮圖強努力修行，最後悟了才知道師父爲什麼說打不疼，明明很痛竟然說不痛，但這師父知道那痛的後果，他捨不得打這個徒弟，徒弟也就感恩戴德：「師父還眞疼我，捨不得打我就讓我悟了。」以後他就以身作則親身示現，而這個徒弟沒有挨打也會感恩戴德一輩子，佛法就綿延不絕，是不是？所以一代痛打、一代不打，就這麼傳（大眾笑⋯）。

「無名相法」的境界中確實「無苦無樂」，兩代師徒都懂這個道理，這樣實證以後代代相傳，大家都知道爲何是「無苦無樂」；因爲在「無名相法」的境界中「無苦無樂」而函蓋現象法界中的一切苦與樂。所以菩薩們在父母過世時可以淚流滿面、而面容無動於衷，不知道的人覺得很奇怪；但他也可以很灑脫以偉大的功德迴向給父母，怎麼迴向呢？譬如荷澤神會，「鄉信來了，告知父母雙亡」，他沒有痛苦的表情也沒有掉淚，打雲板集眾：「請大眾爲我父母唸摩訶般若。」摩訶般若有幾卷？整整六百卷！要唸半年欸！當大眾上堂來，全部都到了，因爲和尚的父母雙亡這不是小事；大眾都到了，荷澤神會就說：「謝謝大眾爲我父母唸完摩訶般若！」大家便散去了。爲什麼？因爲大家都來示現「無名相法」的境界了，就是唸完大般若了；而大般若所見的是「無苦無樂」的境界啊！大眾來了又下去，就唸完摩訶般若了，所以佛說：「我此法中……無苦無樂。」也印證了另外說的「有爲法是存在無爲法中，無爲法函蓋了有爲法」，那麼只要你證得這個「無名相法」，就能夠理解爲什麼佛說「我此法中……無苦無樂」。

《佛藏經》上週講到第七頁第二行，現在要從第二句開始：「拔諸一切戲論根本，一切永離，冷而無煙。」這是說：「我此法中」是讓一切實證者可以拔除一切戲論的根本，所以一切諸法永離，不存任何一法，因此「我此法中」的境界冷而無煙。

那麼這裡就要談到「此法」的意思，還有「諸一切戲論」，那麼戲論的根本又是什麼？這也得探究，然後才能談到爲什麼是「一切永離」，最後「冷而無煙」。「法」之前應該先來談談「一切戲論」，在佛法中說「一切戲論」，函蓋範圍很廣；如果要依照二乘菩提來講，任何世間法都成爲戲論，可是在大乘法中，即使是二乘法亦復爲戲論。再從「我此法」眞如的境界來說，即使大乘經典那些文字也是戲論。那麼就先來談談一般的戲論，如果不談，有的人還以爲那就是了義法，就不免被誤導。被誤導的情況其實是非常普遍的，自古已然；因爲這個緣故，彌勒菩薩造了《瑜伽大論》，才會舉出外道的戲論來說，菩薩們只要閱讀以後如實理解，就可以把那一些戲論弄清楚：它究竟與非戲論的了義法差異在哪裡，就不被似是而非的假佛法所蒙騙。

先來談談世間法。有時一些聰明智慧的人會指責對方「言不及義」，但「言不及義」本來是佛法中的名詞，後來被沿用到世間法中去說，而且變得很好用。例如有人在談一件事情，其中有的人老是扯到題外去，所說的並不涉及討論的主題，就被人指責爲言不及義，言不及義的內容從那個主題來說就叫作戲論。如果要談到外道的修行人，他們在人間談各種事情時，也會學著說「**這一些都是戲論**」，因爲與佛法中所謂的涅槃無關。至於那些外道所謂的涅槃，可謂林林總總眾說紛紜，但都不外乎三界中的境界，五現見涅槃是最具代表性的。至於常見外道各種說法以及所衍生出來非常多的說法，其實都不外於五現涅槃裡面的第一種，就是欲界法中的現見涅槃。但這一些所謂的涅槃，從佛法來說乃至等而下之從二乘菩提來說，都叫作戲論。因爲與涅槃的實證無關，凡有所說不及於涅槃之義，也就是言不及義。

外道有種種的涅槃戲論，簡單的舉例，最著名的就是密宗假藏傳佛教外道，還混入佛法來，並且現在還是中國合法的邪教。密宗假藏傳佛教喇嘛教在中國目前是合法的，但它是天下最大的邪教。他們的主張就是，在現前五欲最大、最強烈、最長久的淫樂之中的覺知心就是涅槃心，將來成佛是以這樣的心成佛。當然，他們「成佛」時是密宗假藏傳佛教的佛，並不是佛教的佛，要先聲明一下，而密宗假藏傳佛教的佛永遠都是抱著女人的。眞奇怪，如果這個道理講得通，應該密宗假藏傳佛教的理論中，應該也要有女佛成佛以後永遠抱著男人，可就是沒有啊！這眞是不平等。喇嘛教密宗假藏傳佛教眞的很不平等，因爲每一個人成佛的境界是一樣的，那男人在密宗假藏傳佛教能成佛，女人應該也一樣可以成佛；在密宗假藏傳佛教裡女人這樣成佛，應該她成佛以後就永遠抱著一個男人；可是密宗假藏傳佛教喇嘛教中竟然一直都沒有，自相矛盾。喇嘛教就是以欲界受樂的覺知心認作是涅槃心，這就是第一種外道現見涅槃。他們認爲這時就是涅槃，所以不必像阿羅漢一樣捨棄五蘊去入涅槃，所以主張「輪涅不二」。

如果比他們稍微好一點，就像有一些修仙宗的宗派也談性命雙修，其實就是黃帝的洞玄術、御女術，那也是外道的五現見涅槃中的第一種，和喇嘛教一樣。這一些法都與涅槃的實證、都與出三界生死無關，更與成佛無關，所以佛教界與學術界都說他們講的是戲論。好在現在大陸政府終於瞭解了，眞叫作恍然大悟，知道密宗假藏傳佛教不是佛教，所以現在大陸出版社已經不許再出版密宗假藏傳佛教的書籍。諸位回家以後可以浮一大白慶祝一下，因爲正法復興又多一分希望了！這是五現涅槃中的第一種戲論，因爲跟二乘菩提無關，從二乘菩提來看就已經是戲論了。

那他們爲什麼無法離開這個戲論？因爲他們有個戲論根本，就是我所執。他們還談不上我見與我執，他們完全是在我所執上用心，因爲他們的境界都是我所中的境界。假藏傳佛教宗喀巴在他的《菩提道次第廣論》暗示，也在《密宗道次第廣論》中明示說：樂空雙運那個樂是俱生樂，說那就是涅槃的本質，是不生不滅的。可是他們不曉得，那只是色陰與識陰藉著受想行而產生的結果，落在我所的心所法境界裡面；所以我說他們還落在我所裡面，談不上我見與我執。所以密宗假藏傳佛教喇嘛教的人完全不懂我見與我執，等到正覺出來弘法講了我見與我執的內容，他們開始慌張了，就想方設法不斷地詆毀正覺同修會，甚至於他們有人詆毀正覺同修會時把正覺兩個字改了，叫病症的症，絕對的絕——症絕同修會。

這個名字好不好？好不好？我說好，所有病症都絕跡了，有什麼不好？但他們不懂啊！我看他們眞是文字障，連國文都讀不好；「一切病症絕跡」有什麼不好？這是好名詞啊！但我說，是什麼病症絕跡了？是一切煩惱病的症狀都消失絕跡了，這當然好，但他們不懂。那他們爲什麼要詆毀正覺？因爲慌張了；爲什麼慌張？因爲「我見、我執、我所執的意涵咱們密宗假藏傳佛教都不懂」，把正覺的書終於讀清楚以後才發覺：「原來我們喇嘛教都落在我見、我所執跟我執裡面。」讀後又無法反駁，再想要去籠罩人說：「我們密宗藏傳佛教的法比顯教的法高過很多倍。」卻沒辦法講出口。因爲人家會說：「你們喇嘛連顯教的法都不懂，你們又說要學密之前必須先把顯教的法修好；那問題來了，你們顯教的法沒有修好，又爲什麼修密？」正覺的師兄姊會質疑說：「你們密宗假藏傳佛教要全部廢棄掉，先要把顯教的法修好，然後再去修密，這是你們的主張，又不是我們正覺的主張。」

所以他們現在眞是啞巴吃黃連，有苦說不出！臺灣有一句話說啞巴壓死了孩子—有口難言—有嘴巴都不知道該怎麼講，只好胡扯來詆毀。而密宗假藏傳佛教喇嘛教的戲論根本所在就是我所執、我見、我執，而他們完全不懂。後來我們爲了救臺灣的那些南傳佛法學人，爲了救南部大妄語證得三果的法師，寫了《阿含正義》。《阿含正義》寫了出來，清清楚楚、明明白白說明涅槃不是他大法師講的覺知心境界，而是眞正的解脫道，是斷我見、我執、我所執的；這一看更無可奈何，於是信眾開始流失；唯一的解決辦法，就是要顯示「**我也有斷我見，我也有證初禪**」等。然而他們想要顯示時必須證明自己有實證，既然要證明，就得爲人家解說修證的內容與過程，卻又辦不到。

也有密宗假藏傳佛教的大陸喇嘛，名氣應該是最大的，開始在講斷我見、斷三縛結，有人告訴我，想要舉發，我說：「**閉嘴！不要講話，不要去批評，讓他繼續講。**」因爲我們這位師兄說：「**那根本就抄您的《阿含正義》講的呀！**」我說：「**不要舉發，讓他繼續去講，這是好事啊！**」譬如妓女從良是好事，總是比他繼續以密法混下去好，我們要鼓勵啊！但是他只看得眼前，他沒有看到這個正法之毒會毒死他的五陰，也會毒死他信眾的五陰，但他不知道。等到大家學得很好以後都會說：「我們要證初果。」終於有一天眞的證初果了，後果難量；因爲現見的是密宗假藏傳佛教的法都落在我所、我見、我執裡面，那時信眾是不是要說：「欸！上師啊！我們要把雙身法廢掉。」是不是會這樣？對。

所以我說他們要用《阿含正義》作教材，我也認同，不會向他收著作權費，讓他免費去用，因爲這對復興中國佛教有幫助；我們不是爲了賺錢，所以讓他去講沒有關係。如果哪一天他罷講了，我應該寫一封信告訴他說：「你應該繼續講，我《阿含正義》免費給你當教材。」因爲他們只要把解脫道弄清楚了，那他們對於涅槃、二乘菩提的證果，乃至對於大乘菩提的「戲論根本」，就漸漸會滅除，這是好事。

他們因爲不懂「戲論根本」才會走入邪道，如果談到道家的洞玄術，譬如道家很有名的《黃帝素女經》，那一些也都是戲論。因爲那不是可以使人生天的法，但他們認爲那樣修可以生天享福。黃帝的御女術或者道家的洞玄術，目的不是爲了得解脫，而是爲了當仙生天；然而他們那樣修的結果是導致繼續留在人間，或者說死後下墮三惡道，通常是畜生道；但不會像密宗假藏傳佛教的無上瑜伽那麼惡劣，那是要下地獄的，且全都跟生天之道相違背。

從生天之道而言，道家的洞玄術或黃帝御女術的修法其實都屬於「戲論」；對一個求生欲界天、色界天的人來講，都已經是戲論了；如果是從修證涅槃而言，連生天之道也是「戲論」。譬如生天，有的人認爲說：「我超脫於欲界了，包括欲界天都超越了，所以我死後可以生到初禪天中，因爲我初禪具足不退失。」但是把這種離開欲界境界的覺知心錯認爲涅槃心，也是誤會涅槃，是外道五現涅槃中的第二種。乃至證得二禪、三禪，或是證得第四禪而說這就是出三界的涅槃心，不知道那只是色界的境界，正是外道五現涅槃中的第三到第五種，所以從解脫道來講，也都是戲論。

即使可以生到無色界天，依解脫來講也都還是「戲論」，可是有個問題來了，有人會想起來：「那《阿含經》裡面，佛每次遇到外道來請法，都一定會說施論、戒論、生天之論；既然是戲論，又爲什麼要講生天之論？」這就是說，從解脫道來講，生天之論當然也是戲論，不論有無實證都是戲論；因此 佛陀緊接著說：「欲爲不淨，上漏爲患，出要爲上。」表示這仍然是在三界輪迴的境界中。然而「生天之論」卻必須要說，因爲假使不說的話，有的人證得初禪就會以為出三界了，有的人證得四禪以為出三界得涅槃了，乃至有人證得四空定中不論哪一個定，都會以為出三界了，就會導致大妄語業，會導致未來世繼續輪轉生死，還會下墮三惡道。所以「生天之論」雖然是戲論，還是得要詳細說明，讓大家瞭解欲界天、色界天、無色界天都還在三界內，依舊不離生死的流轉，才能努力修行超越這三界而真的證涅槃。所以這些次法之論雖然屬於「戲論」，還是得要講。講完之後再來講四聖諦，講到道聖諦的八正道，大家才會瞭解：「原來出三界是應該『不受後有』的。」只有能夠「不更受有」的人，才可以說他已經證得解脫、已經出三界生死。

所以對修學解脫道的人來說，凡是「生天之論」以及所證天道的任何境界，不論是欲界天、色界天、無色界天全部都是「戲論」。由這裡來看一貫道，其實他們沒資格自稱一貫道，我才有資格，因為我能把一切法一以貫之；因為我可以一法來貫通五教所有法，而一貫道竊盜五教的法來據為己有之後，五教之法依舊是五教之法，完全無法一以貫之。我們有很多同修從一貫道過來而證悟了，如今在增上班，有的人當上班級義工，現在有人當上助教老師了，好像還沒有當上親教師的，但未來總是會有的（編案：此書發行時已有兩位當上親教師了），且不管它。

一貫道說 釋迦牟尼佛是老母娘生的兒子，將來也要收歸理天。現在問題來了，他們的理天老母娘是女生，他們也不否認；那麼他們所謂的理天有男生也有女生，請問，老母娘是誰生的？理天是三界中哪一種天的境界？正是欲界天！說欲界天那樣的境界就是涅槃、就是不生不死，這只要有一點佛法常識，不必用腦袋判斷，只用膝蓋判斷就知道那叫作虛妄說法，與解脫無關，也與成佛無關；但一貫道說那就是解脫，說那是離開輪迴生死，正好就是「戲論」。那他們這個「戲論根本」在哪裡？依舊是我見、我執沒有斷除，所以「戲論」的「根本」就是我見與我執，而這只是從解脫道來說。

且不談這些戲論，現在就說佛菩提道；佛菩提道中的「戲論」，我們弘法以來舉例已經很多，有的大師說要放下一切，有的說只管打坐，什麼都不管；有的大師說：「我們要消融自我。」消融自我之後不久又說：「要把握自我，要當自己。」臺灣佛教界比較後期、比較有名的就是：「清清楚楚、明明白白、處處作主，這就是眞如佛性。」他也常常說：「師父在上座說法的一念心，諸位在下座聞法的一念心，就是眞如佛性。」我爲什麼說這些都是

「戲論」呢？因爲這跟佛菩提無關，完全是識陰的境界。既然與佛菩提無關，就是「戲論」。

但我們要探究他們的「戲論根本」是什麼？這有兩個部分：第一個部分就是在解脫道上面完全無知，落在我見、我執裡面打轉而自己不曾警覺，這就是「戲論」的第一種「根本」。他們「戲論」的第二個「根本」，是對眞如與佛性產生幻想，由幻想的緣故，無法實證眞如也無法眼見佛性，因此所說的眞如與佛性就變成一種「戲論」，所以又存在第二種「戲論根本」，就是無始無明。這就是他們在解脫道與佛菩提道的修行弘傳上面，顯示出來的兩種「戲論根本」，而這兩種戲論的根本如果沒有滅除，他們想要實證佛菩提一定遙遙無期；因爲一個沒有斷我見的人修學佛菩提時，一定會落入識陰中，會把識陰中的全部或者局部認定是眞如佛性，就永遠沒有實證佛菩提的機會了。他們的第二種「戲論根本」，是對眞如佛性的義理沒有如實理解；由於不能如實理解眞如佛性的意涵，所以他們參究時、修學時，就會被無始無明籠罩，誤把識陰的全部或局部當作是眞如佛性，這是他們無法實證佛菩提的兩個「戲論根本」。

這兩種「戲論根本」如果不能除掉，他們將來永遠沒有實證時。這有點像授記，但我這個授記會是亙古彌新、垂之久遠而不可改變。我不怕他們哪一天來質疑說：「**我證悟了，可是你說的這兩種『戲論根本』，我依然不必滅絕。**」我不怕他們這麼說。如果他們這麼說，我就說：「**原來你還是戲論，原來你既沒有證得眞如，也沒有看見佛性，而且連我見都沒有斷，否則不可能說這話啊！**」所以我不怕他們將來幾十年、幾百年以後來質問我。

當然，也許有人想：「**你說這話不是廢話嗎？幾百年以後你都不在這裡了。**」可是別這樣想，幾百年後誰不會相遇？就像我們以往相遇一直延續下來，現在來到臺灣還相遇，我們未來世還要去西邊大陸跟過去世同修們再相遇，怎麼不遇呢？世界很小，不要以爲娑婆世界有多大；娑婆世界不大的，所以有人去極樂世界晃個人間的一千年後回來，又和我相遇了，你說世界大不大？眞的不大。那是娑婆世界的無數倍距離，對不對？所以我這話是實在的。我說話是實說而不誑語，這是可以垂之久遠、經歷九千年後還可以檢驗的。我們不談一萬年後，因爲一萬年後正法已經不在人間了。

這就是說「戲論」的存在一定有其原因，有時在世間法中會遇到不可理喻的人，一方面是因爲他見少視狹，另一方面也因爲他邏輯思惟有問題，又因爲他完全沒讀書，所以被人家罵「不識字兼不衛生」，這種人眞是不可理喻，你跟他講什麼道理都不通的，因爲他永遠都是執著那個很偏激的部分，否定其他正確的全部，這個人就是世間最標準的「戲論」。而這種戲論在我們正覺中根本不可能相應，他只要聽到正覺二字，轉頭就走了。

現在回來說「戲論」有這麼多，顯然「戲論」是一切實證佛法者最大的遮障，這個最大的遮障要怎麼樣把它除掉？有沒有辦法一天、兩天就把它除掉？沒辦法的。因爲如果是世間戲論，還得要從幼稚園開始學起，沒有幼稚園之前都是從小學一年級開始學起，古時則是從上私塾或者去當學徒開始學起，開始瞭解世間言語代表的定義，以及待人處事、作事情時該怎麼樣才是正確的；把自己的邏輯給鍛鍊或訓練出來，合於世間人的約定俗成，有了約定俗成的規矩以後，才不會讓人家說：「你這個人言不及義，所說都是『戲論』。」可是那只是世間戲論，若是談到修行人如何生天等，或者外道錯會了涅槃等事，對他們而言可都是無上之道；但是從二乘菩提來說，那也是「戲論」。

然而佛門中修學二乘菩提的人就沒有戲論嗎？（有人答話，聽不清楚。）有喔！而且大師們都落在戲論裡面。例如有位大師一生弘揚聲聞菩提，教人家如何解脫生死，可是他卻把涅槃的本際否定了；否定了以後他不得不再建立另一個本體，最後就顯示出他的說法自相矛盾，當然所說的一切都是「戲論」；他本來是要否定本體論的，認爲大乘經典裡面主張五蘊、十八界都從一個本體叫作如來藏中出生，因爲無法實證，他就把這個本體否定；可是否定以後他發覺自己因此有個問題，因爲聖教量說到四聖諦的滅諦時，特別說明滅諦講的就是「不受後有」，既然不受後有，五陰、十八界就完全消失了，「**那麼完全消失以後，我不是跟斷見外道一樣了嗎？**」於是他不得不從識陰裡面再把意識拿出來，一刀切成兩半：粗意識、細意識，然後主張細意識常住不壞，主張細意識是能夠出生名色的心，這就有兩個矛盾：

第一個，既然他建立細意識作爲涅槃或輪迴的本體，又何必否定如來藏本體？一樣是本體論啊！第二、細意識是不是意識？答案當然「是」；細意識是不是識陰所攝？答案仍然「是」；既然細意識是識陰所攝，那麼細意識就函蓋在名色裡面了，難道是名色的一小部分可以出生名色嗎？那不就是自己生自己嗎？那釋印順弘揚中道，不斷地在講龍樹的八不中道，問題來了：八不中道一開始告訴他說「**諸法不自生**」，那他現在主張的正是自生，豈不矛盾？可是他和門徒們都沒有警覺到這一點。

他們犯的過失很嚴重，這就是印順派師徒同犯的大過失。由於印順那個老糊塗一開始就是這樣，後面追隨他的人就跟著錯。龍樹明明說「**諸法不自生，亦不從他生，不共不無因**」，這「四個不」的過失他們都已經犯了，他們變成諸法自生了，正是意識生意識、意識生名色，就是自己生自己。而且他們是自生又共生，因爲主張不必有根本因如來藏來出生名色，只要根塵相觸就能出生識陰，那又是共生而且是無因生。他們只差一個「他生」沒有犯，因爲那是一神教幹的好事；他們知道那是一神教的事，所以就沒講了。

最後一個「**不共不無因**」，他們犯了「**共生**」的過失，龍樹講的四項大過失，他們就犯了三項，比一神教還笨。一神教的上帝只犯了一樣：「他生」，可是釋印順犯了三個：自生、共生、無因生。那你說他能比一神教的耶和華有智慧嗎？顯然沒有！耶和華只是沒有讀佛經而已，如今看來只犯了一個過失，智慧似乎不會比釋印順差。我今天罵人好像罵得很嚴重，可是他該罵，披著僧服、住在如來家、吃著如來食、說著如來法而破如來法，他就是這樣的人！這樣的人要叫作什麼？（有人答話，聽不清楚。）是獅子身中蟲！你們爲何講那麼小聲？所以說他完全落在「戲論」裡面而不自知。那他更不可能去探究自己的「戲論根本」在哪裡，所以他的「戲論根本」依舊是那兩個：第一就是我見與我執完全沒有斷除，第二是對眞如與佛性完全錯會，落入「臆想分別」中，這便是釋印順一生所不曾絲毫斷除的「戲論根本」。

當你斷了我見以後，進而修學大乘法，證了眞如以後（還不必眼見佛性，只要證眞如就行），這兩種「戲論根本」就不存在了。這兩種「戲論根本」以前你沒有發覺，斷了我見以後又證了眞如，你也沒有發覺以前有這兩個「戲論根本」存在，但今天我依聖教說了你就知道：「啊！原來我以前也有這兩個『戲論根本』。」但是你證眞如以後拔除掉了，心中再也沒有這個「戲論根本」了。當你心中沒有「戲論根本」時，轉依所證的眞如——就是《佛藏經》中 佛說的「我此法」，也就是「無名相法、無分別法」，再來看看祂的境界中有沒有這些「戲論根本」呢？答案是不存在。

那麼也許有人想：「嗯！我看不見得，這是因爲你悟了，說沒有這兩個

『戲論根本』，可是還沒有悟的人，明明我見還在，還有這戲論；明明是對眞如佛性還沒有實證，當然會有這戲論。」但諸位評評看，他這個說法或者說他這個想法有沒有道理？有喔？有沒有人認爲沒道理？怎麼只有一種看法呢？應該還有另一種啊！不然我們怎麼叫作「正覺」，正覺者應該兩邊都通的。

我們先說「有」好了，因爲你們有幾個人說他講的有道理，我們就來說爲什麼有道理。因爲還沒有證悟時，我見的實質大多數是存在的，譬如在會外所有的道場，上從堂頭和尚，下到所有信徒們，他們的我見都在，都相信大師們說的：「只要一念不生就是證涅槃了。」所以他們的我見一直都在，就是第一個「戲論根本」。至於他們的我所執與我執那就甭提了，因爲一定會在的；我見都在了，當然會有那兩個執著，所以說他們有第一個「戲論根本」。

那麼對於眞如這個「無名相法」來說，他們都沒有實證，當然一定有「戲論」，一定會在那邊猜想眞如是怎麼樣的，所以很多人認爲說：「你們正覺寫書或者說法時講別人不對，那已經不是眞如境界，那就是退失悟境了。」因爲他們認爲一念不生才是眞如、才是悟境；「那你蕭平實講經說法時，不是有很多語言文字從腦袋瓜一直冒出來嗎？那你講經時就是沒有開悟，是離開悟境了。」有沒有大師這麼講？有啊！聖嚴法師以前就是這麼說的。所以說「想要開悟的人就是沒有開悟」，因爲你都在想開悟，已經沒有一念不生了。又說：當你說自己開悟時，你就是沒有悟，因爲你已經有語言文字了，所以你這時沒有開悟；等你沒有語言文字時，也都沒有在想開悟的事情，那時一念不生就是開悟。他就是這麼開示的。

　　我又好像在挖他的瘡疤了，可是爲了救護眾生不得不講，以前寫書時沒有指名道姓說誰講錯、錯在何處，無法教化學人，就有後果。所以《成唯識論》譯成中文時沒有指名道姓，到今天爲止都還有人把《成唯識論》所舉的外道說法當作是玄奘講的，你看玄奘多冤枉啊！因此我們今天還得繼續來收拾，這都是要怪窺基。

　　言歸正傳，這就是他們的「戲論根本」，而他們自己不知道，接著又說：「眞如就是什麼都不要分別。」因此吃飯時說：「不要去管菜的味道好不好，更不許去責備典座炒菜炒焦了，因爲這時表示你已經產生妄想雜念，就離開眞如境界，你的悟境退失了。」就這樣罵人。所以不管典座把菜炒得多麼爛，大家都不許說話，只有堂頭和尚吃不下去時可以私底下去罵典座，那這樣還算證眞如嗎？這就是他們的第二種「戲論根本」，卻都沒有人發覺。

這種情形從堂頭和尚到所有的信徒都是如此，所以他們當然有這兩個「戲論根本」。所以你們剛才點頭說有道理的人講得正確，沒有錯。可是我們要從另一方面來說，你們大多數人都不點頭，意思我就幫你們說了，意思就是說：其實沒有悟的人也一樣，也是沒有兩種戲論根本的，跟開悟的人沒有差別。我幫你們說了，那我有沒有講錯？沒有啦！為什麼呢？因為你們從證悟者的立場來看那一些大山頭所有的信徒，包括他們的堂頭和尚，雖然他們看起來是有那兩個「戲論根本」，但那只是他們五陰的事；當你看到他們的眞如「無名相法」，當你看到他們自己的「我此法」時，你當然要說他們其實也沒有一切「戲論根本」，因為這一切「戲論根本」都是他們五陰的事，與他們的「無名相法、無分別法」這個「我此法」完全無關；所以他們的自心如來境界中依舊沒有任何「戲論」，所以一切「戲論根本」都不存在。

那麼聽到這裡，你們一切已經實證的人就應該要說：「世尊講得好：『我此法中……拔諸一切戲論根本』，」因為在「我」這個「無名相法」中，沒有任何「戲論根本」。那麼證悟了這個「我」以後，就把「一切戲論根本」拔除了。所以每當有人講到如何是證涅槃而沒有錯誤時，你就知道他們有沒有「拔諸一切戲論根本」，因為你已經現前看見他是拔掉解脫道的「戲論根本」，或者拔掉佛菩提道的「戲論根本」，你已經看見了，一聽就了知。

既然你可以對別人這樣加以了知而作下了判定，而這個判定也是正確的，就表示你自己同樣也是「拔諸一切戲論根本」了。當你已經「拔諸一切戲論根本」時，也表示你看到「我此法」的境界中是「一切永離」——這個「無名相法」的自身境界中迴無一法可得；有法可知、可以分別、可以運作，全部都是五陰的事。

禪宗也是這麼講的啊！有人來問：「不與萬法為侶是什麼人？」是問說：怎麼樣才是不跟萬法同在一起、不與萬法相應的人，馬大師回答說：「待汝一口吸盡西江水，即向汝道。」這就是禪師，不必像我這樣講到口乾舌燥。意思是說：「等你一口就把西江水全部吸光了，我就跟你講。」那一些未斷離「戲論根本」的大師們，就尋言逐義落入馬大師的語脈去了，然後就在那邊解釋一大堆，就說：「你就是因爲老是落在語言文字裡面想東想西，馬大師講的是讓你作不到的事，你連想都無法想，那你這時妄想之流停頓了，就會一念不生，那就是開悟了。所以告訴你說：『你只要一口吸盡了西江水就告訴你。』那時他不必告訴你，你就悟了。」諸位聽了大概會說：「廢話！」因爲他所說言不及義，當然是廢話。

明明來者問的是「不與萬法爲侶」者，是離萬法的心，大師卻指示這是一念不生的心，是無時無刻與萬法爲侶的心。若是古時的佛印禪師聽了會罵他什麼？一個字：「屁！」蘇東坡不是被罵放屁嗎？講什麼「八風吹不動」，還寫了偈洋洋得意派人送過江來，佛印翻過來，後面就寫個好大的「屁」字送回去，他不就過江來質疑嗎？還質疑呢！人家告訴他：「你說什麼八風吹不動，一屁就打過江！」

這就是說，其實當一切萬法存在心中時才會有「戲論」。但不管是「戲論」或者一切法，如來藏都不與之相應，正是「不與萬法爲侶」；不論你想的是世間法或出世間法，不論一切造作營生，如來藏都不相應，因爲這都是五陰的事。

在人間的升斗小民，每天來來去去爲生活奔波，當官的爲五斗米折腰，當皇帝的爲鞏固政權而奮鬥，所以每天來來去去忙個不停；可是來來去去是你五陰的事，升斗小民每天爲了生活，譬如最近苦茶油聽說很暢銷，他們每天在那邊榨油忙得不亦樂乎；那魏家賣沒良心的油也是賺得不亦樂乎，就爲這些事情來來去去奔波不停；但這一切行來去止、種種造作無非是五陰的事，何曾與如來藏相干？

那麼在這一些奔波造作的過程中，意識心思考非常多的法，譬如吃到餿水油的人，心裏面會想（因爲魏家說是學佛人），大家一定會想：「**說是學佛的人，還造作這種業，害了那麼多人，將來死後怎麼辦？**」這個哀憫心的想法算不算法？也是法；那麼慈濟的「上人」看見這個情形，也許私下想著：「**我怎麼有個徒弟是這樣子！**」是不是法？也是，一樣是法。而這些法跟誰相應？跟五陰相應，特別是識陰中的意識心。因此，「與萬法爲侶」的是誰？是識陰，特別是意識，正是意識的事情。

可是你看榨苦茶油的人，他們努力在榨油時，會想怎麼樣榨得多一點，價錢會不會好一點，以及那個「上人」正在想「這個徒弟怎麼幹這種壞事」

時，他們的「無名相法」—也就是「我此法」—有沒有跟那一些法相應？都沒有，一法都無，所以眞的叫作「一切永離」。即使是他們魏家兄弟作了不好的事情，例如以前彰化有名的米糠油事件，不知道是誰幹的，以致那個學南傳佛法詆毀大乘法的曾銀湖，他也是受害者；後來南部也有人收購病死豬製作產品去賣，後來又有別的事情接二連三，他們這樣作時有一切法，而且是惡法，但是他們的如來藏、他們的「我此法」、「無名相法」、「無分別法」的境界中依舊「一切永離」。

一切實證的人都跟我一樣同一鼻孔出氣，所以不會有人悟了以後去罵：「你們兄弟怎麼專幹惡事，你們的如來藏也有罪。」永遠不會這樣講，因爲他們的如來藏永遠無罪。反過來他們的如來藏還替他們執行因果律，未來世要替他們出生什麼樣的五陰，然後由他們去受罪；仍然由他們的如來藏去執行，執行者不會有罪吧？對啊！

譬如某一個案件來到檢察署，那檢察官是個偵訊者，偵訊者在這個案件上絕對不會有罪；接著偵訊起訴了來到法官這裡，法官在審理這個案件時，法官在這個案件中一樣絕對無罪；但如果法官牽涉到這個案子時，他就要迴避，甚至會成爲被告。一樣的道理，如來藏是執行因果律的「人」，這「不是人」的「人」在執行因果律，祂一定是無罪的，所以在祂的境界中依舊是「**一切永離**」。

依這樣的道理來看佛法，枯燥不枯燥？不枯燥。如果教佛法的人、講經的人讓人聽到枯燥，該怎麼辦？我告訴你，不能怪他也不能處罰他，因爲他至少有一點接引初機學人的功德。不能怪他，那要怪誰？怪自己啊！是因爲自己的因緣就只能接觸到他，能怪誰？對不對？對喔！而你們都不必怪誰，因爲你們最幸福了。這就是說「**我此法中……一切永離**」，因爲這是法界中的事實，可別跟我抗議說：「**我又沒有開悟，怎麼知道你說的是眞的、假的？**」我告訴你，不用懷疑，因爲我說的如果是假的，那麼被我印證的這麼多開悟的同修們，明天馬上就會講出眞相。不必明天，講經完以後大家就會互相打電話：「**這蕭老師今天晚上眞的胡說八道。**」對不對？對了！一定如此。可是我講經說法從來沒有會裡已經被印證的同修們評論爲胡說八道，所以我的說法是可信的；雖然你還沒有證悟也應當信受，因爲大家的所見都一樣，而將來你證悟了以後，所見也必然跟我們大家一樣。

「一切永離」說完了，那麼大家來想想看，「一切戲論根本」都不存在，而且「一切永離」，因爲祂不與萬法爲侶，那你想，這個境界中會有熱惱嗎？在這個境界中是沒有熱惱的。有的人也許想說：「欸！不對啊！那你們正覺這一些證悟的人爲什麼熱了還要吹冷氣？不然你們夏天講經說法，爲什麼四個講堂、六個講堂都要開冷氣？沒道理吧？既然是沒有熱、沒有惱，就應該不必吹冷氣了。」可是談到這裡我就要講一個禪宗的公案了：

有人問洞山禪師：「寒暑來時要到什麼處迴避呢？」洞山回說：「你爲何不向沒有寒暑的地方去迴避？」那僧人說：「什麼地方是沒有寒暑的地方？」洞山說：「寒時寒死你，熱時熱死你。」在另一個公案中，有個僧人問：「夏天時是這麼熱，要向什麼地方去迴避？」曹山禪師說：「向大湯鍋下面的爐炭裡去迴避。」那個僧人就問：「大湯鍋下面的爐炭裡要如何迴避？」曹山禪師竟然說：「眾苦不能到。」明明就是很熱想要避暑，竟然叫我到火裡去，有什麼道理？有人說：「冬天好冷，有哪個地方可以避寒？」他卻教你：「水裡去。」

冬天的水裡豈不冷死人？尤其大陸江北有時下雪有時結冰，那水裡可不得了，竟然叫你水裡去，什麼道理？「啊！我知道了，就是講反話嘛！」因為有個大師也說「禪就是講反話」啊！其實不然，禪師們就是告訴你：「如來藏那個地方是沒有火熱的。」想知道如來藏的所在，他就告訴你：「火裡去。」是在告訴你如來藏何在。而如來藏的境界中沒有熱惱、沒有火也沒有冰水，什麼都沒有，當然在那個地方你就可以避寒暑了。

所以當人家問禪師說：「那師父您懂得避暑囉！」禪師說：「當然我知道。」「那師父您怎麼避暑？」他一面搖著扇子就說：「避暑，就這樣子避啊！」（大眾笑…）有沒有道理？有！絕對的道理，而且是不可推翻的道理，悟了就懂得我說什麼，但是愚癡人就會落到表相裡面去，我也無可奈何。

那麼如來藏的境界中沒有所謂熱惱，沒有熱惱不就是很清冷的境界嗎？清冷的境界中連煙都沒有，何況會有熱？當然更不可能會有惱，所以世尊才說「冷而無煙」。如果哪一天我寫了一本書，筆名叫作冷無煙，好不好？好啊！當然好。可是書出版以後人家罵起來了，或者把這本書退回、附上一張信罵我：「胡說八道！」我如果振振有詞去責備人家，那我應該署名「熱有火」，不叫冷無煙。意思就是說：冷而無煙是自始至終都如是，永遠都不改異。所以「冷無煙」這個名字還眞不好承當。如果有一個人行俠道，劍術厲害得不得了，還加上楚留香那個彈指神功出來行俠仗義，那他可不可以叫作「冷無煙」？還是不可以。他如果叫作冷無煙，就不能行俠仗義了；行俠仗義是看不慣惡人，爲弱勢打抱不平，就不是冷無煙了。而這個境界中是一切法絕跡、不與任何一法相應，所以在祂的境界中當然是「冷而無煙」。

可是有人聽到這裡也許又落到另一邊去，因爲完全沒有熱惱、冷而無煙，就想：「那是不是很冷酷？」這就是一般人閱讀佛經時會產生的誤會，因爲凡夫若離開這一邊就會落入另一邊，但是佛說的「冷而無煙」不落兩邊，因爲這只是形容「我此法中」的境界相，這裡面是沒有任何境界的，因爲都已經告訴大家「一切永離」了。所以不能斷句取義，斷句取義就會出問題，應當要前後連貫；既然說「一切永離」、「冷而無煙」，就表示反過來說，「一切永離、熱而無火」也可以；雖然很熱——永遠熱心照顧有情，但是也沒有熱與寒可說，因爲祂的境界「一切永離」；既然「一切永離」，就沒有冷與熱可說了。

即使是在仲夏，咱們在這裡講經法會時，無妨冷氣開得很冷也是無過。

爲什麼沒有過失？因爲五陰繼續是五陰，而「我此法」仍然是「無名相法」，所以冷氣開得很冷，冷到有時某些人要把毯子拿起來披在肩上，但從實相來看，到底有沒有冷？結果是沒有。有時冷氣也許故障，某些人開始熱起來，一直搧著，但實際理地有沒有熱？也沒有。人家問：「你蕭老師爲什麼冷氣壞時就拿起扇子來一直搧？那不是有熱嗎？」那我就搧得更厲害，同時告訴他：「無熱、無熱。」爲什麼？因爲「我此法」中完全無熱。但是這個法眞的好難說，我也只能跟諸位講；要是在外面這樣講，不被罵才怪咧！人家大概都會說：「這蕭平實是個神經病！」因爲他們從來沒有聽過這種法。而他們對於「無名相法」這個「我」的境界一無所知，很可能連聽都沒聽過，突然聽我這麼講，他們會起煩惱的。如果我去外面講而使他們起了煩惱，聽不下去轉身走了，到知客處罵了一句「神經病」，那我不是害了他們造口業嗎？那可是重罪呀！所以我絕對不去外面講這種法，在外面講的話，我一定講那些淺顯而讓他們容易聽懂的。

這就是說，這個法根本不是戲論之法，凡是還有「戲論根本」存在的人，完全不能接受眞實義的演說，只能爲他依文解義。所以「我此法」確實甚深難解，凡是沒有如實證、如實解、如實知、如實現觀，而說他已經實證的人，就會討厭這一部經典；因此這一部經典到現在爲止，還沒有人請來爲大眾解說。當然這後面還有一個原因，就是當他們想要逞強爲大眾演說這部經典時，讀到最後面會發覺這是在自挖牆腳。因爲前面所說的「念佛、念法、念僧」，他們講出來就會出問題了，如果後面繼續把〈淨戒品〉等講下去，讓人家證明說：「這不是印證了您自己正是這一類被破斥的人嗎？」那人家下面聽著、聽著，聽久了就說：「師父！那您不就是經中所訶斥的人嗎？」那他怎麼辦？只好不講。以前有一個念佛的道場，乾脆規定：「讀《佛藏經》時，只能讀前半部，後半部不許讀。」爲什麼呢？這原因我就不必講，諸位已經瞭解了。接下來下一段：

經文：【「舍利弗！舉要言之：我法悉破一切諸念、一切諸見、一切諸結、諸增上慢。不念一切諸所憶念，除斷一切種種語言。我是法中無常無無常，無苦無樂，無垢無淨，無斷無常，無我無眾生，無人無壽者無命者，無生無滅。何以故？舍利弗！如來於法都無所得無所滅，故名爲涅槃，亦不見有得

涅槃者。舍利弗！佛亦不念涅槃，不以涅槃爲念，亦不貪著涅槃，是故當知是爲第一奇特稀有。所謂如來說一切法無生無滅無相無爲，令人信解倍爲稀有。」】

語譯：【世尊又開示說：「舍利弗！我舉出比較重要的部分來說吧：我這個法是全部破盡一切念想、破盡一切種種所見、破盡一切的結使、也破盡了所有增上慢。不憶念一切各種所憶念的事物，也除斷一切種種語言。我這個法中沒有常也沒有無常，沒有苦也沒有快樂，沒有污垢也沒有清淨，沒有斷滅也沒有常住，沒有我也沒有眾生，沒有別人、沒有長壽者也沒有具有生命的有情，既無生而且無滅。是什麼緣故而這樣說呢？舍利弗！如來對於所有的法都沒有所得也沒有需要除滅的，所以叫作涅槃，也沒有看見有得到涅槃的人。舍利弗！佛也不憶念涅槃，不以涅槃作爲所念，也不貪著涅槃，由於這個緣故應當知道這就是第一無上奇特而稀有的事情。也就是我所說的，如來說一切法無生無滅無相無爲，而令人得以信受勝解，這是加倍的稀有。」】

講義：「舉要言之」是因爲前面說的那麼多，經文說了六頁，而我們幾乎發揮到淋漓盡致；這也是因爲我們在這個時代有機會發揮到淋漓盡致，如果不把它好好發揮，就是一個過失；因為未來世是不是還有機會可以讓我們淋漓盡致發揮出來，這就很難確定，所以有機會時就得把握。那麼前面講了很多，總該作個結論吧？讓大家可以加強印象，所以 世尊才會說「舉要言之」。因為有時講得太多太雜太詳細，往往大眾因此見葉不見樹，或者見樹而不見林，所以要拉回來說「這就是一個整棵的樹」，或者說「這就是整片的樹林」，因此才要再作一個結論。所以特地吩咐大家說：「我現在要講的是比較重要的要點。」因此說是「舉要言之」。

接著說「我法悉破一切諸念」，這個「我」當然還是指「無名相法」，還是在講眞如、如來藏。一般都會解釋為：「我釋迦如來說的這個法，悉破一切諸念。」其實不然，而是講「我」這個法，為什麼要叫作「我」？因為如來藏是常住、性如金剛永不可壞而能生萬法，所以叫作「我」。如果是五陰這個我、十八界這個我，是世間人才稱之為「我」，在我們三乘菩提中就說這叫作「無我」，因為是無常苦空，所以要叫作無我。相對於五陰的無我、十八界的無我，就說「無名相法」這個眞如心叫作「我」。

世尊說：「『我』這個法把一切的諸念全都破除了。」從前面講了這麼久的解釋之中，諸位已經知道，眞如這個「我」自己的境界中沒有任何一法；而且我們也講過眞如這個「我」從來不了別六塵，如果不了別六塵就沒有任何的念可說了。所以當你實證了「我」時，從這個「我」的境界來看一切諸法，你會發覺這個「我」不與六塵中的任何一法相應，由於這個緣故就不可能會憶念起任何一法，因此在「我」這個法中一切諸念都不存在。所以當你證得「我」這個法時，同時也就「悉破一切諸念」。

接著說「**我法悉破……一切諸見**」。凡是有所見就會提出主張，就會有看法，看法依舊稱爲「見」，所以有人以眼見，有人以耳見，有人以舌見，有人以鼻乃至身、意而得見，這都叫作見分。爲什麼都叫作見？因爲會引生看法與見解，所以在《阿含經》中說覺觀也叫作口行；之所以會產生言語等，都因爲覺觀而產生的，如果不是覺觀就不會有言語產生；在覺觀中才想要互相溝通，所以覺觀也叫作口行。因此當一個人在定境中一念不生時，他有覺觀，有覺觀時就算是有口行，就不是眞正的寂滅，這是二乘菩提中這麼說的。在大乘菩提中亦復如是，所以我們說：只要接觸了六塵就叫作見。接觸六塵的心，在唯識學中就把祂叫作見分。因爲有見知的緣故而產生了各種說法，凡是了別六塵的心都屬於見分所攝。

言歸正傳，眼有所見就會提出你的看法來，然後你會主張說：「我所見的是這樣，你一定看錯了。」於是雙方因見而起諍。又譬如聽到一個聲音，某人聽到了說這個是什麼聲音，另一個人也許有點耳背，就說那應該是什麼聲音。兩個人各有不同的主張，於是互相生起爭執。起爭執是因為他們的見解不同，所以各有所見。同樣的，鼻舌身意莫不如是，所以有的人聞到一種香味時，認為這個應該是某種味道，說是好久沒聞到了；另一個人說不像，這應該是什麼味道。於是見不同，也都因為有見。乃至於聽經聞法或者讀經閱論，證悟者與非證悟者的見解不同；乃至同樣證悟的兩個人有時也會見解不同，因為證悟的層次高低不同，因此就各有所見。所以只要在六塵中對六塵有所領解，都稱之為見。因此見不一定是指眼根對色塵的見，其餘五根對另五塵的了知也叫作見。

那麼這個見，在「我此法」「無名相法」的境界中是不存在的，因為凡有所見都是六塵中的境界，不可能有誰離開六塵境界而有所見的，即使見解不同而要互相諍論，也得要在六塵中。有人也許抗議說：「不！我們出而為語，發而爲言，起了諍論，其實是先在我們腦袋中有了一個作意，那作意可沒有語言文字，不一定在六塵中吧？」有沒有人這樣想？也許有，但是我說那仍然是在六塵中。譬如當他聽了某一個說法，不認同而起了一個作意，那時語言文字還沒有出現，但那個作意能不能離開六塵而產生而存在？依舊不能啊！所以我說「一切諸見」都不能遠離六塵而生，乃至「一切諸見」出現而繼續存在時，或者正在變異以及消滅時，都不離六塵境界。所以一切諸見的生住異滅永遠不離六塵，但是「我此法」不與六塵相應，當然祂的境界中沒有「一切諸見」，所以說「我法悉破……一切諸見」。

又說「我法悉破……一切諸結」，「結」顧名思義就是繫縛。世間法的繫縛一定是用繩子來綁才叫作結，總不能用空氣綁人、也不能用空無綁人吧！所以阿修羅去跟釋提桓因打仗打輸了，釋提桓因怎麼綁他的？用五欲之繩把他綁住。這就是說，凡是有結一定有繩；有的繩是肉眼可見的，有的繩是肉眼不可見的，然而有的繩卻是好繩，沒想過吧？你可不要抗議說：「哪有繩子綁人是好繩的？」那我問諸位：「你三歸依時發了四宏誓願，那是不是繩？」是嘛！就是要把你綁到成佛。那麼成佛以後就沒有繩嗎？有啊！叫作十無盡願！所以成佛以後不可以入無餘涅槃，利樂眾生永無窮盡，那算不算繩？也算。

可是這個繩是綁著你解脫的，又不能稱爲繩；要說它是繩還眞難說，因爲它使你解脫；但你在因地沒有這個繩還眞的不行，否則入地之前你有可能入無餘涅槃去；若沒有四宏誓願就可能入無餘涅槃，還沒有到十迴向位你就可能入涅槃去了，所以一定要有四宏誓願這個繩子綁著你，每次想要入涅槃時就把你拉回來。

最後說，還是得要入地；可是入地時一定是發了十無盡願，這個十無盡願就把你綁著，讓你不會入無餘涅槃。所以將來修行到七地滿心時一定會猶豫，爲什麼猶豫？當你念念入滅盡定時就會想：「**到底要不要入無餘涅槃？可是又有這個十無盡願的繩拉著我。**」就在那邊猶豫！正因爲在那邊猶豫，所以佛才有機會來傳給你「**引發如來無量妙智三昧**」。假使沒有這個繩把你綁著，你就無法得到佛地的解脫了，就會像阿羅漢入無餘涅槃去，那不就可惜了嗎？好不容易修到第七地滿心位，剩下最後一大阿僧祇劫，結果又在那邊猶豫著要不要入無餘涅槃；如果沒有十無盡願這個繩子把你綁著，眞的會入無餘涅槃，佛來時已經來不及了！所以施設這個十無盡願太好了！有這個繩子把你綁著，你想要入無餘涅槃時它就把你拉回來，讓你在那邊猶豫，佛就感應到了：「現在有人在那邊猶豫了！」於是 佛來找你，給你個「引發如來無量妙智三昧」。

當然你一定會要的，想一想那是多麼勝妙、多吸引人的「引發如來無量妙智三昧」，眞不得了，當然要這三昧。想要就給你，如來一向不吝法；但給你以後你就上當了，永遠不可能再入涅槃了！因爲最後一次入無餘涅槃的引誘機會，已經被毀壞了，被你自己毀壞了，因爲你要這個三昧，那你就得毀壞它；毀壞以後並不後悔，因爲可以「引發如來無量妙智三昧」。這叫作周瑜打黃蓋，一個願打一個願挨，但都是好事。

這就是說，「結」一定綁著你沒有辦法得解脫，才叫結。因地時說那個結是很不好的，是惡繩；可是等你發了四宏誓願這個結、發下十無盡願這個結，卻都是好結——綁著你不會入無餘涅槃，最後才得究竟的涅槃。如果不是四宏誓願的結、不是十無盡願的結，你解脫道完成時就會入涅槃去了，成佛的事就煙消雲散，所以這結是好結。雖然也叫作結，但使你究竟解脫，究竟解脫以後這結就不存在了，到那時究竟還有沒有結？還眞難說。

但是對凡夫眾生來說，結是不好的，才會施設三縛結、五下分結、五上分結，因爲這一些結綁著眾生不得解脫。但是這種結也是這裡要破的，然而四宏誓願、十無盡願就不能稱爲結，因爲它是幫助你解脫成佛的，所以依於法的定義而說它不是結。但我們依然說這個還是會在你的五蘊上存在，即使你是菩薩摩訶薩，即使你這個菩薩摩訶薩修到了妙覺地，依舊還是被這些願維繫著。

但是從「我」這個法來說，這一些大願也都不存在。那現在說三縛結吧，我們常常說這三個結綁著眾生不斷地輪迴生死，所以叫作三縛結，那就是身見、疑見、戒禁取見。那麼我們打禪三在起三時都要先講這個部分，可是好像沒有辦法每一次都講一樣，所以有時護三菩薩說：「欸！**老師上回講的跟這回不太一樣。**」然後下回又有人說：「**這回講的又跟上回不一樣。**」因爲如果要具足講解，其實不是一個半鐘頭、兩個半鐘頭能講得完的，所以想到哪裡就講到哪裡。如果打禪三不要一次破參，那你就可以聽更多，因爲每一次講的都會有一點不一樣，那麼到底是一次就破參好，還是五次破參好？也還眞難說，因爲法無定法，眞的是如此。

三縛結，末法時代的大師們一個也破不了，他們如果破了三縛結，就不可能當末法時代的大師了，有沒有道理？（有人答話，聽不清楚。）對！眞的有道理。他們之所以會當大師，就是因爲三縛結綁著，才使他們努力經營而變成大師，（大眾笑…）所以各個都要當第一，例如信徒最多的第一，寺廟蓋最多的第一，寺廟蓋最高的第一，搞學術的第一，全都是第一，於是他們各成某一種大師。那我們有什麼第一？我們什麼都沒有。（有人答話，聽不清楚。）法第一喔？法沒有第一啊！「**我此法中…**」（大眾笑…）對啊！實證者心中沒有任何一法，怎麼會有法第一？如果我接受了你的說法，我可不是法第一了，對不對？因爲沒有第一，所以正覺才叫作法第一，你忘了《金剛經》的公式。也就是說，凡是會成爲大師的原因，就是因爲三縛結，末法時代的大師們汲汲營營無非就是爲了爭第一；所以這些第一的由來背後就是——我沒有死。哪個我？不是這個「**無名相法**」的我，是那個五陰的我、十八界的我。

因爲在自我上面有所期許、有所期待，然後要想辦法讓自己在佛教界變得很有影響力。然而影響力是六塵中的境界，「**我此法中**」沒有任何一法，何曾有影響力之可言？所以正覺被人家視爲異類，不但是因爲說的法跟人家都不一樣，而且因爲在網路上要找一張蕭平實的照片都不可得；後來好像聽說有人找到了，結果好奇上網去看，竟然有二張三張，可卻怎麼長得都不一樣，變化這麼大？其實都是誤會一場，都不是我的照片，因爲蕭平實無面、無背、無眼耳鼻舌身意，有什麼法相可說呢？所以找不到我的相片才是正常，這樣才叫作蕭平實，因爲我們不在三縛結中了，當然不需要把相片弄得沸沸揚揚，一出門大家一見時都說：「**喔！這蕭平實來了！**」然後也許有人罵起來，也許有人前來致意：「**阿彌陀佛！**」都不需要了，因爲「**我法悉破……一切諸結**」。今天先講到這裡。

上週《佛藏經》講到第七頁第二段的第一行「**一切諸見**」，這個「見」當然是有很多種的見。再回到這個「見」來說，譬如眾生輪迴生死最根本的原因是因爲有三個結使綁住了。這三個結綁住眾生，以至於無量劫來輪迴生死不得解脫；不但無量劫來如此，還可能會到無量劫後依舊不得解脫，因爲大多數眾生的法緣還沒有成熟。那這個結爲什麼說之爲結？就好像繩子綁住了人，也就是綁住了有情不斷受生，因此不得解脫生死。最常見、最平常的，而且是最普遍的結，我們稱之爲「三縛結」，就是三種綁住衆生不得解脫的結。凡是被這三個縛結綁住了就很難脫離，這三個結之中最主要的是身見，或者稱爲我見。我見的存在，主要是衆生對於五陰、十八界所認爲的這個我，不能了知是因緣生、因緣滅，所以執著五陰當作眞實不壞的我，於是不斷地輪轉生死、不得解脫。

衆生不瞭解什麼叫作五陰、十八界，他們所瞭解的就是五陰十八界整體合起來的我；大略來分就是色身這個我、覺知心這個我。若是這樣來說這個我，就太粗糙，衆生無法如實理解我的生滅性，就不可能得解脫；所以必須要把衆生所知道的這個我區分出來，大略的區分就是名與色，細分則是五陰或十八界。「名」是說這個能夠覺知了別、能夠領受而不斷運作的覺知心，稱爲名，我們佛法中就稱爲「受想行識」；「色」是指我們這個五根身加上如來藏所生的六塵，總稱爲「色」，但通常都指稱五色根。這個「名色」的指稱太簡略了，衆生無法了知其生滅，就細分爲「色受想行識」；這樣一一來說明五陰是因緣生、因緣滅，讓衆生知道這個我是虛假的。但是恐怕衆生還不能夠完全的觀察和信受，所以又區分爲十八界，也就是六根、六塵和六識，再一一為眾生說明這十八界都是因緣生法；來瞭解眾生認知的我其實是因緣生而不是常住法，不是眞實我，這就是一種「見」——正見。

而這一種「見」必須先要說給眾生瞭解，如果不藉由這種正確的見解或者知見來說給眾生瞭解，眾生就不可能在解脫道上面生起「見地」，也就是不可能斷我見。斷我見以後所說的這一些知見——所了知的、所現觀的這一些見解，就不再稱為「知見」，改稱為「見地」。所以初果人稱為「見地」，二果是「薄地」，三果「離地」，四果「畢地」。初果叫作見地，因為他有如實的知見，這也是一種見，而這種「見」在世尊說的「**我此法中**」是不存在的。所以在「我」的境界中是破除這種「見」的。因為這種見地畢竟是意識之所有，與「**無名相法**」這個眞實我的境界無關。

那麼經由我見或者稱為身見的錯誤認知，而堅持五陰或者十八界的全部或局部為眞實我，當眾生死時就為了想要再重新取得這樣一個我，只好又去受生；不管是在人間、天界或者三惡道中受生，同樣是受生。受生以後就繼續有生老病死苦，八苦或者三苦具足了。那麼這個我見、身見就成為綁住眾生不能出離輪迴生死痛苦的結，這個結想要打開，得藉正確的見解而且作了如實的現觀，把五陰、十八界的我如實觀察是因緣所生，當因緣散壞時必定斷滅，這樣才叫作「斷我見」。

當然有人如果第一次來正覺講堂聽我說法，聽到這裡可能會想：「**你說的不太對。**」爲什麼認爲不太對呢？「**因爲上一世死了，我這一世又來了，而我這一世死後又會到下一世去，我一直存在啊！怎麼會是無我？**」第一次來聽我講經說法時可能會這樣想，這是很正常的，一點都不奇怪，因爲還不瞭解五陰與十八界是因緣生的本質；可是我卻要提醒一下：「**上一世的你是否跟這一世的你一樣？而這一世的你是否就是上一世的你？**」我要提出這個問題來，就不必問此世與下一世的你，因爲道理是相同的。如果三世的五陰都是同一個人，我看麻煩將會很大，爲什麼呢？因爲如果是同一個人，也許上一輩子是美國人，這一世生到臺灣來；或者上一世是臺灣人然後這一世生到美國去，這都是個困難；怎麼困難呢？如果上一世跟這一世是同一個人，那麼應該一出生就什麼都懂了，因爲是同一個人啊！

若是同一個人，出生時就不該什麼都不懂；所以出生時是不是應該首先跟媽媽說：「**媽媽您辛苦了！**」但明明這一世出生時不會說話，那該怎麼辦？

還能說是和上一世同一個人嗎？因爲事實上是此世還沒學過講話，還不會講。如果上一世是美國人，此世生到臺灣來，出生時應該要用英文講，但媽媽聽得懂嗎？也是聽不懂，除非剛好媽媽的英文很好。如果上一世是臺灣人，這一世生到美國去，出生時講了臺灣話：「媽媽您辛苦了！」美國媽媽也許說：「奇怪！這到底在講什麼？」那可怎麼辦？可是你看見所有嬰兒們出生時都不知道語言，只知道餓了哭、睏了睡覺，尿片濕了就哭，只知道這樣，什麼都不懂。除非你上一世是什麼都不懂的人，否則同一個人，來到這一世出生時就該先向母親致謝的呀！若出生時不會說話，此世的你就不是上一世的你。所以上一世的你不能來到這一世，這一世已經換了一個全新的身體，也換了全新的識陰六識，而且所有的記憶是重新開始的，當然不是同一個人。

每一世的五陰都是全新的開始，「名色」中只有一個意根從上一世來，但意根什麼都不懂，完全要靠識陰六個識來作了別。也許有人又想：「那既然是同一個意根，就是同一個我啊！」問題是，你喜不喜歡這個我一直如此？且不說正死位，單說眠熟位就好，如果一生一百年都是在睡覺，這樣你要不要？也不要！因為眠熟位的你只剩下一個意根。你一定想：「我一定不只是這個意根，得包含六個識全部。」可是除了這個什麼都不懂的意根以外，其他的六識我都不是從上一世來的，死後也不會去到未來世，怎麼可以說覺知心這個我是眞實的？

也就是說上一世的我已經死了，留下的種子由這一世新生的六識我來承接；這一世所造的種種福德或者惡業種子，又由下一世全新的六識我去承接，但三世的覺知心我並不是同一個。那這樣看來，當然還是要回到我剛剛講的五陰因緣生、因緣滅，十八界因緣生、因緣滅，當然五陰等名色不是眞實的我。

加上次法的修學、定力的鍛鍊，這樣如實觀行以後才能心得決定，於是斷了身見就稱為初果人，這三縛結的第一個結才算是砍斷了。這個結砍斷了是解脫的開始，還沒有具足初果。然後經由斷身見的緣故，自己有能力去判別所有的大師們：某甲大師還沒有斷身見，某乙大師還沒有斷身見，某丙、某丁、某戊大師也沒有斷身見；某己大師呢？欸！這一位有斷身見。他們有沒有斷身見，你只要讀過他們的開示中，關於他們對證初果的開示，聽過讀過了就能夠判斷，你心中對他們無疑。不會在那邊懷疑說：「這某甲大師到底有沒有斷身見？」不用疑，只要把他關於這部分的開示讀過了，你心中就當下確定了，這稱為疑見斷。反過來，對於自己是不是有斷身見或我見，也能很篤定的確定自己是眞的斷了。所以斷我見證初果這個事情，是不是眞實可行、眞實可證呢？你心中不必再懷疑。因為自己都親證了，何必懷疑？這也叫作「疑見斷」。

那麼從此以後不論是外道或諸方大師施設了某一些戒條：「如果你依照這規定的戒條去實行，日日不間斷，將來你可以生天或者可以證涅槃。」譬如有外道施設了火戒，說你要奉祀火神，這火永遠不能中斷；甚至有外道施設常坐不臥戒、常立不坐戒、食自落果戒等非常多的外道戒，包括牛戒、水戒等；還有個密宗假藏傳佛教喇嘛教外道，說你要依照「十四根本墮戒」來實施，如果一天沒有修雙身法，你就是犯了戒，死後要下金剛地獄；所以喇嘛們一早醒來就想：「今天有沒有明妃可以修雙身法？」因為他們怕下金剛地獄啊！一天沒修就要下去了，那怎麼辦？但是你會告訴他們說：「不必怕，你從現在開始都不必修雙身法，永遠不會下地獄，你只要懺悔就夠了！」為什麼？因爲你知道密宗假藏傳佛教實施根本墮—所謂的三昧耶戒—那些戒條是無效的；你很清楚知道，這表示你的戒禁取見已經斷除了。

那麼「戒禁取見」斷除了以後，接著你看到那些外道們施設的戒條，他們號稱說，持他們的戒條可以生天或者可以得解脫，你已經知道解脫應該是依止於什麼樣的戒來修持，而不是外道那一些戒，於是你知道那些外道大師們沒有斷除戒禁取見，所以亂施設戒律；而他們施設的戒律在因果上根本是無效的——在因果律中沒有作用，只會下墮而已。那麼這樣就表示你的戒禁取見已經斷除了。這三個結斷除時就是第一步的解脫，在聲聞道中說這樣叫作證初果。雖然只有見地上的解脫，但是這個見畢竟已經建立了，以後極盡七有人天往返就可以證阿羅漢果、出三界生死。有這個正見，接下來再依八正道中其他七個部分繼續進修，就可以得阿羅漢果，得以出離三界生死。

但是這個「見」是從我見、疑見到戒禁取見的斷除而生的，畢竟都只是你意識心中的事。這三個見也函蓋在「諸見」裡面，都只是你意識心中的事；在你的實際理地——也就是在你的眞如「**無名相法**」、「**無分別法**」之中，也就是 世尊在《佛藏經》中說的「**我此法中**」，也是在《阿含經》裡面說的「**非**

我、不異我、不相在」的「我」的境界中，並沒有「一切諸見」。包括菩薩所證的眞如以及道種智，乃至成佛後的一切種智，當然函蓋大圓鏡智等四智圓明也都包括在內，「我此法中」沒有「一切諸見」可言。

破除「一切諸見」到底是好還是不好？是好還是不好？怎麼不答呢？是不是覺得這句話有陷阱？應該分成兩個層面來說，在實相境界裡面、實相法界中不應該有「一切諸見」；但是在現象法界中我們依於這個五蘊而修行時，一定要有「一切諸見」。假使沒有這些「諸見」，那我們不就跟石頭、木塊一樣了嗎？因爲我們是有情而不是無情，所以應該要有「一切諸見」，而且是要有正確的「一切諸見」。可是實相法界不應該有「一切諸見」，實相法界就是「我此法」、就是「無名相法」、「無分別法」這個眞如心；假使實相法界也有「諸見」，你可麻煩了，既然祂有三乘菩提的所有「諸見」，當然就表示祂同時會有世間法中的「一切諸見」，這時你說：「我今晚要去正覺講堂聽經，好好享受法樂。」而你的眞如「無名相法」也有「一切諸見」，祂也許說：「你不用去那裡，你聽我的就好了，我爲你說法。」那到底好不好？還眞難說喔？

因爲如果祂懂得說法，這會有不同的問題出現：祂如果懂得說法就表示祂也是有爲法，一定是因緣生、因緣滅，表示祂也會落在三界法中，那當然你要跟祂爭執：「**不聽你的，我要去正覺講堂聽經。**」那是不是兩個要打一架？從另一方面來講，如果祂說的完全是正確的世出世間法，那到底好不好？好喔？如果祂完全是講世出世間法，那表示祂本來就成佛了，你不用修行已經是究竟佛了。可是我告訴你，如果現在就讓你馬上轉進究竟佛的境界，你一定受不了，因爲你的心一定不足以承受那個境界；而且你如此，應該所有有情也如此，那是不是一切三界有情都是究竟佛了？對啊！應該如此。那就會成爲什麼樣的結果？因爲所有有情都已經成佛了，不需要誰再來行菩薩道、再來度眾生，那是不是要變成寂靜的春天？對啊！大家都要入涅槃去，因爲沒有眾生可度，是不是如此？那到底好還是不好？還眞難說。

所以每一個見解產生時，只要有偏差就會有很多問題接著出現，因此在你的眞如心「**無名相法**」自身境界中，是不應該有「**一切諸見**」的。假使祂也有「**一切諸見**」，就表示祂也是生滅法，那你證得這個生滅法時就不能得解脫了，因爲生滅法不可能是解脫的根本。所以　世尊歸納起來說：「**舉要言之：我法悉破一切諸見。**」

現在又有個問題來了，明明學佛要有正確的見地，才能夠有實相的智慧生起、才能得解脫，那我們很努力、很辛苦經年累月修學佛法，無非要有如實的、正確的見地可以作依止，然後一步一步往上修道，最後才能夠成佛。可是世尊說「**我法悉破一切諸見**」，從經文表面看來，好像跟學佛要得智慧是有衝突、是矛盾的；這就是依文解義者的困境，所以達賴喇嘛才會批評說：「**佛陀前後三轉法輪的法義是互相矛盾的。**」這表示他完全讀不懂經典；也怪不得他讀不懂，因爲他是個外道。

也就是說「**一切諸見**」都是你五蘊的事；你的五蘊雖然一世一世各不相同，但意根與如來藏卻是同一個，前世的意根就是這一世的意根，也會是未來無量世後的意根；而如來藏也是同一個，你的眞如心如來藏也是永遠都不改變、都是同一個，這樣來完成三世輪轉的過程。假使前後三世都同一個五陰的我，三界六道就不可能存在。且不說三界六道，單單說人間就好；人間要建立一個家庭時該怎麼建立？沒辦法建立了！當你上一輩子捨壽要去投胎，那你一看說：「**這個人前世是我的女兒，我要去投胎當她的兒子喔？**」有沒有辦法投胎？沒辦法，因爲你出世以後開口說：「**女兒！我來了！**」女兒又怎麼能夠忍受，說：「**你不是我兒子，要當我老爸。**」還有，你總會長大吧，長大以後要結婚，每一個人都從往世來的，去相親時一看：「**這是我前世的老奶奶。**」「**這是我上一世的母親。**」「**這是我上一世的女兒。**」糟了！你要怎麼結婚？沒法子了，人間就不可能成立。

所以，唯有不能夠了別這些諸法的意根陪著完全不了知六塵的如來藏，投胎以後重新出生一個全新的五陰，人間才能建立，否則人間無法建立了。那麼你們看，「**我此法**」如果是有「**一切諸見**」時能投胎嗎？這一世能夠組成家庭嗎？沒辦法的；因爲你縱使勉強結婚成功了，心裡面懷著罪惡感說：「**我正在亂倫。**」那麼孩子生不生？沒辦法生，因爲孩子不想來投胎：「**這是我上一世的孫女，我怎麼來她這裡投胎。**」等等，有很多的問題存在，那人類早就滅絕了。所以「**我此法**」不能有「**一切諸見**」，祂對六塵境界是不了知的。而伴隨著「**我此法**」來投胎受生的意根卻只能夠很粗略的了別法塵中很小很小的部分，也就是法塵的變動等；伴隨著不了知往世的全新意識去了別而作決定，必須這樣子人間才能成立。所以「**我此法中**」本來就不應該有「**一切諸見**」。

這樣說明了大家就很能瞭解，否則讀了以後總是不解：「世尊爲什麼說我法悉破一切諸見？明明我們修學佛法就是要建立起正確的見地啊！爲什麼把一切諸見都要破除？」不懂的人就不能夠橫跨兩界來看實相界與現象界，他就會想：「我知道啦！就是我們在人間修行時什麼見解都不要有，知見越多學佛就越學不好，就會被障礙。」所以聖嚴法師講過：「什麼叫作所知障呢？就是因爲所知太多所以被障礙了。」那我們聽了還眞不能搖頭，因爲你要唸：「阿彌陀佛！」不能搖頭。你只能合掌說：「阿彌陀佛！」沒有別的辦法。

這也顯示，他們繼續維持錯誤的一心論（註）會產生問題。所以我們剛開始共修時同修會都還沒有成立，我幫一些同修證悟以後，他們有一天回去找聖嚴法師報告：「師父！我們跟著蕭平實學，他教我們證得兩個心，一個眞心另一個妄心。」他老人家怎麼說？他說：「人只有一個心啊！哪來的兩個心？」他們回來跟我轉述說：「欸！眞的沒辦法，師父不信有眞心與妄心，說人只有一個心。」我說：「人豈止兩個心？妄心總共就有七個心了。」這還是中華佛學研究所的所長，不知道他們是研究什麼佛學，眞的不知道。（註：

若說人只有一個心，應該說此心即是阿賴耶識；但阿賴耶識函蓋七轉識，總共有八個心，唯識增上慧學中說「一心說唯通八識」，即是此道理。）

他們由於錯誤的一心論，就無法雙觀實相法界、現象法界。那麼經文就永遠不通，想要把大乘經所說的道理套到意識心上面來，於是整個就亂了套，到年老時只好感嘆說：「三藏十二部經浩如煙海，無從下手。」正是如此，但是你如果懂了，把它區分成八識心王說：如來藏「無名相法」這個「我」是實相法界，實相法界中沒有「一切諸見」，沒有一切諸法，「悉破一切諸念」；現象法界中有「一切諸念、一切諸見」，而且一定要有，否則沒辦法修行成佛，佛菩提道根本不能證，連初果都證不得；所以一定要依止於八識論來修學佛法。那麼這樣子就可以瞭解 世尊爲什麼要說「我法悉破一切諸念、一切諸見」。

「一切諸結」爲什麼同樣「悉破」？剛剛我們講過三縛結，可是三縛結畢竟只是初果的所斷，到三果時還得要斷貪與瞋，是斷除了五下分結；到四果還要把我慢等斷盡，稱爲斷五上分結。但總而言之，其實根本還是三縛結，這個三縛結是一切結的根本。那麼既然「我法悉破……一切諸結」，就告訴我們說，在「無名相法」這個眞實「我」的境界中，是沒有三縛結可說的。所以斷結是你自己五陰的事，無關祂的事情；斷結之後要努力修行使貪瞋癡淡薄而證二果，這個修行也是你的事，與祂無關；接著要斷五下分結證三果、斷五上分結證四果，也都是你的事，與祂無關，因爲祂的境界中沒有「一切諸結」。

「結」是綁住有情輪迴生死的根本原因，所以才稱爲結。可是諸地菩薩開始分斷煩惱障的習氣種子，到七地滿心時斷盡，爲什麼不稱之爲結？因爲也是屬於能導致三界生死的習氣種子，跟三界生死是有關的，爲什麼不稱之爲結呢？沒有聽誰講過「習氣種子結」，從來沒有，世尊也不這樣開示。因爲習氣種子不會繫縛大眾輪轉生死，所以阿羅漢沒有斷除習氣種子，依舊可以解脫生死，一樣可以出離三界輪迴，所以習氣種子不能稱爲結。因此在增上慧學裡面說習氣種子叫作「隨眠」，而這隨眠兩個字卻不等於習氣種子，因爲習氣種子是隨眠中的一種而已；還有別的隨眠，連阿羅漢都不知道的隨眠叫作無始無明。

這無始無明一直眠藏在眾生的心中，包括阿羅漢們的心中，它不會障礙阿羅漢出離三界生死，所以不是結，就叫作無始無明隨眠。無始無明中有很多的上煩惱，這些上煩惱雖然稱爲煩惱，只是相對於成佛的障礙而說的煩惱，並不會導致有情輪轉生死；所以它不障礙有情出離三界生死，因此不叫作結。所以結的定義是把有情綁住，在三界中不得出離才叫作結。因此習氣種子以及無始無明的上煩惱等，都不稱爲結，稱爲煩惱隨眠。

那麼「**一切諸結**」其實也就是解脫道中所說的三縛結、五下分結、五上分結；而這些結各自有許多細分的結，纏縛眾生流轉生死。但這種結是五陰相應，與如來藏「我」不相應。也許有人又想了：「**好像不太對，因爲我讀過善知識寫的，好像讀過什麼論有這麼寫，『眾生會輪迴生死，就是因爲阿賴耶識才會輪轉生死』，但阿賴耶識就是如來藏，那這樣看來如來藏應該有結吧？譬如甲等於乙，乙等於丙，丙等於甲，那甲就應該等於丙了是不是？**」好像是這樣啊！他說的邏輯好像對。請注意我說的是「好像」，不是眞的對。可是他誤會了善知識的意思，善知識說的是：因爲如來藏執持著無始劫以來的一切種子，所以導致眾生由於所含藏的種子才輪轉生死；因爲執藏生死種子，所以稱爲阿賴耶識，就是執藏識的意思。

接著要探究了，祂含藏的這些種子是哪裡來的？就是每一世的五陰造作了丟給祂執藏啊！這可不能怪如來藏阿賴耶識說：「你爲什麼給我這些輪迴生死的種子，讓我一直輪迴？」其實這一些人根本沒資格來質問如來藏。假使直接告訴他們，離開三界輪迴生死是什麼境界，也就是告訴他們無餘涅槃是什麼境界；當你告訴他們說：「無餘涅槃中是把你滅盡，永遠滅盡而且以後永遠不再有你，那你要不要這樣的涅槃？」他們一定說：「我的媽呀！我才不要。原來無餘涅槃是滅盡我自己，那我不要、不要、不要！」連著跟你說三個不要。所以他們沒有資格來責備如來藏給他那些生死種子，一則他們根本不想得解脫，現在都還繼續在丟生死種子給如來藏執藏；例如當他說「不要、不要」時，不就是想要繼續輪迴生死嗎？那怎麼能怪如來藏下一世又幫他出生了一個五陰。

所以這一些結的存在，誰都不能怪如來藏，爲什麼呢？因爲這些結的產生與如來藏無關。這個如來藏「我」永遠不會主動造作任何「結」或生死種子來收藏，造作「結」的種子的人，永遠都是五陰。五陰造作了以後丟給如來藏，但如來藏依舊跟這些「結」不相應；所以身見這個結、疑見這個結，乃至五上分結那個我慢結，這些結其實都是五陰才會相應，如來藏的境界中不與一切結相應。

那麼當你有一天實證了如來藏，你去觀察的結果：原來如來藏的境界中沒有任何結可說。所以有人告訴你：「**我證悟了，了了分明，但是我不會再輪迴生死了。**」你這麼一聽就回說：「**你既不會輪迴生死，那你就是在無餘涅槃中；可是你又對六塵境界了了分明，了了分明時不是正在三界中嗎？**」你一聽就知道這個人繼續住於「**一切諸結**」的境界中，這表示他還沒有悟，因爲他不知道 佛說的「我」這個法是「**悉破一切諸結**」的。

當你實證了般若以後，可以現觀「**我此法**」是「**一切諸結**」破盡的，然後在修道的過程中、事修的過程中，也依於「**我此法**」來破除「**一切諸結**」。因爲菩薩的修道固然不同於二乘法，但卻仍然可以旁觀二乘法如何「**破一切諸結**」，然後自身再從「**我此法**」來破盡「**一切諸結**」，這叫作轉依。二乘法沒有轉依之實相心，只有大乘法有轉依這回事。轉依是轉什麼、依什麼？是轉化自己的五陰、確認五陰自己是虛妄、是生滅的，只有一世住，但是依止於「我」如來藏，依止於「**我、無名相法**」，卻是無「**一切諸見**」、無「**一切**

諸結」。所以當人家告訴你說：「無餘涅槃中清楚了然而不分別。」你就說：「佛說『我法悉破一切諸見、一切諸結』，那你的無餘涅槃還有各種見，還是在三界中，不是涅槃。」你就清楚了。所以在「無名相法、我」的境界中不可有任何一結存在，假使所悟的心會與任何一結相應，就表示他也會與「一切諸結」相應，也表示他已經跟「一切諸見」相應了，那他就是錯會了佛法。

接著說「我法悉破……諸增上慢」。「增上慢」有兩種，一種是未得謂得，一種是未證言證。「未得謂得」是指未證世間法中的禪定境界，或者世間的神通等而說已證，那叫作未得謂得；這一種人在末法時代的佛教界是非常普遍的，因為末法時代的佛教界是「百萬將軍一個兵」；也就是主張：「大家都開悟了，只有你們正覺悟錯了。」大將軍有一百萬人，所率領的士兵只有一個人。這就是說，末法時代大部分的大師們都是「增上慢」者。

而這種「增上慢」者最普遍的地方是有一種寺院，他們身上穿的都是紅色的袈裟、露出右肩，那些人全都是「增上慢」者。因為他們都宣稱：「我們證得報身佛，你們顯教的釋迦如來只是化身佛，不如我們。」可是他們那個抱身佛是擁抱的抱而不是果報的報字，那是把下流當風流；所以我覺得他們很悲哀，可是救不了他們。一百個人能救得一個就已經是豐功偉業了，眞的很難救，因爲他們從小耳濡目染就認爲那是對的，邪見已經根深柢固。

但現在不敢開口了，因爲我們以其人之矛攻其人之盾，如今他們無法自圓其說。他們都說想要學密之前先要把顯教的法實證圓滿以後才可以學，意思是說他們的層次很高，這一句話就把佛教界踩在腳下了！沒想到出了個正覺同修會以子之矛攻子之盾：「你們說要顯教的法實證圓滿以後才可以修密，請問你們證了顯教的法沒有？」以前他們都說：「我們證了顯教所有法，我們學過十年、十二年都學完了。」但現在還敢再說他們證了顯教的法嗎？都不敢了。我說：「你們要是有實證的話，把內涵拿出來我看看，在解脫道中你們證了初果沒有？在菩薩果上你們至少要有明心吧，你們有沒有明心？」結果皆無其分，所以他們現在都不敢開口了。但他們有一招很厲害，不論你怎麼說，笑罵由你，我自爲之，還是繼續搞他們的密法；我們不管怎麼說，他們都來個相應不理，最多是網絡上弄些化名隨便亂罵一通、人身攻擊。只能這樣，再也沒有新的技倆了。

這就是說，他們眞是「增上慢」者；他們的「增上慢」函蓋兩個層面，第一是世間禪定與神通，第二就是佛菩提果。第一部分他們講：「**我們也有四禪八定與神通。**」但他們說的四禪八定，講的是什麼四禪八定？原來是下三濫那些下流境界，說雙身法中的四種境界叫作初禪、二禪、三禪、四禪；所以陳健民上師在他的《曲肱齋全集》中說，雙身法中證得初喜叫作初禪，二喜、三喜、四喜叫作二、三、四禪，那會是禪定啊？修雙身法的人還會得禪定，與禪定修證的原理、境界全面違背，可眞怪！因爲雙身法與禪定的實證是相違背的，只要欲不破就不可能發起初禪，所以說他們在禪定上面有「**增上慢**」——未得謂得。

那麼神通，他們祖師的傳記裡面記載的，各個都很不得了，都是神通廣大！可是有一個現象不可否定，從古到今都是如此，就是密宗假藏傳佛教所有祖師生前都沒有絲毫神通，死後立刻被繼承者宣稱有大神通。這是密宗假藏傳佛教所有祖師們的現象，一直到現在還是如此；就像元音老人死前什麼通都沒有，死後卻被繼承人大肆宣揚有大神通。事實上是，喜歡修雙身法的人都不可能有神通，因爲只要起了淫欲，神通就會退失，就這麼簡單。但他們每天想著雙身法，欲心高漲，還能有神通喔？那叫作自欺欺人。這就是密宗假藏傳佛教古今仁波切的另一種「**增上慢**」。

說到顯教　佛陀的境界，他們竟然敢宣稱說：「**這些我們都證得了。**」可是推究他們的證量卻是有證無量，爲什麼呢？他們有證，但都是證得外道的境界，沒有佛法中的現量、比量，也都不符聖教量，三量全都沒有，當然成爲非量。這就是他們在三乘菩提中所謂證量上的大妄語，所以他們這方面也是「**增上慢**」。但他們的「**增上慢**」，包括禪定的部分，已經證明蕩然無存，所以現在沒有哪個喇嘛(包括達賴在內)，沒有人敢出來說他們有什麼禪定的證量。

接著來談二乘菩提更高的證量，剛剛說初果的實證斷三縛結，現在要問喇嘛們：「**二果的實證，你們有沒有證？**」薄地的境界，他們有沒有證？就是薄貪瞋癡，都沒有證；那麼五下分結、五上分結更甭提了。至於佛菩提果的證量，首先得要明心；明心時一定要先探究爲什麼能明心？總要有那個基礎，那個基礎就是先篤信有一個第八識如來藏常住不滅，能出生我們的五蘊、十八界等法。可是達賴他們一大票人都把第七識、第八識一概否定，否定了七識、八識的人可能證得第八識嗎？當然不可能！所以當他們極力否定時，等於變相告訴大家說：「我這裡公開插了一個牌子，這牌子寫著『我沒有開悟』。」等於是這樣，這也證明他們在佛菩提果上是大妄語的「增上慢」人。

現在佛教界已經沒有人敢否定第八識，因爲他如果出來否定，就得承認自己是沒有開悟的凡夫，沒有人願意公開宣稱自己是凡夫。那他們連眞見道都沒有，就別說相見道位的非安立諦三品心，更別說安立諦的十六品心、九品心，因爲連第七住位的眞見道功德都沒有，就別提初地的果證，更不要提兩大阿僧祇劫以後的佛地果位。而他們那麼多祖師，包括現代大大小小的法王與喇嘛們，以前寫書出來都說他們證得報身佛了，自認爲比顯教更高，當然更可以證明是「增上慢」。

可是佛說「我法悉破……諸增上慢」，因爲所有「增上慢」都是意識心的事，意根被意識作了錯誤的分別主導，就一直堅持乃至睡覺時這個作意還在心中，所以喇嘛晚上睡覺時，睡到半夜作起夢來又夢見自己成佛了，眞的叫作「增上慢」。但是他夢見自己成佛時，那個「增上慢」是歸誰所有呢，依舊是意識。這與白天的「增上慢」有所差別，就只差在白天是五俱意識，晚上作夢時是獨頭意識；只有這個差別，其他都沒有差別，一樣都是「增上慢」。

這個第八識「我」假使也有「增上慢」，喇嘛們就要倒楣了，因爲這個第八識心如果也有「增上慢」，當喇嘛們宣稱「我是報身佛」時，第八識心又要跟他們爭執：「我才是眞正的報身佛，你是假的報身佛，你要依我才有報身佛可說，所以你是假的、我是眞的。」是不是兩個要打一場架？對啊！可是你看喇嘛們每天「增上慢」時，他們身中的如來藏有沒有跟他諍論？都沒有啊！

所以有時應該這樣子打個妄想（我說這是個妄想），應該讓那些喇嘛們在沒有棄邪返正以前，讓他們的如來藏都有「增上慢」去跟他們吵架，他們的「增上慢」就能滅除。當然這是個妄想，因爲不可能的；不論你怎麼打妄想，祂始終如如不動永遠不改易祂的心性，所以祂永遠是沒有「增上慢」。如果你證得「我此法」，轉依於「我此法」時就會想：「我明心開悟了，有很多大師說開悟了就是聖者，那我好像是聖者了，可是我這個聖者很渺小，只不過是如來藏中的一部分而已；當我轉依如來藏來看時，無凡無聖，哪來的聖者？」這一下心中的慢心就滅掉了。

所以禪三破參回家時，因爲已經拿到金剛寶印好高興，回到家裡看見堂上兩尊佛時會不會說：「現在換你們要供養我了。」會不會？不會啦！如果佛教界有人這樣，就表示他悟錯了，他有「增上慢」。所以破參回家以後見了堂上二老，反而先頂禮再說；因爲是藉他們的因緣而有這一世取得這個五陰，是藉他們的因緣才能夠跟正覺接觸啊！如果是別的父母有可能在美國、非洲，你哪能接觸到正覺？根本沒機會。所以看在這個因緣上面就先禮拜再說了，其餘的慢慢再來頂禮。

譬如懷胎十月是怎麼辛苦，爲了好好將我養育長大……等，也眞的辛苦，以後每天想到什麼時再去頂禮。可是得要先跟他們講清楚，不然他們會想：「我這孩子上山打禪三回來，好像精神有問題了。」這時你就要跟他們講清楚：「爲什麼跟你們頂禮，你們二老別慌張。」然後把道理講給他們聽，每天爲他們講一點，講上一個月，如果他們身體好的話，不來正覺學法才怪。那爲什麼轉依以後會這樣，因爲你是依於「我」這個法把「增上慢」破除了。

所以悟了以後一天到晚在網絡上面評論東、評論西，作人身攻擊而不是作法義之辯論，或是悟後老是看不起別的增上班同修，老想他們悟後的智慧不如自己，那就是「增上慢」。這就是說：當你轉依成功時，從「我此法」眞如心來看待一切「增上慢」時會發覺，原來「增上慢」都是咱們五陰的事，與祂從來無關；不是現在才無關，是從來無關。所以喇嘛們儘管在那邊大妄語，可是他們的如來藏眞實我永遠不會跟他們諍論，因為他們的如來藏一樣沒有「增上慢」。那你轉依這個「我」以後，就可以破除「諸增上慢」。

接著說「我法……不念一切諸所憶念，除斷一切種種語言。」念就是會記住，有時再把某件事回想起來，了知以前所曾經歷過的那一些事情，就叫作念。於增上慧學中說「念」就是：於曾習境或者於所曾經歷過的境界憶念不忘。換句話說，能夠憶念不忘，一定是自己親自經歷之後，對那個過程有了勝解，之後才能夠記住。如果不是親自經歷，而是聽來的，之後為人轉述時就常常會顚三倒四；假使是親自經歷的就不會遺忘，不遺忘就能回想起來而且能夠說清楚，所以叫作「於曾習境或所經境憶念不忘」。

這就是說，「念」這個法很重要，如果有情的心不與「念」相應，三界就無從成立了。且不說三惡道跟天界，單說人間，如果沒有「念」這個心所有法來運作，人間不能成立。例如小孩子出生了，他如果沒有對昨天的憶念、前天的憶念，那麼他將不會認得父母；而父母也同樣不會認得新生的嬰兒，每天早上醒來應該都說：「欸！怎麼會有一個嬰兒？」因爲沒有記憶，不知道這是自己生的。還有，說句老實話，明天早上醒來也不會說話了，因爲說話是昨天以前學的，這一覺醒過來時忘了，沒有憶念，話要怎麼講？不會講了；這時看見了孩子，只好指著嬰兒嗚嗚嗚講不出來，無法表達。可見這個「念心所」非常重要。

那麼「念」是對於所曾親自經歷過的境界有所勝解才會產生與存在，現在有一個問題，兩個人同樣經歷過同一個境界以後，結果兩個人說法不同，問題出在哪裡？出在他們的勝解不同。也就是說，兩個人同樣經歷那個境界時，其中一個人是從頭到尾都清楚了然那個境界演變的過程，另一個人有時分心打了妄想，錯過其中幾段的過程，然後兩個人說出來的內涵就會有所差異，但並不妨礙由勝解產生念心所這定義。因爲某甲從頭到尾都很清楚他有他的念心所，某乙有時候分心打了妄想錯過某一些過程，他也有他自己的勝解，只是他的勝解缺漏了某一些部分，而增加了某一些妄想在其中。所以「念」

與「勝解」的定義是沒有變的，眞理是不會改變的，可是結果會有所不同。

那麼接著來說，既然「念」的存在，使人可以生起對上一剎那之前的這一整世的記憶，而這個「念」一定是於所經境有「勝解」，所以憶念不忘；那麼請問，境界是不是在六塵中存在？有沒有什麼境界是離開六塵的？離開六塵就沒有境界了！那麼所憶念的法不管是世間法、出世間法，全部都是六塵中的境界，這究竟是眞心如來藏或者妄心七轉識所經歷的境界？是妄心七轉識經歷的，如來藏從來不在六塵境界中了知，所以如來藏沒有對於「念心所」生成所必須經歷的「**於所經境勝解不忘**」的事，那祂當然沒有這個「念」。所以不要妄想說：「**我來正覺修學，如果證得如來藏以後，如來藏是收存種子、收存記憶的心，以後聽經時都叫祂幫我記住。**」對不起！是你要聽、你要記，你聽完記了以後丟給祂，能不能再想起來是你的事，與祂無關。

也不可以說：「**那我找到如來藏，以後叫如來藏來修行，我來坐享其成。**」不行！你得要陪著祂，然後修行還是你修，祂不會替你修行。也就是說「念心所」是六塵境界中的事，如來藏這個「**無名相法**」、這個眞實「我」不會了別六塵境界。所以祂在你經歷各種境界時，祂不經歷，既然如此祂就不會有對所經歷境界的「勝解」；因此兩個鐘頭經典聽完了，你不可以問祂說：「欸！如來藏！今天蕭老師的法講得好不好？」因爲祂完全不聽，哪能說好與不好。祂不了別六塵境界，當然沒有所經歷的境界，也就不會有「念心所」的存在，那如來藏就不會想東想西。

講到這裡也許有人會這樣想：「我以前在別的道場，他們都是以定爲禪，所以每次共修一整個下午都在打坐；打坐就要求離念，要一念不生；可是每一次我下定決心今天要坐三支好香，絕對不打妄想，都沒辦法，就會有妄想生出來啊！那妄想是從哪裡來的？當然是如來藏含藏的種子流注出來給我的，不然我哪來的妄想？我又不執藏種子，所以那些妄念都是如來藏給我的。」這樣罵有沒有道理？沒道理喔？你們這麼有智慧。對那一個人來講是有道理，可是我們卻說他沒道理；因爲他之所以會起妄念，是因爲他把煩惱抱得緊緊的、不肯放，所以跟如來藏中的煩惱種子相應，於是會忽然想這個、忽然想那個。可是如來藏有沒有主動把煩惱丟給他？沒有啊！所以他不能怪如來藏，因此說他講的不對。

可是以他粗淺的知見來說，其實他說的對，因爲他所有的煩惱種子都藏在如來藏裡面，所以不想打妄想時妄想又出現了，是因爲他的心沒有斷煩惱，所以跟如來藏中的煩惱種子相應。這就引生了一個參禪的錯誤知見，我們早期有人不聽我的話，他用自己的辦法去參究如來藏，那你也不能說他講的沒道理，爲什麼呢？因爲他就像剛剛那一位一樣：「煩惱妄想種子都在如來藏裡面，那我就好好打坐，好好看妄想是從哪裡生出來的。」每天就這樣看。我說：「等你找到妄想從哪裡來的，再來告訴我，否則不要找我。」爲什麼呢？因爲我早知道他一定找不到如來藏，一定找不到妄想是從哪裡跑出來的。

如果還沒有證得如來藏，大概都不信我這句話；但是我告訴你，如來藏是個空性心，無形無色，祂又不是具體的物質，哪能有地方讓你追溯妄想跑出來的地方。雖然祂無形無色，但祂會在勝義根中供給你一切的煩惱種子，而祂無形無色，你能找到煩惱從哪裡生出來的？妄想就是從無形無色的地方出來，既然無形無色，你能夠找到什麼？什麼也找不到啊！所以他很辛苦參禪，參了一、二年以後告訴我：「老師啊！我沒有辦法找到妄想從哪裡來的，因爲都是突然蹦出來，也不知道從哪裡蹦出來的。」我說：「對啊！如來藏

無形無色，你不照我教的方法去找，只想從妄想生出來的地方去找，當然找不到啊！」

這就是說如來藏不與六塵境界相應，所以祂不經歷一切境界；既不經歷一切境界就沒有勝解，當然不可能有所憶念。既然祂不會有憶念，那麼打坐時產生了很多的妄想就不能怪祂，因爲祂從來無所憶念。只因爲五陰有煩惱未斷，因此會跟祂所含藏的那一些煩惱種子相應，於是妄想一而再、再而三，乃至九而十、十百千萬就不斷出生，永遠斷之不盡，這不能怪如來藏。所以他怪如來藏給他妄想是錯誤的想法。那麼你實證了「**我此法**」，就看見了這個眞實「我」從來都沒有任何憶念，祂只負責保管你的各類種子，你相應了就給你，而祂不去了知那個種子是什麼意思，所以無所憶念，因此世尊才會說祂「**不念一切諸所憶念**」。假使有人證悟的心是會憶念諸法的，那就不符合這個聖教量。

又說這個心「**除斷一切種種語言**」，如來藏的境界中沒有一切種種的語言，換句話說，祂笨得什麼都聽不懂，祂眞的笨。你可別說：「**蕭老師好大膽，竟然敢罵自心如來。**」我說，自心如來是我們封給祂的名號，但你封給祂了祂也不知道祂是自心如來，因此可以罵的地方你就痛快罵祂，也無所謂！祂會不會因此而處罰你？不會，因為「如來」好慈悲——你的自心如來對你非常慈悲，永遠不會處罰你。可是不能在事相上殺人放火弄毒油給人家吃，那如來藏可是會處罰的——後世生在三惡道中。但是你罵祂沒有關係，只有一件事不能罵：「**如來藏根本是假的，祂不存在。**」這個千萬不能罵，這樣罵會很嚴重；如果罵了這一句，祂可會處罰你，因為罵了這一句話以後就成為一闡提人——斷一切善根的人，必墮地獄；因為這法界中的因果，因為法毘奈耶，如來藏會自動執行的。

世尊有沒有規定你不可以否定如來藏，戒律裡面有沒有這麼一條？沒有啦！只有告訴你要依止大乘經律，沒有明著告訴你不可以否定如來藏；但是雖然戒條中沒有，你一旦否定，就是違犯法毘奈耶，也就是違犯了法上的戒，而且後果非常嚴重——成一闡提；《楞伽經》就是這麼說的。所以如果有人產生了損減見，把實有的如來藏否定為無，他便成就一闡提罪。一闡提的意思是斷盡善根。如果他有根本業、有方便業也有成已業，成就了這個一闡提罪，捨報就是去無間地獄，沒有第二個地方。所以你怎麼罵祂都沒關係，就是這句否定的話不能說。你罵祂，祂不跟你吵架，祂不會生氣，因為祂都沒聽見，所以祂不知道你罵了祂；但不能否定祂的眞實存在，凡是有關祂眞實存在的一切諸法都不許否定，因爲這是法毘奈耶的事。

那麼這樣瞭解以後，再來看這個如來藏心祂會不會跟你抗議？答案是不會。因爲你說什麼祂都沒有聽見，怎麼會跟你抗議？就好像一個聾子，你在他身後三尺、兩尺一直罵他，甚至罵他渾蛋加三級，他也不會跟你抗議，因爲他聽不見就不知道；即使你走到他眼前嘻皮笑臉罵他，他也不會跟你抗議，他還以爲你在跟他說好話。如來藏就是不聽語言文字，所以祂的境界中沒有語言文字可說，不管是手語、旗語或是畜生的語言、人類的語言、天人的語言，全都不存在，祂的境界中「言語道斷」；這在前面講過了，言語之道無法來到祂的境界中存在，所以說祂「除斷一切種種語言」。

既然祂的境界中「除斷一切種種語言」，就不要打妄想說：「我找到祂以後，接著去正覺講堂聽經時就由祂來幫我聽經，我睡我的大頭覺。」不可能！因爲祂「除斷一切種種語言」，祂不會聽受任何語言，不管哪一類的語言來到祂的境界中都不能存在。所以聽經還是你要聽，悟前也是你要聽，悟後還是你要聽，永遠不會改變。

接著　世尊又開示說：「我是法中無常無無常，無苦無樂，無垢無淨，無斷無常，無我無眾生，無人無壽者無命者，無生無滅。」這一句話從頭無到底，總而言之就是無一切法。如果依文解義時就會這樣說：「反正把一切都丟掉，什麼都不要放在心中，當你心中什麼都沒有，妄想都不起來，就是一切都沒有，這就是開悟。」所以以前馬來西亞的竺摩老法師才會寫書說：「幾天都不打妄想就大悟徹底，如果一天不打妄想叫作中悟，如果半天不打妄想叫作小悟。」因爲他們認爲只要心中什麼都沒有，那就叫作開悟。所以悟境是會退失的，是誰講的？聖嚴大師講的。爲什麼會退失呢？因爲他的想法是，當你上座講經說法時有很多的語言文字出現，那就是妄想，那你說法時就是沒有開悟；下座打坐一念不生，就馬上又開悟了。

那麼問題立刻就來了，當他上座時是沒有開悟的，那你要不要聽他說法？喔？如果你再去聽他說法，你就是笨蛋啦！因爲一個人正當沒有悟時說的法，你還聽他幹什麼？但問題是，大家都不曾瞭解到這一點，都願意去聽沒有開悟時所說的法。那他開悟時是什麼時候呢？是他一念不生正在打坐時；而他那時能不能為你說法？又不能為人說法，那你跟他學什麼法？所以有智慧的人要好好端詳端詳，這個開示到底有沒有道理。

因此並不是把一切語言文字消滅掉就稱為開悟，不是一切法皆無、一切法皆空而可稱為開悟。因為佛法中「一切法空」是有其定義，不能混淆的。所以我們還是得要大略解釋一下。我就是講「無名相法」如來藏，「我」這個法裡面沒有常也沒有無常。我們弘揚大乘法不斷地要說明五陰、十八界是無常的，也不斷地說明，一切無常之法必定要依於常而不壞的眞實法才可能存在；在哲學界說「假必依實」——凡是生滅的假法都必依於眞實常住不壞的法，才能夠出生、存在以及壞滅。所以近代哲學界很有名的一句話叫作「假必依實」，這就是說，哲學界探討到今天，也必須承認有情的生命是生滅無常的，但是同時必定有一個常住的而非生滅的心存在，有情才可能出生乃至死亡，這是表示有一個法是常——永遠的常。

既然有一個法是常而出生了有情不斷地生死，那麼有情就是無常，這個「有情」指的就是眾生的五陰、十八界等名色。從古至今的哲學家們很努力在探究這個常住之法究竟是什麼，但因為是探究的、不是實證的，所以就有了種種不一的說法；哲學家如此，物理學家、醫學家也是如此；那些物理學家一直在探究：「**生命是從哪裡來的？**」所以他們不斷地分析。但有一個問題是，物理學所能分析的是什麼？是物還是心？是物。這就是他們的盲點，他們妄想從物理探討出有情出生的根源，那就一定會落入一個死胡同中，叫作「**物能生心**」。物可能生心嗎？不可能啊！但他們卻往這個死胡同一直鑽，也許再鑽個幾千年，他們會發覺說：「**我們方向都錯了！因爲我們落入物能生心的錯知錯覺中。**」那時物理學才會放棄尋找生命起源的目標，然後回歸到物理學的本身——我們探討就是物，不是生命的起源。

那醫學家也有人在探討生命是怎麼來的，探討到最後，醫學家最後會認同密宗假藏傳佛教的說法，因爲不管怎麼探討，人間就是由陰陽兩性出生有情，結果生命的本源竟然是父母，但父母又是怎麼來的？也還是他們的父母，但父母的父母又是怎麼來的？還是父母；無窮無盡而沒有辦法探究到根源，所以也是無法探討出一個結論。

這就是說，不管怎麼探討，永遠都在無常的法中轉來轉去，轉不出頭。也有修行人在探討，例如婆羅門教；又例如印度教、一神教，說一切都是阿拉或耶和華所生；問題是：阿拉是什麼時候出生的？耶和華是什麼時候出生的？阿拉是那時才出現的，耶和華也是那時才出現；現在是西元二〇一四年，所以他們是什麼時候出生的？二〇一四年之前的猶太教時期出生的。可不要認為這個是荒唐言，因為，如果是無始的存在，就應該可以讓很多人來證明他們是無始的存在，可以再三證明存在的事實；結果能不能？不能。為什麼？如果要證明他們是無始的存在，就必須先證明他們的眞實存在，可是他們存在嗎？我們可以證明「**我此法**」如來藏是永恆的存在，也可以再三證明，每一個人只要證悟了都能證明眞實存在。但那些神學家以及神父、牧師們，能不能證明耶和華的存在？沒有辦法。哲學家們還不斷地提出質疑：「**上帝在哪裡？**」既然不能證實他的存在，就不能證實他是本來無生；無生就是本來存在、不曾有生，結論是一神教都不能證實；耶和華或者婆羅門教所說的祖父、大梵天，同樣也不能證實他是本來存在，不能證明為常，都只能證實為無常。

然而我們修學佛菩提不但實證了，解脫道也可以實證；證明了佛菩提道可以實證，因為證眞如了——證得「**我此法**」來發覺祂的眞實與如如。唯有眞如之法才可能是常，不眞或者不如之法就不可能是常。不眞是說他可以壞滅，不如就是他會動心、會被境界所搖動，那就非常；而眞實常住之法，常之所以爲常，一定有祂基本的特性，就是眞實與如如。證眞如聽起來是非常吸引人，老實說正覺弘法之前沒有人在講證眞如這回事，自從正覺出來弘法以後才開始講到證眞如的事。縱使之前曾經有人談過眞如，也沒有人談過證眞如的事，而且他們所說的眞如還是錯會以後的定義。

那麼證眞如，顧名思義就是有眞如可證，眞如既然是眞實與如如，就表示一定有一個法是眞實與如如的，才能夠說爲眞如；如果法——不管是哪一個法——是因緣生的就不可能是眞如；因爲是因緣所生，當因緣散壞時他也必定會散壞，就是不眞實。既然有一個法顯示出眞實與如如，就表示那個法是眞實存在的，否則要如何建立眞如之名？那個法既然可以顯示眞實與如如的法性，就表示那個法是眞實存在的；眞實存在的一定是可證的，不能隨便創造一個名詞、隨便編派一個神就說他是眞如，因爲他不可證實；不可證的就是想像之法，不名爲眞。

所以當有人提出來說眞如可證時，一定要告訴大家是什麼法眞實而如如，是可以被你證得之後現前觀察祂確實眞實、確實如如不動，否則就不能稱爲證眞如。因此只要提到眞如，眞如一定是常；而眞如其實就在表達有一個法是眞實與如如，那個法叫作如來藏，在《佛藏經》中說之爲「**無名相法**」、「**無分別法**」，又名爲「我」。然而當你證得了以後來看這個眞如時，就是如來藏在運作過程中所顯示出來的眞實而如如的法性，不是生滅性的意識心強住於如如不動的境界，而意識也無法永遠住於眞如境界中。

所以你說：「**我眞的證眞如了。**」當你證眞如時就看見了眞如是常，因爲「我」是常——如來藏這個「**無名相法**」是常，你找不到一個方法可以壞滅祂；而五陰、十八界都是可以壞滅，壞滅了以後剩下眞如這個「**無名相法**」單獨存在時，就稱爲無餘涅槃；因此無餘涅槃不是斷滅空，無餘涅槃是「**常住不變**」。而涅槃心如來藏這個「我」所生的五陰是有名相之法、是有分別之法、是無常，你可以這樣現前觀察；但是當你這樣現前觀察出來時，卻發覺這觀察的所得智慧，都是無常的五蘊所有的，而「我」如來藏這個「**無名相法**」自己的境界中，沒有常也沒有無常可說，因此 世尊說「**我是法中無常無無常**」。今天講到這裡。

我們上一週《佛藏經》講到第七頁第二段第二行，今天要從「無苦無樂」講起。這一整句「**我是法中無常無無常，無苦無樂……乃至無生無滅**」，一整句講起來速度會快一點。前面也許有人會覺得說：「爲什麼四個字你講兩個鐘頭？」確實是太慢，不過因爲這部經的內容本來就很深而不容易瞭解；雖然對於實證者來講這並不深，容易瞭解，因爲還沒有涉及到一切種智；可是我們講經時要考慮到整理成書本流通以後，大多數的讀者是不是能夠讀得比較容易理解一些，所以要詳細加以演繹。那麼從這一整句開始講，速度將會稍微快一點，因爲前面主要的部分已經解釋過了，也就是「**我此法、無名相法、無分別法**」的自性，主要內容都已經解釋過了，那麼現在這一整句 佛陀還是再作一個結論，所以我們今天繼續談這一整句：「**我是法中……無苦無樂**」。

就像上一週講的「**無常無無常**」道理是一樣的，凡是有苦有樂都是意識心的事情，在意識覺知心的境界中一定有苦有樂，所以在人間叫作苦樂參半（不是純苦，但也沒有絕對的樂），苦的時節稍微多一點，樂的時節稍微少一點，這是人間正常的現象。可是從意識來看，有苦有樂時，而且對於苦樂不斷變異而覺得不能夠接受時，就會想要求得解脫；因爲苦樂不斷更易，就是無常！無常始終不曾斷絕，所以心裡面想著如何才能得解脫，可以離開世間的三苦、八苦等，因此開始學佛。可是學佛雖然名爲離苦得樂，其實離苦以後所謂的得樂，無樂可言。因爲解脫之中「無苦無樂」。

那麼我們弘法以來也不斷地說明，眞正解脫的境界其實就是涅槃，而涅槃其實也就是「我此法」、就是「金剛經」、「妙法蓮華經」獨住的境界，「此經」就叫作如來藏，或名「無名相法、無分別法」，就是祂獨住的境界而成爲眞實的解脫。可是在祂的境界中沒有苦也沒有樂之可言，所以苦樂是從意識的境界來領受、來觀察的。那麼六塵境界中才有苦樂，都是意識的事，與「我此法」這個「無名相法」全然無關。學佛人實證了「此經」如來藏之後，瞭解到原來《金剛經》說的是這個境界；證悟之後聽完我演繹的《法華經》以後也瞭解到：「原來《法華經》講的就是這樣的境界。」所以轉依了「此經」以後，無妨覺知心識陰六個識繼續有苦有樂，但是可以在苦中作樂。

在人生流轉的過程中無非是苦，乃至諸行亦皆是苦，無一非苦的情況下卻無妨說無苦亦無樂，這就是轉依於「我此法」——轉依於這個「無名相法」

的境界而說「無苦無樂」。可是在如實證悟、如實轉依之前，可不能夠說「無苦無樂」，否則要挨棒。因此荷澤神會見六祖小參時，他講的不像話，是要以意識當作如來藏的境界來用，所以六祖舉了棍子打他一棒；那一棒還不輕，問他：「**我打你，是有痛還無痛？**」就故意這一棒打他。也就是要告訴他：實相法界中固然無痛，因爲實相法界是如來藏、是「**此經**」「**妙華蓮花**」，祂不痛是因爲祂不領受六塵，可是自己這個五陰一定有痛，不能夠強忍著而說不痛；如果要強忍著而說不痛就準備挨棒，六祖一定會打更多，那後來他也弄懂了。

所以後來證悟之後，荷澤神會北上去洛陽跟神秀的門徒爭禪宗的正統，因爲神秀的徒弟們都說五祖傳下來這個禪宗的正統，是神秀大師而不是惠能那個獦獠；可是神秀終其一生都沒有證悟，始終落在意識境界中。說起來五祖也眞能忍，神秀跟隨他那麼久，都不幫忙開悟，怪不得名爲弘忍，不是沒有原因。他要弘揚這個忍法，就是忍到底而不幫神秀開悟。他爲什麼要這樣？因爲要讓六祖可以在南方意氣風發，一花開五葉而建立了後來的五個宗派，目的是如此，就不能讓神秀搶了他的光彩。因此他五祖弘忍一生就是個忍，反正神秀怎麼求就是不給他，有辦法就自己參，但絕對不給他引導。後來荷澤神會就因爲六祖痛棒的關係，證悟而且轉依成功，所以北上洛陽去跟神秀那一派爭禪宗的正統，也寫了一篇〈顯宗記〉。

也就是說，神秀是以意識心像荷澤神會悟前一樣，想要以意識心來住於無痛的境界；但是六祖傳的是「**我此法**」如來藏的本來離見聞覺知的境界，所以神會後來北上去爭禪宗六祖的正脈，也還是成功了；因爲連神秀都無法跟他對話，至於徒弟們更不足道。也就是說「**我此法**」這個「**無名相法**」如來藏是離見聞覺知，是不了別六塵的；既然不會了別六塵，祂就沒有種種苦；例如吃藥，小孩子最討厭苦藥，可是當他苦時如來藏卻不知道苦；當孩子調皮搗蛋被母親責打了，他覺得痛，痛就有苦，可是他的如來藏無苦。乃至八苦的任何一苦如來藏都沒有，因爲祂不領受六塵；不領受的緣故所以祂的境界中無苦。

反過來說，這孩子哪一天在私塾裡，老塾師給了他一個很大的獎勵，譬如賞賜了他一個硯臺或者一條好墨，他回家向母親炫耀，好高興、好快樂！母親也褒獎他，可是他的如來藏依舊無樂之可言；乃至將來長大以後，因爲十年寒窗苦讀，進京趕考中了狀元；這可不得了，在古時這是很厲害的事，可以光宗耀祖，他好高興！可是他高興時，他的如來藏全然無樂，也就是《佛藏經》講的「我是法中」根本沒有樂之可言，依舊是離見聞覺知。

世尊講的「我是法中……無苦無樂」的道理，不能像那一些六識論的大師們，都把了義經典說的般若實相境界直接要套到意識頭上來；因為這一套上來一定是嚴重的誤會，解釋經義時就說意識境界是「無名相法」的境界；但是「此經」中 世尊說的「我此法中」這個我，或者「我是法中」這個我，指的是「無名相法」、「無分別法」如來藏的境界，是不領受六塵境界的。所以有苦有樂是覺知心識陰六識的事，而這個「我」第八識如來藏的境界中，永遠都是「無苦無樂」；無量劫以前來到現在如是，從現在盡未來際無量劫後依舊如是，所以 佛說「我是法中……無苦無樂」。

接著說：「我是法中……無垢無淨，」垢與淨都是六塵中的事，有沒有誰可以離開六塵境界而說有垢有淨呢？諸位思索看看，離開了六塵時能有什麼是污垢？能有什麼是清淨？離開六塵時覺知心這識陰六個識尚且不得存在，何況能了別或領受垢與淨。先不說離六塵，單說小孩子出生不久（現在小孩子出生就包了紙尿片，以前我們那個年代是沒有紙尿片的，如果要說尿片就是只有晚上睡覺時才會幫這孩子包，都是用舊衣服當尿片的，所以白天沒有尿片），大人忙著工作，而小孩子會坐會爬時，就讓他一個人在地板自己玩自己的；孩子尿急了直接就尿，然後看見地板上都是尿水，他就用手一直拍、一直拍。現在看不見這個景象，因爲現在都包了紙尿片，沒有尿可以拍了；那時小孩子就這樣拍著，覺得很高興，不會覺得臭；拍完了看到什麼東西又拿了塞進嘴裡，他也不覺得沾到手上的尿味不好，甚至有的孩子拉了屎還拿來玩，可是這樣子到底好不好？好？不好？其實孩子本來都不知道那是垢或者淨，不分別垢、淨，都是大人看見了就告訴他：「這個髒，這個臭，不好聞。」然後他漸漸瞭解這個是不好，以後就不去摸了。這就表示他開始了別垢與淨，了別垢與淨之後，接著一尿或一拉屎就哭，父母親就得爲他換褲子。後來媽媽一天到晚爲他換褲子也覺得煩：「你怎麼尿這麼多。」其實是媽媽自找麻煩，因爲如果不教他說這個髒，他自顧自玩著就好了，何必要哭起來找媽媽來換褲子呢？欸！正好是這個情形，但這都是大人教的。

所以覺知心這六個識剛開始時，也不分別這是好或不好、污垢或清淨，祂是不懂得分別的；是因爲大人幫他教育，讓他瞭解這個是污垢，要怎麼樣才是清潔、才是好的，所以大人是自找麻煩。同樣的道理，人一出生就要學習，識陰六個識本來是不太會分別的，只作簡單的分別：是不是餓了？屁股是不是溼了不舒服？不舒服就哭，餓了就哭，知道哭了以後有人會來幫他解決困難，所以他以後就學會哭了。如果你從小不管他怎麼哭就是不理他，以後他就知道哭沒有用，就會自己忍一忍，然後等你有空再來處理，他就不會那麼黏你。

這也就是說，人們生來就是要學習，學習什麼？學習生活、學習生存。那麼人要生活要生存，就得要分別各種事情：淨與垢，善與惡，好與壞。最後就是分別對我有利或者對我無利，這就是分別。這就是學著怎麼生存，所以一出生就開始當學生，不是到了學校才當學生；因爲學生就是學著怎麼生存，去學校學各種事情，不也是爲了將來長大以後能夠生存嗎？是啊！所以都叫作學生。

可是我們學佛時不叫學生，要叫作「學死」——學著怎麼樣死得痛快，無牽無掛，沒有干擾。佛的十號裡面不是有個名號叫作「善逝」嗎？善逝換一句俗話說就是死得好。但不是俗話那個死得好咒人的意思，而是說死得很爽快、很乾脆、不拖泥帶水，很灑脫而且想死就可以死，來去自在，所以叫作善逝。這意思是告訴我們說：垢與淨其實都是因爲分別而有。如果不作分別，其實覺知心也不會知道垢淨，由於學習之後才知道這是污垢、這是清淨，所以有了這個分別，以後遇到污垢的境界心中覺得痛苦、不愉快，很難忍受。可是如果小孩子或者所有的人，出生以來都住在糞坑裡，一直到長大死亡都住在糞坑中，還有人會說那叫作污垢嗎？不會。因爲這是生來就必須要安住的境界，就是一生所住的境界，就不會認爲那是污垢了。所以下墮到沸屎地獄去時，會覺得那是不是污垢？不會，只是覺得每天燙得很痛苦。只有你在人間用神通下去看時才會說：「這裡這麼臭，又這麼熱！」可是他們不覺得臭，習慣了，就只是燙得很痛苦。就好像古人一句話說：「如入鮑魚之肆，久而不聞其臭。」道理是一樣的。

可是如果可以離開那種污垢的境界，有一個對比時，淨的觀念就產生了，這時說：「原來還有一個清淨的境界！」打個比方，如果（我說的是如果）沸屎地獄中突然間有一個大菩薩去到那邊，大慈大悲暫時化現了一片乾燥的、清涼的不污垢的乾地，給他們安住個幾天，然後再要他們回到那些沸屎裡面去，他們會更痛苦，因爲有清淨乾燥的地方作對比。這時有對比了：「過去那幾天過得好舒適，既清涼又乾燥，也沒有那種不好聞的味道。」現在又要回去了，他就特別痛苦。那你如果當了菩薩摩訶薩，有於相於土自在的能力，如果哪一天大發慈悲想要去沸屎地獄讓他們快樂一點，可得想清楚要不要作，因爲當你離開以後他們會更痛苦，這是必然的。當他們已經習慣那個境界時，剩下只是身上燙的痛苦而已，對於臭已經不覺其臭，習慣了。所以這時你得要先考慮好。

這告訴我們什麼道理？告訴我們說，垢與淨因爲是有兩個狀況同時存在於人間，可以用來作比較，所以會發覺這是垢、那是淨。但是追根究柢，追究到最後時，垢與淨的分別是從哪兒來的？從識陰六個識覺知心的分別而來。如果不是在六塵中起分別，就不會有垢與淨之可言，垢與淨之所以會存在都是因爲覺知心在六塵中作了分別；所以分別心是垢與淨存在的根源。可是世尊說「我是法中……無垢無淨」，因爲「我是法」就是這個「金剛經」如來藏，祂本來就不住於六塵境界中，既然不在六塵境界中就沒有垢與淨可以分別了，所以你在分別垢淨時，你身上有這個「我是法」卻是離分別的，所以祂也叫作「無分別法」。

祂既然無分別，就不會了知各種名相，所以 世尊在這一部經裡面說，祂又叫作「無名相法」；既然祂不分別、無名相，表示祂對垢與淨都不了知；而祂不了知垢與淨的根本原因，是因為祂離六塵的了別，所以你心中在了別垢、淨時，你身上還有一個心是眞正的「我」，就是世尊在《佛藏經》裡面說的「我此法」、「我是法」，就是「無名相法」、「無分別法」，祂從來都不了別，所以祂的境界中「無垢無淨」。

接著世尊又說：「我是法中……無斷無常」。斷與常這個題目，打從臺灣有佛教以來就不斷地有人在諍論，特別是正覺開始弘法前的那幾年，臺灣佛教界諍論得很厲害，後來我想：乾脆我們把它作個了結，叫他們不要再諍論。所以當初《成唯識論》剛好講完，我們那時是每週講兩個小時，講了四年多才講完；我乾脆順便把它寫了出來，就是我們現在的口袋書，薄薄的那一本《佛子之省思、眞假開悟之簡易辨正法》，就是要讓佛教界檢驗到底所悟有沒有落入常一邊或者落入斷一邊，就講這個內容。從那以後，臺灣佛教界開始不再談論斷常，因爲他們自己很清楚已經落在那裡面，不離斷常兩邊，他們因此就不再談。那我們就可以安心弘揚如來藏的妙法。稍早之前，我們也講了《我與無我》而整理成書流通，佛教界就不再諍論我或無我的事了。

爲什麼說「**我是法中……無斷無常**」？經文中講的「我」這個法，也就是「**此經**」如來藏，如來藏「**無名相法**」「**無斷無常**」的境界跟剛才講的「**無垢無淨**」道理是一樣的，因爲祂離六塵的兩邊，不分別六塵；會分別六塵的正是識陰六識，主要是意識心。這意識心在六塵中，了別了六塵以後才開始觀察眾生到底是斷滅，或者自認爲是常住法而不斷地流轉。斷與常其實都是外道見，爲什麼叫作常見呢？因爲錯把五陰的局部或者全部，或者把五陰的少分認定爲常而不壞的自我，他們堅稱那是常，佛法中就說那是常見。例如正覺同修會弘法之前，兩岸佛教界很多人認定離念靈知就是眞如佛性，認爲是常住不壞的眞實我；爲了破除離念靈知這個邪見，我們不斷地提出法義辨正，甚至於我在口袋書裡面還寫了離念靈知的十個境界，全部列舉出來，證明這些都是識陰六識的境界，最多不過是意識的境界，讓他們早日懺悔滅除大妄語業。

然而意識心是意法因緣生，有生則必有滅，不是眞常；那麼佛門裡面的常見外道以及佛門外的常見外道，一向認定離念靈知是眞如佛性，是常，這就是跟常見外道合流，同流合污了。而這個常不是眞實的常，所以在《阿含經》中 世尊說這是常見外道。外道不是我們後代才建立名稱來指責的，是如來在佛世就已經指明哪些人叫作外道，所以外道的名稱是佛世就已經存在的。世尊把那一些人定義作常見外道，說是邪見中的一種，然後由常見就引生出一種對立的說法——就是他們深入觀察以後，發覺識蘊是生滅法，也觀察到離念靈知常住是一種邪見，因爲他們詳細深觀以後，發覺離念靈知還是會斷滅；既然常見外道們所認爲的常也是會斷滅的，而大眾再也找不到一個眞實的常住法可永存於三界中，就認爲即使是最究竟的離念靈知，也是會壞滅而無一法可得，所以主張人死後是斷滅空，這一種主張就成爲斷見外道。這也是《阿含經》裡面很早就定義了。

可是對於常與斷的認知，全都是覺知心的事情，都是基於在六塵境界中了別什麼是常、什麼是斷而引生的；雖然常與斷都是邪見，我們學佛人必須要了別斷見與常見的內涵，然後要摒棄斷見與常見，才不會落入常見或斷見中而不自知。但是這個斷見與常見其實依舊是意識心學法之後的了知，或者意識心開始作觀行之後所產生的了知；而意識心這樣了知以後，背後的「無名相法」如來藏其實都不了知何者爲斷、何者爲常。這也就是說，我們學佛人要有正確的知見，基本的法義要先了知，然後才能轉入另一個層面來說無常亦無斷。如果基本的層面沒有先了知就直接主張「無斷無常」，就會錯會佛法。

所以正覺同修會弘法之前，有許多大師們一遇到弟子們來問：「師父啊！經中說無斷無常，那我們應該怎麼修行啊？」於是大師會怎麼說？諸位可以想像得到，他們一定會說：「你就把斷與常兩邊都放下，不要落入斷與常兩邊時，就是無斷無常，這樣就是證中道了。」我相信諸位學佛以來一定聽過也讀過。如果你還沒有聽過、沒有讀過，表示你今生學佛一定只有一、二年，只要你學佛久了遲早會讀到這樣的開示，或者聽到大師們的錄音 CD 中這樣開示。因爲不但諸位，我這一世還有胎昧，所以初學佛時也聽過這樣的開示、讀過這樣的開示；但此類開示最標準的就是臺灣很有名的釋印順法師，他就是這麼講的。

可是問題來了，這等於是用意識心想要安住於第八識如來藏的境界中，那就有一個大問題要處理，不處理這個問題就無法解決；因為 世尊說的「無斷無常」是第八識如來藏的境界，而意識心永遠都能夠了知有斷有常；那麼背後的問題就在於到底人有幾個識？而印順學派講的卻說人只有六個識，沒有第七識意根也沒有第八識如來藏，所以人總共只有六個識。後來人家一直提問：「師父！《阿含經》說有意根，大乘經也說有意根，那意根到底是什麼？」他就說：「意根就是腦神經。」這是他晚年的事情。好了，意根若是腦神經，我就說他的徒弟們很笨，為什麼不問印順說：「師父！意根是從前世來的，那我們前世死時來投胎，是不是要先把腦神經抽出帶來投胎？」他們都不懂得問，可見他們比印順還要笨。那他要怎麼去處理這個問題？因為這個問題必須要面對啊！

他們說人只有六個識，可是玄奘大師說：「人有八個識。」第三轉法輪諸經講的是一切種智，是最勝妙的佛法，經中講的也都是人有八個識，不是只有六個識，那印順到底該怎麼樣解決這個問題？又無解！所以就把它擱置下去。後來我倒是主動來解開這個結，所以我從《楞伽經詳解》第三輯開始，把印順的錯誤寫上去作點評，而我這一生主動去作法義辨正的只有兩個：一個是釋印順的六識論邪見，第二個是密宗假藏傳佛教喇嘛教。密宗假藏傳佛教那個大馬蜂窩，是天下第一大號，沒有人敢去捅它，但咱們把它捅了！捅了以後他們在網絡上放話說：「**我一定誅殺蕭平實。**」聽說西藏以及達蘭薩拉有人用麵粉染成藍色，作了一尊蕭平實的像躺在木板上，唸了咒作了法，拿起寶劍來往脖子一劃斷成兩截，就說蕭平實死了；可是蕭平實「死」了十幾年，現在還在這裡講經說法破他們。

也就是說，他們沒有辦法解決這個問題，當我們提出第八識法義來，他們就無法招架了；一定要有這個第八識的正義，才能符合《阿含經》初轉法輪的聲聞解脫道。六識論在聲聞解脫道裡面是無法相契的，因為六識論的主張是人只有眼耳鼻舌身意六個識，可是 世尊說的這六個識都是生滅法；甚至於事先就斷言在那邊等著後代的這些凡夫大師們——世尊說粗意識、細意識、遠意識、近意識、現在的意識、未來的意識、過去的意識，「**彼一切皆意法因緣生**」。末法時代這些大師們的落處，世尊都已經預破等著他們，而他們依舊掉進去。這個意識心如果是眞實法，那與初轉法輪阿含聖教就牴觸了，因爲不論是哪一種意識心，都是意根、法塵作爲因緣相觸以後才從本識中出生的。

世尊接著又說，阿羅漢們證無餘涅槃以後不是斷滅空，是「常住不變」的，捨壽入無餘涅槃後當然也是「常住不變」；但無餘涅槃中是滅盡五陰、十八界的全部，無一法餘存，若人類只有六識，阿羅漢入無餘涅槃後豈不是成爲斷滅空？這問題他們也無法解決，釋印順的所謂佛法，都是從密宗假藏傳佛教應成派中觀學來的，這問題不但釋印順自己無法解決，連他的源頭密宗假藏傳佛教喇嘛教所有法王、喇嘛們也都無法解決，因此他們的六識論導致自己不能脫離斷常二見；而實相法界「**無名相法**」如來藏的境界中，卻是「**無斷無常**」的境界，這才是眞正的佛法。

世尊又說「**我是法中……無我無眾生**」，所謂我、所謂眾生，都是因爲有五陰等眾生我，相對於我而有其他人，就稱爲眾生；但不論五陰我或是眾生，其實都因爲五陰而有；若不是有五陰，就不會分別自己與別人，就不會有你、我、他的分別，也就不會有眾生。能分別我與他人的心，正是意識心，而如來藏「**無名相法**」是不分別的，因爲祂不在六塵境界上面作了別，也就不知道自己與別人。

凡是能分別自己與別人的心，都是有見分、自證分、證自證分的心，就是意識覺知心。但如來藏是「**無分別法**」，祂完全不了別所有名相，所以又稱爲「**無名相法**」；這表示祂沒有證自證分（註）而不會了別自己與對方，正是「**無分別法**」，所以祂的境界中就沒有人、我、眾生的分別存在。會有人、我、眾生的分別，是因爲住在六塵境界中作各種了別，才會有我、有眾生的分別；而如來藏不在六塵中了別，當然祂的境界中就沒有我、沒有人、沒有眾生了。今天講到這裡。（註：這是依三賢位的般若實智而說的，若是依增上慧學道種智而言，則說八識心王的一一識都各有四分；但這只在增上班宣說增上慧學時才作教授，此處不作解釋。）

《佛藏經》上週講到第七頁第二段第三行「**無我無眾生**」，今天繼續要講「**無人無壽者無命者，無生無滅**」。「**無人**」通常都要先從二乘法來說，說五陰、十八界由於緣生性空，沒有眞實存在的有情，因此說無我。這裡「人」字是指有情眾生，譬如當你看見一群狗，其中一隻狗總是很喜歡咬，不管見了哪一條狗牠就是咬，那你會覺得厭惡，就說：「唉呀！那一條狗好可惡，一天到晚要咬別人！」其實你應該說：「一天到晚要咬別狗。」可是你不會說「要咬狗」，就說「牠喜歡一天到晚咬人」，其實牠沒有咬過一個人，咬的都是其他的狗。所以那時「人」就表示指涉其他的有情眾生。

言歸正傳，既然都已說無我了，爲什麼這裡不講無我，而講「無人」？意味著「無我」已經講過了，所以這裡講的「無人」不是講「無我」；也就是從這個五陰眾生緣生性空的道理，而看見到自我的虛妄以後，所得的「無我」智慧是屬於自相；由這個自相而類推時，來看其他的有情，那一切有情同樣也不是眞實有我，也是無我，但這時已經不是自我了，而是旁及一切其他有情，所以就看到一切有情同樣也是「無我」的，但不是指自己一個人的「無我」，這就是「無我」的共相。所以這裡的「無人」包括其他的別人——其他的傍生道有情，也包括天道有情、阿修羅道和地獄有情、餓鬼道有情，同樣都歸屬於這個「人」所含攝。也就是說，其他的有情一樣是沒有眞實我，這就叫作「無人」。這是從二乘菩提來說，稍後再來談《佛藏經》這裡講的「無人」，和剛剛講的道理爲什麼是不同的。

接著再來看「無壽者」。凡是「人」，也就是凡屬於有情，一定都有壽命，各有一期生死，沒有誰是可以離開壽命的限制，從人類來說，以這個時代的人而言，極壽一百四、一百六，就已經是人瑞了，那還是特殊地區才有的；如果在臺灣或日本、大陸，超過一百歲就叫作人瑞。稱之爲「瑞」到底好不好？我不知道，因爲通常人瑞的意思是代表他已經很朽耄，行動不便，甚至生活上已無法自理，我覺得這樣的人瑞不當也罷。可是話說回來，現在人瑞之意表示一般人的壽命不超過一百歲，所以《阿含經》說這個年代的人原則上以百歲爲限，少出多減，只有很少數的人超出一百歲，大部分的人都少於一百歲。

從天帝的壽命來看人類，就會覺得人壽太短；譬如養一對螞蟻當寵物，這一對螞蟻能活多久？你會覺得牠才剛從卵中出生，過了冬天牠就死了，覺得螞蟻的壽命好短。如果某人身邊沒有人跟他一樣長壽，只有螞蟻存在，他會覺得自己是萬物的主宰：「大家都很短命，而我是長生不死的。例如這螞蟻，我看著牠死了又生，生了又死幾遍了，而我還在。」若是從我們佛教徒來看，就說天帝是傻瓜，遠不如世俗人；因爲世俗人常常說「人外有人，天外有天」。

而天帝的壽命其實也有限，因爲他在忉利天壽命其實說起來也很短，比起夜摩天來不到一半。若再往上乃至無想天壽命有五百大劫，非想非非想天有八萬大劫，但縱使讓某個人類活上八萬大劫，其身安寄？因爲火劫來時人間不能住，他這個人身要寄放在什麼地方呢？就算都沒有火劫、水劫好了，這個世界也能存在八萬大劫，不是只有一劫，那麼八萬劫時間到了他還是得死，也還是有壽命。換句話說，凡是有五陰或者無色界中有四陰的有情，一定都有壽命，有壽命就是無常。因此，有壽命的就是有情，只有有情才會有壽命；然而有壽命就是無常者，這個是依二乘菩提來說。但眾生明明是有壽命的，爲什麼要說是「沒有壽、沒有命」？稍後再跟「無人」一起來談。

接著說「無命者」。有壽才有命，壽盡命就壞了。就是說生命現象一直存在著，才能叫作「命」。這個生命現象，在人間時就說他有呼吸、心跳、暖觸，此時就說壽命存在而說他還有命。假使有個人躺在路邊很久沒動，你過去一定先摸他的鼻子，看他有沒有呼吸，沒有呼吸就說這個人沒命了。但是爲慎重起見，再爲他把脈看有沒有心跳，如果二者俱無，就說這是個死人，這是人間一般生命的現象。但是有特殊的例子，譬如定修得好，證得第四禪以後心跳停了、呼吸也停了，如果他事先沒有交代家人的話，可能家人就會送去醫院急救或者把他當作死人，就請人來助念準備後事了，但其實他的命還在，因爲壽未當終，他還沒有捨壽；他這個時候是由定持命——依於定力而使他的命繼續存在，而他原來應該享有的壽數也還沒有完結，如來藏不會捨身而去，所以他還有命；因此引磬一敲，過了一會兒他出定了，又有心跳呼吸而下座活動自如，這明確表示他的命還在。

在唯識學中說「壽煖識三，說爲命根」，如果壽已經窮盡了，他的命跟著就不存在了，命不存在就表示他「無分別法、無名相法」如來藏已經離開了。所以有時罵人家說：「你這個人作惡多端，將來不得好死。」由此顯示壽終正寢叫作好死，特別是健健康康，每天快快樂樂，有一天吃過飯散散步，去睡個午覺就長眠不起了，這叫作好死。但這個好死不能叫作「善逝」，因爲他死不透，他得要繼續死，一世又一世繼續生死；只有死透而永遠不再有生，才能叫作「善逝」；這當然是包括習氣種子以及異熟法種的變易生死全部都斷盡，才眞正叫作善逝，不是阿羅漢所能擁有的尊號。那麼壽量已盡，當然命就不存在了；命不存在是因爲這個色陰顯示出來命已不存在，所以醫師宣布說「他是死人」了。

但是有時醫師的判斷是不正確的，所以我們曾經有個同修不省人事在加護病房，那醫師說：「這個人腦死，沒救了，要不要拔管？」但她的同修來找我，我說：「我先去看看再說，你先別決定。」所以我去了。當然她是沒有辦法溝通的，因爲她全無反應；但我要試著看看她到底是不是眞的無意識，因爲有時她只是身體不能動作，嘴巴也都不能動，所以無法表示意思，但不代表她的意識不在了，除非她睡著了。所以進了加護病房我拉著她的手搖一搖、晃一晃，先確定別讓她住在睡覺位中；她若是在睡覺時你就沒辦法跟她作什麼溝通了，方便善巧都無用。所以我先抓著她的手搖一搖、晃一晃，如果在睡覺就會醒來，雖然依舊不能動，但可以抓著她的手試試看她的手能不能輕輕動一下，只要一點點動作就夠了。我就跟她溝通：「妳如果可以動的話，把手用力動一下，讓我知道妳有聽到我的話。」她就動了一下，雖然很輕微，但我感覺到了。然後我接著再提出問題跟她溝通：「是，妳就動一下；不是，妳就動兩下。」她那個手動幾乎感覺不到，但是她確實有動，我就知道她的勝義根還好好的，還不是植物人。所謂的植物人就是意識永遠不存在了，表示勝義根大部分已經壞掉，幾乎無法運作了。那我就問她：「**妳還想不想活過來好好再修學佛法，或者妳想要放棄生命？**」結果她的意思是還沒想要放棄，那我就知道了，所以我出來說：「**不要拔管，再過幾天可能她就會恢復過來。**」果然一個月後她又回來講堂了。但是又過一兩年，她還是走了，但那已經是另外一回事。這表示她當時壽未當終，命就不該盡，所以她的命在那時雖然有維持上的困難，但是壽未當終，就還會有命，因此後來又活一年多。

所以說「命」在人間，其實是從色身的運作上面來顯示有命、無命。因此一個人可以被強加奪命而其實壽未當終，人間也有這種事情。但是有的人三十幾歲，我有一個國小同學就是這樣，三十幾歲並沒有什麼病，然後就走了，那也是很奇特的事，所以這印象對我來說是非常深刻的。但那表示他壽應當終，所以命亦不存。總而言之，其實都是由於五陰的緣故，如果有情不是有五陰的話，就不可能有人、有壽、有命，因爲如果沒有五陰時就無我了；而一切有情都是有五陰或四陰，全都是無常法，當然無我；自己既然是無我的，當然別人五陰同樣也不可能永久存在，所以也就無人，無我無人當然就沒有壽也沒有命。

關於「無人無壽者無命者」，其實佛教界在這百年來一直都是用解脫道來作解釋，都說因為五陰全部緣生性空，緣生性空的緣故所以是無我的，因此說「無人無壽者無命者」。可是這道理打從正覺開始出來弘法以後，就多了一種同時存在的解釋，我們說「無人無壽者無命者」，可以是從二乘菩提來說，但是從大乘菩提來說時，不但把這個說法函蓋進去，而且還要從眞如的境界來說「無我無眾生，無人無壽者無命者」。因為這個五陰會有我、有眾生、有人、有壽者、有命者，都是眾生的意識覺知心所了知；覺知心了知這些事情，所以才有人間的你我他及種種營謀活動等。可是修學了二乘菩提之後，從這五陰的現象上來說「無我無眾生，無人無壽者無命者」，究竟只是二乘菩提，與佛菩提道仍然扯不上邊。

若是進而依於佛菩提而言實證了「無名相法、無分別法」的人，不但具備二乘菩提這個現觀，還從眞如這個「無分別法、無名相法」自身的境界來觀察，證明「無名相法」眞如境界中，確實沒有我、眾生、人、壽者、命者的存在。因為修證二乘菩提以後不論他是聲聞或者菩薩，證得了四聖諦之後所觀察到的都是現象界中的法；但是菩薩從大乘菩提的實證，依於眞如無所了別的境界來看待所謂的無我、無眾生，說那是意識的境界；了知或者現觀無人、無壽者、無命者，也都是意識的境界。既然是意識的境界，那麼有或者無，其實都是意識所觀察的智慧境界，而眞如「**無名相法**」的境界中，祂不是經由意識的觀行知道緣起性空，而說無人無壽者無命者，而是祂從來不了知我、人、壽者、命者，所以祂的境界之中沒有有情可說，那就是「無人」。祂的境界中由於不了知這部分，所以無有所謂的人或有情，也因爲不了知，所以祂的境界中沒有壽者可以了知，也沒有命者可以了知；連了知亦不了知，因爲祂不作自己是否了知的了別，所以祂的境界中「**無人無壽者無命者**」，這樣才叫作「**離一切法、斷語言道**」。

接著說「**無生無滅**」。有生有滅都是蘊處界等世間法。以往佛教界會把**無生無滅**用二乘菩提來解釋說：「**因爲我見我執都斷了，所以證得滅諦而在捨報時入了無餘涅槃，在無餘涅槃中就永遠無生無滅。**」這是一般標準的解釋。那釋印順比較聰明，善於疊床架屋自己發明佛法，所以他說：因爲阿羅漢捨報以後，把蘊處界全部都滅盡了，滅盡以後就是一切都空了，這個空成爲蘊處界滅後的法相；而這個滅相不可能再滅了，所以不會再有生，無生就無滅；這是他的解釋，那他的本質其實也就是把斷滅空當作「**無生無滅**」。他讀過《六祖壇經》，卻沒想到六祖在一千多年前已經罵過他這個想法，說這樣叫作「**將滅止生**」。然而 佛說的是本來無生，只有本來無生的法才是眞正的「**無生無滅**」。

那麼當我們實證了「**無名相法**」如來藏之後，從這個眞如心的境界來看時卻說，當我上座坐在這裡講「**無生無滅**」時，早已是生滅了，換句話說有一天你證得眞如了，從眞如這個「**無名相法**」的境界來看一切諸法，把一切有生有滅的諸法攝歸眞如來看時，你會發覺這就如同影像之於鏡子是一樣的道理，當這些影像歸於鏡子所有時就**無生無滅**了。也像你一世又一世不斷的生死時，就已經顯示背後有一個不生滅的心；而你證得這個不生滅的心以後，從祂的境界來看時其實沒有一法可得，就譬如鏡子不了別自身所顯示的影像一般，它的境界中是沒有影像（五陰等一切法）可言的。這時你知道祂（猶如鏡子）的境界是「**無生無滅**」的。

所以你出世說法，爲人家解說這個「無名相法」眞如無生無滅，當你說「無生無滅」時，這「無生無滅」是你五陰的事情，跟祂無關，祂的境界中沒有你所講的「無生無滅」，更何況能有生有滅。這樣就把「無生無滅」也給泯除了，這樣才叫作轉依成功了！所以如果有弟子一天到晚在說「眞如無生無滅」，禪師聽到了會怎麼樣？會給你一棒！因爲你已在生滅中了。除非爲人說法時才講無生無滅，平常轉依眞如的「無生無滅」時，連語言都不存在，那眞如的境界中才是眞正的「無生無滅」。那麼這一句「無生無滅」應作如是觀。

接著又說：「何以故？舍利弗！如來於法都無所得無所滅，故名爲涅槃，亦不見有得涅槃者。」如果一向修學二乘法，讀到這一句時要怎麼解釋啊？那可就頭痛了，因爲不知道該怎麼解釋。在二乘菩提中一定有得有失，先要失然後才能得，得時其實無所得；不單大乘法講無所得，二乘法中就已經無所得。可是一定先要有失，失了以後才有得，得了以後卻無所得。如果今天第一次來聽我說法的人聽到這裡時，心裡想：「嗯？這個說法好奇怪。」然而事實正是如此。

例如證初果，一定先要把自我否定，事實上還作不到，至少見地上要作到先把自我否定。否定自我在一般人的觀念中，一定會說：「豈有此理！」後面會附帶一句說：「是可忍，孰不可忍？」因爲人在世間最重要的就是我，怎麼可以把我否定，但是在出世間法中就是先要把自己否定，否定了自己就是失，乃至修到阿羅漢位捨報時還要把自己永遠捨棄，那還是捨，也就是失。有所失才能得二乘菩提，因爲否定了自己，並且全部否定淨盡了，才能叫作法眼淨、證初果。

接著繼續否定下去，實際上對治而除掉對自我的執著，最後把我執究竟除盡，捨報時不要自己了，願意讓自己斷滅；而且還要把未來世的自己全部滅盡，這也是失，正因爲這樣的失，所以得到了阿羅漢果。可是得了阿羅漢果時有什麼果在手裡？什麼都沒有。不但具體的蘋果或什麼果都沒有，連畫的果也沒有，甚至連寫的四果兩個字的果也沒有；因爲如果有的話就表示「我」還在，沒有證得二乘菩提；所以到最後入了無餘涅槃時，不但沒有果，連五蘊也全部消滅淨盡了，那這樣才叫得解脫果；所以得了還是無所得。

這樣看來二乘人滅了我見、我執之後，說他證得阿羅漢果是解脫道的極果，從我們的所證來看卻說那不算什麼；可是一般佛教徒會說：「那是人天應供，你竟然敢說他不算什麼，你好大的膽子！」他們不曉得我蕭平實無膽，我連膽子都沒有，所以才敢這麼說；因爲眞如沒有膽子啊，眞如哪來的膽子？我轉依眞如，所以敢這麼說；才說「我」因爲沒膽子，才敢這麼說。那麼從二乘法來講，阿羅漢當然有證果，所以他捨報才能夠入無餘涅槃，一定是證得慧解脫果、俱解脫果。

可是問題來了，來到大乘經中竟然說「不見有得涅槃者」，這樣看來和《阿含經》所說的不一樣。《阿含經》說阿羅漢們「梵行已立，所作已辦，不受後有」，所以佛證明他們得有餘涅槃、無餘涅槃。可是在這裡竟然告訴大家說：「如來……亦不見有得涅槃者。」智慧不夠的初機學人偏偏心又高傲，就敢開大口說：「如來三轉法輪前後所說，互相矛盾。」這個人是誰？（大眾答：達賴。）諸位都知道是達賴；這就是說他完全不懂二乘菩提，更別說是大乘般若。

這裡「如來」二字不是講釋迦牟尼佛，是講每一個人身上都有的那一尊「如來」——家家有本難唸的經，名爲如來藏，亦名「無名相法」，出家了也一樣沒辦法唸。因為出家了也是家，是換個家住，但若是心出家了就會唸這一部經。你們看那些大師們，哪個會唸這本經？都不會啊！你可別問我說：「**你手上又沒有經本，我看到是空空如也。**」誰說沒有？我手上有一本經，很會唸的；我會讀會誦，而且還能為人解說，都是讀著這一本經來講的，怎麼沒有經？

可是他們看不見所以讀不到，這一本經就像《西遊記》講的，去到西天終於取了回來，翻開一看，一個字兒也沒有。對啊！你身上那部「**妙法蓮華經**」有字兒嗎？沒有！一個字兒也沒有，所以叫作無字天書；其實應該改名叫「無字佛書」，因為它專門講佛與法。人人身上有這麼一本經，這本經叫作「**妙法蓮華經**」，又名眞如，又名如來，又名如來藏，又名阿賴耶識，在這部《佛藏經》中說為「**無名相法、無分別法**」。世尊在這裡說「**如來於法都無所得無所滅**」，講的是自心如來啊！換句話說，從二乘法的立場來說，「如來」於法都有所得、都有所滅，得什麼？得如來果；滅什麼？滅盡二乘菩提所應斷的煩惱；是有所得、有所滅，故名為涅槃；這是從二乘菩提來看。

那如果是從二乘菩提來解釋下一句呢：「**亦不見有得涅槃者。**」能不能解釋？也能！爲什麼呢？例如阿羅漢捨壽入了無餘涅槃，五蘊俱皆滅盡，在無餘涅槃中有誰看見他的涅槃？喔？所以「亦不見有得涅槃者」，菩薩都可以這麼講的，但二乘聖人傻不啦嘰的就不懂這麼講了。所以《邪見與佛法》剛印出來流通時，好多道場罵翻了：「邪說！怎麼敢講阿羅漢沒有證得涅槃！」可是又無法推翻我；罵是邪說，卻無法推翻邪說。那到底阿羅漢是有智慧或沒智慧？這一下就明白了。

可是我這個說法在當時是依現觀而說，並沒有讀過哪一部論中有講過；可是後來我讀到……唉呀！往世都講過了！現在把往世自己講的拿來講給大家，就沒有人敢罵了，眞的很好用。所以實證的菩薩們應該多受生幾趟，往世受生越多講的越多，越有東西可以在後世引用，那也不錯。那麼阿羅漢在無餘涅槃中，他的五蘊都不在了，那時才是眞正的無餘涅槃；但那時他的五蘊都不在了，能夠有誰知道得涅槃？所以阿羅漢的五蘊捨了以後，就沒有人得涅槃了，無餘涅槃中就只剩下他的如來藏獨存；而如來藏不了知自己是涅槃，那有誰得涅槃？都沒有啊！如來藏本來就是涅槃，怎麼可以說「得」？因此「亦不見有得涅槃者」。由菩薩來說，用二乘菩提也把它講通了，可是那一些凡夫大師就無法解釋；所以想要期待哪一個大師們把《佛藏經》註解出來，我看沒那一天的，甭期待。

那我們接著再從大乘菩提來說「如來於法都無所得無所滅」，這個「如來」是講你們各人自己身上都有的那一尊如來。如果還沒有破參，你說：「我身上哪有如來？我頂上也沒有戴著如來，我身上也沒有掛著如來。有喔！我那一天歸依時有領到一個佛牌掛在身上，那就是如來。」對不起！那不是如來，那只是我們給你一個證明：「你眞的在正覺歸依了勝義三寶。」可是那不是眞正的如來，眞正的如來在你身中，不用你掛著。所以《大方等如來藏經》有一個萎花喻，說有一天，突然間如來　世尊示現了一朵勝妙的千葉蓮花，非常莊嚴，蓮花上面有一尊　如來坐在那裡，放射出無邊光明，而且其他所有的蓮花中也一樣有一尊佛安坐；然後這些蓮花突然間萎爛，如來就被萎花包覆而看不見了。

這萎花喻就是說：其實在每一個有情的身中就像這個樣子，都有一尊如來安住不動，只是被不清淨的五蘊身給包住，猶如萎花包住了那一尊閃亮的、潔淨的、尊貴的如來一樣。這就是告訴我們每一個有情身中都有這麼一尊如來。但是別像醫學家那樣落入唯物論裡面，西方醫學家都是唯物思想的產物，所以哪裡有問題就割掉，另一處有問題同樣割掉，他們不信有個意根、有個如來藏能生萬法。

他們不相信的，為什麼呢？因為他們心中胡思亂想說：「**我開過這麼多刀，從來沒有開過哪一次刀、看過哪一尊如來跑出來。**」西方醫學是唯物論的思想產物，他們不談心的。他們認為心就是只有六個識，這腦袋壞時覺知心就壞了，所以心是由物而生的；他們的觀念是這樣，那釋印順的思想正好跟西方醫學唯物論一樣，他認為有情的心是共生的——由六根與六塵來共生，而六根裡面的意根叫作腦神經，所以他是個唯物論者，怪不得他在書中會說 釋迦如來在人間示現成佛是一個偶然，因為他是個唯物論者。

但物能生心的道理是不能成立的，而他們這種思想其實在《阿含經》裡面早就說過了。《阿含經》說，有一個外道婆羅門，一個很小國的國王，應該說鼻屎大的國王，因為其實他就是統治一個村的所有人，但被大國的王冊封為王，名字叫作弊宿，他是個斷滅論者。有一次他一直跟迦葉童女菩薩辯論，他提到一件事情，自己說出來證明說：「**我國裡面有一個罪犯應當處死，**

我就把他處死，大家圍在旁邊看他有沒有什麼東西跑出來？結果也沒有啊！不相信，再一片一片把他的肉慢慢割掉，讓大家都來注意看著，結果割完了也沒有什麼跑出來，所以人死了就斷滅了。」那外道弊宿又說：「那我又覺得這樣作得不夠徹底，換另一個死刑犯，一片又一片的肉割除以後，沒有什麼跑出來，心想可能是在骨髓中，於是再敲骨打髓，全部打爛來看有沒有什麼東西跑出來？結果也都沒有，所以人死後就斷滅了，沒有所謂的識可以到後世去。」這是他的論點。

這種斷見外道的論點，其實兩千五百多年前佛陀的時代印度就有很多，不幸的是現代西方的醫學家以及所謂的精神科醫師，也是這種唯物論的斷見論；所以他們不信有鬼神，只要有誰著了魔、鬼神附身，他們都說那是精神狀態的問題。而印順的思路跟這些外科醫師、精神科醫師是一樣的，他們不相信每一個人身中都有一尊如來；我不跟他們講如來，我們說每一個人身中都有第八識存在，但他們就是不相信。假使你要跟他們說一定有、眞的有，他們可能反問你：「那你告訴我在哪裡啊？」那你怎麼講？你又不可以告訴他們，因此他們就說：「你看！講不出來吧？可見眞的沒有！」對不對？

所以你無法依佛法的道理跟他們講，這時你眞的叫作秀才遇見兵，有理說不清。

但是我們遇到這種人不必跟他們扯那麼多，就告訴他們：「我們有很多人都實證了，但這是宇宙中最大的祕密，因爲連你所信仰的上帝都不知道。上帝的五陰中也有這麼一個第八識，他也是不懂的，所以你如果想要證實的話，乖乖來正覺學，時間到時該你證，那時你就證了，就知道我沒有欺騙你。你如果不信，那就等未來無量劫以後，再來找找看正覺在哪裡再說。如果那時找不到正覺，總還有其他佛菩薩再來，別急，你就自己去合計合計，看什麼時候想要學這個法，那時候再談。現在不跟你談了。」他們不相信有一個自心如來，那佛教界在他們的誤導下就這麼混了幾十年，現在才終於整個轉變過來。

但現在臺灣佛教界的知見水平大大提升了，已經變成誰要是主張人只有六個識，就會被人家笑：「你對佛法這麼無知，人都有八個識你竟然不知道，只知道六個，你好菜！」於是他們現在不敢承認他們是六識論者，現在八識論已經成爲顯學，表示我們二十來年的努力有成績了。他們羞於承認自己是六識論者，這樣如來藏就不會被否定了。現在沒有人再敢出來寫書或公開演講說如來藏是外道神我，因為他知道，只要這麼一否定，人家馬上就會認定他沒有斷我見，是個凡夫、沒有開悟。所以只要出來這麼一講，就代表自己向佛教界宣示：「**我是個凡夫，我沒有開悟。**」我們這個佛法教育成功了。

話說回來，這一句經文其實不能用二乘法來解釋，如果用二乘法來解釋的話，那涅槃會等於斷滅空；因為證得涅槃以後，六識是要全部滅盡才能入無餘涅槃的。他們六識論者的解脫道法義中，不許有第七識意根、第八識如來藏，這樣所得的涅槃就會是斷滅空。可是沒有一個人願意接受斷滅空，即使是斷見外道論者，他們深心裡面也不願意斷滅，所以我見斷不了；因此他們死後中陰身又會出生，一看到中陰身出生時就說：「**唉喲！好在我沒有斷滅，還有中陰身。**」

那他會很高興：「**這境界中的身體不錯，還可以飛來飛去，又不必朝九晚五上班給老闆罵，多好呢！**」可沒想到到了第六天衰弱起來，快到第七天時覺得：「**我好像又要死了，不對、不對！我得趕快去投胎。**」這時如果有緣父母出現，他就會馬上投胎去了。什麼斷滅論者？那時他都忘了自己是斷見論者，趕快投胎去了！所以斷見論者本質依舊不離常見，只是他生前的見解屬於斷見而已。那麼這樣看來，顯然沒有一個人可以接受入了無餘涅槃是斷滅空，這時當然還是需要回歸 如來的本懷。如來的本懷是說「如來常住」，但是「如來」卻離開一切的生死，這才是 釋迦如來眞正的本懷。所以我們提出 如來這個本懷以後，六識論者不敢吭聲了。

回到這句經文來，這裡說的「如來」是講常住的如來，不是眾人的五陰，不是兩千五百多年前藉五蘊來示現給我們可以親近追隨修學種福田的應身如來。世尊這裡講的如來是指自心如來，每一個人都有這麼一尊如來端坐於你身中，從來不言不語，從來都不動心，永遠如如不動。假使你參禪參到覺得很灰心，最後氣起來說：「欸！**我的如來爲什麼不跑出來給我看？你眞是個混蛋！**」你很生氣大罵，但我告訴你，假使罵到七竅生煙也沒用，祂依舊如如不動，爲什麼？因爲祂不聽嘛！

所以教你有智慧一點，才能實證。遇見一個聾子，你在那邊大聲罵也沒有用的，一定要他耳聰目明你來罵他才有效果；如果他是個天生的聾子，再怎麼罵都聽不見，連聲音他都聽不見，怎麼會知道你在罵他。譬如人間的聾子，有人當面罵他，他也許用手語問：「你今天是不是吃錯藥了？」而他不會知道你在罵他什麼，他不會生氣，而如來藏就像是這樣。所以你就不用罵，就安分守己好好去參禪。

那麼這一尊如來如如不動，因爲祂聽不見，所以你罵祂時，祂有沒有所得？祂當然無所得。被罵的人都是有所得，被罵才會生氣；得什麼？得到人家罵他的那堆廢話，覺得無法安忍就生氣了，都因爲有所得。如果人家講話你都聽不見，他打手勢你也看不見——完全無所得；不論哪一句話你都得不到，就表示那些話全都還給他，跟你無關，那你就不必生氣。氣一次要死掉多少細胞呢？有的人還氣到心臟病發，那是因爲他有所得，得太多了所以心臟病發，可是你的如來依舊都無得。

都無得時會有滅嗎？都無有時你有什麼東西可以滅？都因爲有所得才有滅，譬如一個人去警察局報案說：「我遺失了珍貴的東西。」正因爲他以前得到了那個珍貴的東西，現在才說他失去了、滅失了。如果以前沒有所得，現在就不會有滅失這回事。那如來藏在人間不曾得過一法，祂就不會有任何一法失去。所以強盜一定要去搶有錢人，不去搶無錢人，窮人家裡一毫都無，去跟他搶什麼錢？有一個故事講得很有趣，有一天那個人正在睡覺，突然間聽到門被悄悄開了，有人在那邊翻箱倒櫃，他說：「**老兄！如果你找到錢，請告訴我一下。**」（大眾笑⋯）爲什麼？因爲連他在白天都找不到了。

所以無所得的一定無所滅。假使有某一個法或者某一個心從來都無所得，那祂有什麼東西可滅的？同樣的道理，世間法上也是如此，假使兩個人要打架，通常是穿皮鞋的人對穿皮鞋的人，光腳者對光腳者，才會打得起來。如果有一個人頭髮梳得亮光光，西裝筆挺，雪白雪白的西裝，再穿一雙白色皮鞋，遇到一個光腳的人，雙方一定打不起來，因爲他會想：「**我何苦來哉跟你打架。**」他會覺得不相當。那個光腳的一定想跟他打，可是這個穿白西裝、白皮鞋的人一定不跟他打。那光腳的爲什麼想要打？因爲反正無所失，爛命一條。他從來都無所有，所以他什麼都不怕。可是如果有很多東西、很多財產的人，他願意跟人家打架嗎？絕對不願意。

如來藏就像那個光腳的，祂什麼都沒有，所以祂什麼都不怕，對不對？就像選舉時唱那首歌：啥咪攏不驚！（閩南話）（大眾笑⋯）唱那首歌的人眞的都不怕嗎？他怕啦！才要唱那一首歌。可是如來藏根本就不了知，所以祂完全不會怕；只有知道危險的人才會怕，如來藏不知道危險。不知道危險，表示什麼呢？表示祂對一切法都無所知。對一切法都無所知時，祂對一切法就無所得，當然祂就無所滅。這道理其實不難懂，只要你懂得如來藏離見聞覺知，就知道這個道理。

但是如果落入離念靈知時想要解釋這個道理，問題就一堆了，因爲要強行壓制自己認爲什麼都無所得，所以聽說蕭平實可以幫人家開悟時，「我才不要求他幫忙開悟，因爲佛說要無所得，我去若是悟了就有所得了。」但他不知道悟的是無所得，所以他不學了，然後就用意識思惟而解釋說：「我什麼都不要知道，什麼都不知道才是證悟；如果知道太多就是有所得，就叫作所知障。」中華佛學研究所的所長聖嚴大師是這麼講的啊！他說因爲知道太多所以被障礙了；你看像他這樣到底在研究什麼佛學，我還眞不懂。連你們都懂得，他那個道理太荒唐了，一個佛學研究所的所長竟然會這麼講，還眞奇特！

那麼「如來」爲什麼於法都無所得？因爲你罵祂，祂聽不見就無所得，那你褒獎祂，祂也不會翹起尾巴來，因爲祂聽不見而且祂沒有尾巴。溈山靈祐早就講過了，眞如這個法「無背無面」，祂沒有臉，就不需要臉；所以你罵祂：「**不要臉！不要臉！**」祂生氣不生氣？不會。話說回來，「如來」正是這個樣子，你如果罵「如來」其實就像罵死人、罵木頭、罵石塊一樣，你再怎麼罵都沒用，祂聽不見、看不見，所以你在那邊比劃，甚至於用手語罵祂，祂也不知道，因爲祂看不見。你褒獎祂，祂聽不見，都無所得；你罵祂，祂也聽不見，依舊無所得。你也許說：「**那這樣子，我就疼疼祂，我抱住祂疼惜疼惜，乖啊！**」像人家養孩子一樣疼惜著，但祂又沒有觸覺，當你在疼惜祂時祂也無所得。不管怎麼樣祂都無所得，祂從來不得一法。

所以進了正覺，有的人進正覺已經二十二年，學很多了，也許已經明心開悟，到了增上班又學好多，可是你的「如來」始終都無一法所得；那你學法時有時說：「**我可能會忘記，這個法太妙了，得要記起來。**」趕快寫，但是恐怕忘記這個勝妙法，那是你的事情；你怕這個法滅了將來想不起來，所以記下來，「**哪一天記不起內容時，可以重新把它找出來**」，於是又全部想起來了。因爲你怕那個法滅了以後再也記不起來，才要趕快記下來，可是你的「如來」根本不操這個心，完全不爲這個事情心煩；所以你在那邊記，祂都不記，祂都不急，急了也是你的事，所以「如來」都無所得。

你得到很多法以後，祂也沒有得任何一個法；所以假使你起心動念：「今天增上班這個課程，我學到很多勝妙法，好棒！請問『如來』你有沒有歡喜？」祂不跟你答覆，因爲祂聽不見；祂也不必跟著你歡喜，因爲祂沒有得到任何一法，所以說「如來於法都無所得無所滅」，這是從自心如來的境界而說。如果不懂，讀了這一句就罵：「你這個愚癡人，謗佛。釋迦世尊這麼有智慧，竟然說祂於法都無所得無所滅，這眞是謗佛！」可是也許那天晚上世尊來告訴他說：「你才謗佛咧！」世尊是這樣的認定啊！如果要問世尊爲何這麼說，我代世尊開示：「因爲你不懂世尊說的法。你這樣一說，等於釋迦如來是個笨蛋。」不但這裡這麼說，下一品還會講這個道理。因爲「如來於法都無所得無所滅」，才能夠叫作涅槃；既然說這樣叫作涅槃，表示這一句開頭「如來」兩個字講的不是應身佛，因爲是說涅槃。

既然講的是涅槃，那涅槃是什麼？涅槃就是如來藏獨住的境界——不與萬法爲侶，從來不跟萬法相應。你說的是哪一個法？四聖諦、八正道、十二因緣祂都不相應，祂不與任何一法相應，所以叫作「不與萬法爲侶」，就是不跟萬法作伴，就是無餘涅槃，無餘涅槃之中就是祂；而這個無餘涅槃其實在現前就已經存在，你把所證得的自心如來「無名相法」摒除一切法、摒除一切五陰來看祂自身的境界，跟無餘涅槃裡面作個對照，就了知無餘涅槃的境界中，其實就是祂獨自存在。如來藏獨自存在的境界，其實現前就已經存在，所以菩薩說祂就叫作本來自性清淨涅槃；二乘聖者入了無餘涅槃滅掉了五蘊十八界，剩下祂時依舊是這個「**本來自性清淨涅槃**」。所以無餘涅槃其實是在每一個人身上本就已經存在的，只是有沒有實證的問題而已。

那麼這樣看來，其實「**涅槃就是如來，如來就是涅槃**」，講的就是第八識眞如。那你證得第八識眞如以後，從第八識眞如自身的境界來看涅槃時，第八識自己就是涅槃，所以有誰得涅槃呢？都沒有啊！從第八識來看時，眞正入涅槃時只是五蘊、十八界滅盡，不再接受後有，就說是無餘涅槃，可是這涅槃依舊是「如來」，就是第八識眞如，所以有誰得涅槃呢？沒有啊！譬如你努力修學解脫道證得阿羅漢果了，沒有入無餘涅槃，而是繼續修學菩薩道，這時從你的境界來看，你的智慧之所見，無餘涅槃中就是自己第八識眞如，就是這位「如來」。

這位「如來」祂本身就是涅槃，祂不需要來得另一個涅槃；那你這個五蘊證得涅槃以後，未來總要捨壽轉到下一世去，那這一世的你捨壽以後有得涅槃嗎？也沒有得涅槃。這樣子看來根本沒有誰得涅槃，因爲你捨報了以後也沒有你證得涅槃。你捨報以後假使入了無餘涅槃，無餘涅槃中還是這個自心如來，自心如來本來就涅槃，祂也不需要再得涅槃；祂即使在無餘涅槃中也不觀察自己正在無餘涅槃中，所以沒有誰得涅槃。而這個涅槃自心如來本來就涅槃，那你證得阿羅漢果以後有得涅槃嗎？也沒有啊！因爲這個涅槃本來就存在，所以「亦不見有得涅槃者」，這樣就很明白了。

接下來 世尊又說了：「舍利弗！佛亦不念涅槃，不以涅槃爲念，亦不貪著涅槃。」又要請問諸位了：這個「佛」字是指誰？欸！依舊是如來藏「無名相法」，就是第八識眞如。你看這個第八識有好多名稱，祂的名號太多了。我們正覺剛開始弘法時，大陸有一個上平居士，寫信出來罵：「你這個蕭平實說法說得好錯亂，根本不懂佛法；一下子說是阿賴耶識，一下子講如來藏，一下子又說是無垢識，一下子又講異熟識，一下子又變眞如，你到底在講什麼心？」從他的想法大概認爲寫這篇文字出來罵了以後，蕭平實一定氣死了；沒想到這個蕭平實幾乎要噴飯，好在那時不是吃飯的時間。這也就是說，其實「如來」有很多的名號，包括現在外道講的造物主其實就是「如來」，道教講的太極就是「如來」，婆羅門教講的大梵天就是「如來」，他們又稱為「祖父」，其實也就是「如來」。

凡是一切外道所說能夠出生有情的神或什麼，其實就是有情的自心如來。因為十方三世一切法界中就只有「如來」、「佛」，也就是眞如才能夠出生有情，才能夠變現三界世間；所以他們不管叫作什麼名稱，其實就是「如來」。現在哲學界都說「假必依實」，主張假有的諸法一定必須要依止於眞實存在的法，才能夠生住異滅；現在哲學家這個講法是正確的，但問題出在哪裡呢？在於沒有實證。有沒有實證才是問題的所在。所以佛、如來、眞如、佛性、異熟識、阿賴耶識……等很多的名稱，包括《阿含經》講的「識」或者「本際、實際」，或者《般若經》講的「無住心、不念心、非心心、無心相心、觀自在菩薩」等，乃至講到眞如，其實無非就是自心如來第八識。

世尊這一段作了結論說：「**舍利弗！佛亦不憶念涅槃，**」說「如來」從來不會想起什麼是涅槃，「**也不會記住什麼是涅槃**」——「**不以涅槃為念**」。

佛下來人間明明要教大家證涅槃的，為什麼竟然不念涅槃？那初轉法輪十幾年都在講有餘涅槃、無餘涅槃，為什麼這裡又說「佛」不念涅槃呢？原來這裡的「佛」講的是自心如來，是第八識如來藏。第八識如來藏不會憶念任何一法，更何況是憶念涅槃呢。所以當外道一天到晚在那邊辯論什麼才是證得涅槃時，那些外道們身中各自都有的「佛」同樣都「不以涅槃為念」，從來不會管他們講的涅槃到底對不對，那是外道們五陰的事，而外道們自己身中的「佛」都「不以涅槃為念」。

既然「不念涅槃」，「不以涅槃為念」，祂會不會「貪著涅槃」？假使我們作個譬喻，因為有很多人畢竟還沒有證得「如來」，我們便作個譬喻：譬如有一個自稱成佛的大師，他很喜歡金銀財寶，所以人家供養了一串蜜蠟念珠，當年是五百萬臺幣買來的，沒想到他看都不看一眼，因為他希望應該再有一串一千萬元的蜜蠟念珠；而他房間裡面也用黃金雕了一尊他自己的法像，你如果哪一天突然告訴他說：「大師啊！我找到一個很好的礦，現在挖了出來，蜜蠟可以作成念珠，每一顆足足有一寸，而且都沒有雜質，顏色都是正黃透亮透亮底，剛好一百零八顆，我現在要做成念珠剛好一串，明年就可以完工，**我送來供養您。**」這可不是一千萬元的價值，一寸的蜜蠟念珠哪裡去找啊！每顆都是價值連城；終於給他找到一百零八顆串起來，不得了，一定得上億，天下至寶，再也找不到第二串了。當你對他講了以後他會不會起貪？會啊！起貪了，貪著念珠當然不能說是貪著涅槃。

你過一段時間再告訴他：「**大師啊！現在我知道怎麼證得涅槃，我已經證得了，我哪天關起門來偷偷跟您講好不好？**」他會不會起貪？也會啊！因爲他不知道涅槃是要滅盡一切，以爲涅槃是一個什麼境界他可以得到，所以他起貪了。然後接著你告訴他說：「**請大師您出門一下，我要跟您那尊法像講悄悄話。**」於是他看在你要教他涅槃、要給他一串一寸大的念珠，看在這個面子上就出門去，關起方丈室門，讓你去跟他那一尊黃金雕像竊竊私語。當然要准許你作這件事，因爲看在兩個寶物面上：一個涅槃、一個蜜蠟念珠。於是關起門來，你跟他的雕像講：「**大師啊！我教你證涅槃，然後我另外有一串沒跟大師講的、要送給你掛在黃金寶像身上，好不好？**」那尊雕像會不會起貪？不會啊！因爲它不是五陰。這樣比喻，大家就容易懂了。

也就是說「**無名相法**」這尊自心如來——你身中的自性佛，祂就像那一尊黃金雕的大師像一樣離見聞覺知，祂既離見聞覺知怎麼可能會起貪？所以你跟祂講：「我教你證涅槃好不好？」祂不會跟你回答，祂根本沒有法貪；爲什麼沒有貪？因爲祂離見聞覺知。你說：「我再另外送你一串比大師更好的蜜蠟念珠，好不好？」祂也不會起貪，因爲祂離見聞覺知。自心如來——你身中的自性佛就好像這個樣子，祂永遠不會起貪，所以祂「亦不貪著涅槃」。但是不要誤會說，那祂就像石塊木頭一樣。不！祂有祂的了知功能，因爲祂能夠出生你這個五陰、十八界，還能夠出生山河大地，出生三界世間，也能了知你的心想，所以和無情不同；祂有很多功德，但是離見聞覺知，祂這方面倒是很像這樣子。

說祂離見聞覺知，可不要誤會祂完全無知，因爲祂還有知，只是祂的知不在六塵上運作，祂別有另一種知，所以你在想什麼祂都知道，但是你罵祂時祂就不知道；你想要幹什麼祂知道，可是你褒獎祂時、諂媚祂時祂又不知道了。但這樣的心眞厲害，要眞悟的人才會知道，而祂永遠不會有煩惱。這樣看來顯然祂又很勝妙了，剛剛聽說祂離見聞覺知，就好像那個黃金雕的像一樣，什麼都不知道、也不會貪，就覺得說：「這是什麼東西，沒價值。」

可是我告訴你，這只是個譬喻，讓你瞭解祂的某一面的體性，其實「於無分別中能廣分別」，祂所能分別的是你作不到的；祂只是不跟五陰計較，所以在六塵中祂不作分別，因此祂「不念涅槃」。所以這裡講的「佛」是指你身中的自心如來，世尊因此說：「佛亦不念涅槃，不以涅槃爲念，亦不貪著涅槃。」

這樣前後兩句顯示了自心如來、自性佛「無所得無所滅」，祂就是涅槃；說祂不念涅槃「亦不貪著涅槃」。既然這樣證了以後而且次第進修到達佛地，究竟具足圓滿一切法時，就表示自心如來、自性佛這個「無名相法」的境界，諸佛如來已經具足親證。具足親證之後就可以回頭來說：「釋迦如來於法都無所得無所滅，故名爲涅槃，亦不見有得涅槃者。」釋迦如來如是，十方三世一切如來，包括諸位未來佛莫非如是，因此如果要再作開示，應該說：「釋迦佛亦不念涅槃，不以涅槃爲念，亦不貪著涅槃；釋迦如來如是，十方諸佛莫不如是，亦不念涅槃，不以涅槃爲念，亦不貪著涅槃。」這樣才是面面俱到的圓滿說。

接著作一個結論說：「是故當知是爲第一奇特稀有。所謂如來說一切法無生無滅無相無爲，令人信解倍爲稀有。」「由於以上所說的緣故，你舍利弗應當要知道這個無名相法，才是第一奇特稀有。」爲什麼說是第一呢？因爲十方三世一切世出世間法中，再也沒有辦法找到另一個第一了。爲什麼祂是第一呢？就好像儒家有一句話叫作「先天下之先，後天下之後」，現在可以借儒家這一句話來用。天下誰最先有？就是如來藏最先有，祂排第一；誰排最後？祂也排最後，最後第一名也是祂。爲什麼？因爲天下壞掉了，人類都死光了，最後一名還是祂。因爲祂死不掉，所以最先第一是祂，最後第一名也還是祂。這不是先天下之先、後天下之後嗎？對啊！所以你看佛法厲害，儒家的法來到這裡也變佛法了。因此說祂永遠都排第一，從最先來算祂也第一，從最後來算祂也第一。

不然從三界來說吧，人間誰最大？也許有人說美國總統最大，可是他再大也大不過八年，八年後就大不起來了；也許有人說轉輪聖王吧？對啊！轉輪聖王統領四大部洲，金輪王最大了，可是他有大過玉皇大帝嗎？也不行的，才起一個念說：「我可以取代玉皇大帝。」就立刻下墮人間，連金輪王的身分都失去了，大在哪裡？還不夠大。要不然天魔波旬算夠大了，魔天的天主；其實也還不夠，因爲比起初禪天人來，他的壽命還是很短促的。那初禪天主就大嗎？不！還有二禪天主。三禪天主也不夠大，那四禪天主夠大嗎？也不夠大。你也許想：「**因爲還有無色界天。**」可是無色界天能談什麼大？他連色身都沒有，跟誰比大？那麼誰比較大？阿羅漢，因爲是人天應供；但阿羅漢就夠大嗎？不！阿羅漢是誰生的？還是由他的眞如生的，所以眞如才是第一。阿羅漢如是，緣覺、菩薩、諸佛如來莫不如是，所以諸佛如來以法爲師，哪個法呢？以如來藏「**無名相法**」爲師，祂又名自心眞如。

所以不管什麼樣的有情，四聖六凡一切有情永遠都無法排第一，就是如來藏排第一。因此「如來」這一尊人人都有的佛才是第一！那這個第一當然是奇特，因爲你再也找不到另一個第一，怎麼能說祂不奇特。而祂的奇特之處今晚我也講夠多了，如果是第一次來到正覺講堂聽經，此時心想：「**奇怪，這些法義以前都沒聽過。**」沒聽過卻又無法推翻，因爲合乎三乘法輪一切諸經。

那麼這樣的自心如來當然是奇特，還有一項奇特大家都沒注意到，祂在每一個人身上忍辱負重卻又不覺得忍辱負重。祂眞的忍辱負重，可是從來不覺得自己忍辱負重，你說這樣的心性夠不夠奇特？夠啊！所以只要觸證到了「如來」時就說：「以前都還沒注意到祂的奇特，今天聽您蕭老師一席話，隨聞入觀而證明了，還眞是奇特！」所以因爲有這麼奇特的如來跟自己在一起，那麼悟後繼續修行要不要入無餘涅槃？不要啦！有這麼奇特的「如來」跟我在一起修行，爲什麼還要入無餘涅槃？要跟祂永遠在一起才對。所以要記住了，要世世行菩薩道。

接著說「稀有」，你再也找不到一個可以跟第八識眞如相提並論的法了，因爲祂就是「唯我獨尊」的，可是卻每一個有情的如來全都唯我獨尊。唯我獨尊意思是說，沒有辦法找到另一個法來跟祂相提並論、稱兄道弟。唯我獨尊還有另一個意思，就是你不能吞併我，我不能吞併你。可是唯我獨尊還有另一個意思，就是一般人講的王不見王。眞的如此，一個國家的國王一定不願意見另一個突然跑出來的國王，王不見王；可是我說的不是這個意思，因爲佛法中說的諸王都是不相見的，都是唯我獨尊的，你身中有唯我獨尊的自心如來，我身中也有，你們座位旁邊的每一個同修也都有；咱們每週二來這裡相見，那你唯我獨尊的如來也來了，我唯我獨尊的如來也來了，可是我的如來與你的如來因爲唯我獨尊所以各不相見。咱們的五陰相見：「張三你今天好不好？」王二在旁邊也說：「好啊！我覺得你張三很不錯。」那張三也回應：「**唉呀！還好啦！托老兄您的福。**」可是他們兩個人的國王——他們的心王互不相見。爲什麼互不相見？因爲太尊貴了，唯我獨尊啊！你看是不是很稀有？很稀有喔！

可是等到你有一天破參了說：「**哼！騙人！什麼稀有，不值一毫，要賣也賣不掉。**」說的也對，眞的無法賣。如果你找到了自心如來，對人開口說：「**我的自心如來賣給你。**」愚癡人可能會說：「**我可以跟你買，一千萬元喔？**」對他來講一千萬元很多了，可是要怎麼交貨？所以你眞的要賣時，契據上要先寫明：「**我不負責交貨，我負責點交給你，你帶不帶得走是你家的事。**」可是他不知道，等到哪一天他眞的帶錢要跟你買時，你說：「不！你得先要去打三，等你悟了才懂得怎麼樣交貨。」這時他說：「**我用一千萬元跟你買，你施設條件還這麼多。**」你說：「**當然啊！因爲我如果不幫你把這個弄清楚，你到時候說我騙你。**」於是一千萬元存著，然後對方努力來學，有一天悟了時說：「**根本就沒辦法交貨。**」

他知道沒辦法交貨了，這時該怎麼辦？契約該怎麼辦？要怎麼履行？合約都簽了，張三就說：「你已經知道貨在哪裡了，那你什麼時候要取貨隨時來取，我不管啦，一千萬元匯來。」他匯不匯？他匯不匯？怎麼不匯？應該要匯呀！怎麼不匯？當他把錢在銀行匯完時就銀貨兩訖了，怎麼不匯。你說：「這個心就這樣交貨。」交貨以後張三還在，王二也還在，都生活得好好的，那你說「無名相法」這一尊佛——這個自心如來奇特不奇特？稀有不稀有？眞是既奇特又稀有！普天之下再也找不到另一個，祂眞的要冠上第一，所以說：「是故當知是爲第一奇特稀有。」可是等你悟了眞的弄清楚第一奇特稀有時，你卻說：「啊！好好睡覺就是了。」

《佛藏經》上週講到第七頁第二段剩下最後一行，今天要說的是：「所謂如來說一切法無生無滅無相無爲，令人信解倍爲稀有。」這一句是針對上面所說的作一個總結，就是說：「因爲眞實我這個法，破一切諸念、諸見、諸結、諸增上慢等，所以『我』這個法就是如來，就是眞實的佛，於一切法都無所得也無所滅，祂就是涅槃；雖然有涅槃卻不見有得涅槃的人。這樣的眞實如來也不念涅槃，不以涅槃爲念，也不貪著涅槃。這是最爲第一奇特稀有的法。」因此說 如來所說的。這裡的「如來」講的是能說法的應身如來，當然是指 世尊自己。

這就是說：「世尊所說的一切法是無生無滅的，是無相無為的，而這一種不可思議的法令人無法想像、無法猜測，世尊竟然可以令人聽聞之後信受，而且有勝解，這是加倍的稀有。」那麼 如來這一句話、這個總結究竟有沒有一絲一毫的妄語呢？答案是沒有。為什麼我要這樣說？因為這三、四百年來的佛教大乘勝義之法淹沒不彰了，普天下都說在學佛，包括清朝的歷代皇帝也說他們是在學佛，至於歷代帝王學佛時，學了外道法落入密宗假藏傳佛教去了也就不談，可是還有許多正統佛教的出家、在家四眾也都說在學佛，學到後來都變成常見外道去了！只要一談到「一切法生滅無常，是苦空無我」，大家都會信受；信受了以後卻又不願意承認無餘涅槃中是滅盡蘊處界的，這是很矛盾的現象。

既然接受了二乘菩提，也說人間五陰、十八界這現象界的我是虛妄的，既然說是苦、無我，就應該要接受入無餘涅槃就是把蘊處界的我全部滅掉，這樣才能夠免除重新受生以及輪迴，可是他們又不接受；如果有人處處說「一切法無生無滅無相無爲」，他們就大力反對。尤其是近代將近百年以來，由於他們讀不懂大乘經典，所以認爲大乘經典的說法不符佛說；因爲他們認爲一切法本來就應該是生滅的，應該是有相有爲的，從現象界來看一切法時也是生滅，也是有爲的，全部都在有相之中，怎麼可能「無生無滅無相無爲」呢？所以他們認爲這是後代的佛弟子們自行創造出來的；因此他們主張佛陀在世時沒有大乘佛教，只有聲聞佛教，所以他們提出一個共同主張叫作「大乘非佛說」，他們這個主張在臺灣廣泛地荼毒了大乘佛弟子們。

他們這類邪見在臺灣佛教界肆虐了幾十年，沒有人出來反對，唯一曾經公開反對的人卻沒有辦法對治他們；那個反對的人勇氣可嘉，就是汐止的慈航法師。那問題來了，當他們主張「大乘非佛說」時，是不是意謂阿羅漢就是佛呢？是。他們就是這樣的認知。可是問題來了，一個世界中不可能二佛並世。兩尊佛同時存在一個世界中是不可能的事，那阿羅漢們如果都是佛，佛世就有很多佛了；一千兩百五十位大阿羅漢都是佛，那些阿羅漢座下的弟子大部分也是阿羅漢，也都是佛了，可爲什麼　佛陀示現入涅槃之後竟沒有一個人敢來紹繼佛位？依他們的說法，小阿羅漢們不算是佛，那麼大阿羅漢們總得算是佛了吧！竟然沒有一個人起來繼承佛位。

如果說是不好意思站出來繼承，或是不方便繼承，那麼大眾公推也可以，可就是沒有。爲什麼沒有呢？因爲再怎麼輪也輪不到他們，佛世 文殊菩薩、觀世音菩薩、維摩詰菩薩、彌勒菩薩都在，阿羅漢們的智慧都無法與這四大菩薩相提並論，大家心知肚明。大菩薩們都不敢說：「我要紹繼佛位。」阿羅漢們又何能紹繼佛位？這是很現實、當場就要面對的第一個大難題，可是他們都沒有想到，竟然就提出來說：「阿羅漢就是佛。」諸位由此可以想見他們的智慧是如何粗淺，是如何地無知！那麼其他的法上就不必談了。

現在歸結到這句經文來，這一句經文其實也是大乘諸經中多處說過，而且常常演說的道理；有時說「一切法本來無生」，有時說「一切法不生不滅」，這在般若諸經中是常常讀到的聖教。那麼這部《佛藏經》講到這一品，最後世尊總結說「一切法無生無滅無相無爲」，對那些六識論的二乘凡夫來講，眞的無法想像、無法猜測，簡直就不能思惟；因爲從閱讀阿含諸經所得到的知見所說，都是五蘊等一切法有生有滅有相有爲，但大乘經爲什麼說法反過來呢？他們就認爲這是顚倒見。由於他們不理解 佛說的眞實義，不能理解而猜測不出來；大家很努力研究之後，找個時間碰在一起，幾十個人討論的結果以後說：「這應該不是佛法。」因此就提出主張「大乘非佛說」。

可是等到正覺同修會出來弘法，竟然可以解釋這個道理。其實也不難，拐個彎就行了；因爲初轉法輪的經典都是從現象界來說的，第二轉、第三轉法輪諸經是從實相法界來說明現象界與實相界；依實相界來看現象界時，一切法就是「無生無滅無相無爲」，就這麼簡單！那麼正覺弘揚了這個法，他們不敢寫什麼文字出來否定，算他們有自知之明。只有無自知之明的密宗假藏傳佛教信徒們在網絡上亂貼文否定，因爲他們完全不懂佛法，他們也不是佛教徒，所以全無自知之明。而那些六識論的聲聞凡夫們號稱是菩薩，可是他們畢竟還有點信受因果，心中有著疑慮：「萬一正覺所講的是正法，那我們橫加否定，後世果報堪慮。」所以他們很小心，嘴裡否定但不落實到文字上，就一面讀一面觀察，看正覺這個法將來會不會因爲書印得越來越多，前後矛盾的地方也越來越多，看會不會前後牴觸。他們就等著看。可是他們看不到這個結果，正覺的法只有越講越廣、越說越深妙，但不會前後矛盾，不會自相牴觸，所以他們只能繼續口掛壁上。

這其實都是因爲他們沒有實證「**無名相法**」，就是沒有實證《金剛經》、《妙法蓮華經》說的「**此經**」，才會導致弘法上的窘境。如果有實證了，依於「**此經**」來看一切法時，何嘗有生滅？何嘗有相？又何嘗有爲呢？就譬如一面明鏡，單從明鏡的影像來看時，一切影像生滅不住；而他不見明鏡，那個人就叫愚癡凡夫，就是二乘法中的凡夫，因爲他只看到影像而不知影像是生滅法。二乘聖人雖然是愚癡人，至少比六識論中的所謂菩薩們要好得多了，因爲他們心中相信：「**背後有一面鏡子才會有這些影像，雖然我找不到鏡子，但我知道這些影像都是鏡子所顯示出來的。**」他們至少懂這一點。那二乘凡夫就不懂了，所以他們只看到影像，就落在影像的一部分中（例如離念靈知或細意識）說是不滅的，只說大部分影像是生滅的。

可是菩薩不但看到影像來來去去，同時也看到鏡子，然後把影像攝歸於明鏡，改從明鏡來看影像時，影像儘管來來去去不斷地換新，可是影像一直都在；影像是鏡子所顯示的，而鏡子「**無生無滅無相無爲**」，所以鏡中的影像自然也是「**無生無滅無相無爲**」，就這麼拐一個彎，大問題就解決了！

所以說，世尊把這麼難以理解、不可思議、無法猜測的勝妙法，在不輕洩密意、在覆護密意的前提下，竟然能夠說到讓菩薩們聽得懂，眞的「倍爲稀有」！所以「世尊」這個名號不是浪得虛名，連等覺、妙覺菩薩都不敢自稱「世尊」。但那個沒有斷我見的釋印順倒敢自認爲成佛了，所以他的傳記叫作《看見佛陀在人間》，他自認是印順佛。但我們以前評論說，諸佛如來捨壽前都會授記下一尊佛是誰，以及何時成佛示現，那麼印順到底有沒有授記？我們以前都說他沒有授記，可是我現在覺得他有授記；他授記了什麼人成佛？就是後山那個比丘尼，所以她才敢自稱是「宇宙大覺者」，每年五月浴佛時給大家浴的就是那位比丘尼的法像；但她的所證並不莊嚴，不該叫作證嚴，因爲沒有斷我見，又敢自稱成佛，因此我想大概印順曾經授記她，她就傻不啦嘰的接受了！

若是聰明人一定敬謝不敏，趕快說一句「阿彌陀佛」就走人；但現在看來她是接受了，所以每年五月浴佛就是浴她的法像。可是問題來了，爲什麼如來說「**一切法無生無滅無相無爲**」？且不說她有沒有能力爲人家解說讓大眾信受而生起勝解，單說她能不能有一個粗淺的理解，這就夠了。如果她證悟如來藏，有一個粗淺的勝解而自稱成佛，還勉勉強強可以混一下；我們就從六即佛中說她叫作「相似即佛」，是說有一點點像佛，因爲知道這經中說「**一切法無生無滅無相無爲**」，至少懂那麼一點，說出來時就會有那麼一點佛法的味道。

雖然還沒有到分證即佛位，但至少有一點相像，所以說她叫作「相似即佛」，這樣來自稱成佛還勉勉強強講得通；但是她對大乘法都不懂，連二乘法也不懂，一個具足我見的凡夫而自稱成佛；如果哪天有人替她來求情，說她還是應該叫作佛，那諸位可以封她爲什麼佛？（有人答話，聽不清楚。）啊？「觀行即佛」？還不到這裡啦！凡夫位還有兩種佛，正是前面兩個算過來的第二種佛——「理即佛」再過來的「名字即佛」。她叫作名義佛、名字佛，因爲她聽過這個名詞了，知道自己也有成佛的自性；但她還沒有到達觀行的階段，不能幫她稱爲觀行即佛。哪天如果要我寫個墨寶給她，落款以後就爲她寫上「名字即佛」送給她。因爲她還沒有「觀行即佛」的本質，「分證即佛」、「究竟即佛」就更不必談了。

所以說，大乘佛法之深妙就在於從實相法界來函蓋現象法界，把一切現象法界函蓋於實相法界中時，現象法界諸法就跟著實相法界永遠不滅。說到這裡有個問題要探討：一面明鏡中，張三的影像來了在這裡活動，幾分鐘後他走了，換個李四上來明鏡中活動，那麼張三跟李四到底是不是同一個人？不同一個人。有沒有關聯？有關聯，所以也不能說他們不是同一個人。但明明張三是張三，李四是李四，身分不同，可能性別也不同，而且不是同一時間存在（這有可能啊！也有可能上一輩子是天人，這一輩子是人類），明明不同，可是又不能夠說他們不同；因爲他們是同一面鏡子在不同時間所顯示出來的影像，都在這一面鏡子裡面而歸屬於同一面鏡子，所以不能說這兩個人不同；但也不能說這兩個人相同，所以應該說非什麼又非什麼？（有人答話，聽不清楚。）欸！對了！就是「非一非異」。

明鏡到底譬喻什麼呢？就是你的「此經」如來藏；張三、李四是譬喻什麼呢？張三是上一世的你，李四是這一世的你；上一世張三修了福業、淨業，這些種子留下來給此世的你繼承了，在你的如來藏中存在；你這一世出生了叫作李四，繼承了上一輩子張三爲你修的那一些福業、淨業，所以今天在正覺裡面學法；這樣當然不能夠說是同一個人，可也不能夠說不是同一個人！因此絕對不能落到兩邊去，是一也錯，是異也錯，必然是非一非異。

既然是這樣子，這兩個影像就是明鏡中的影像張三、李四，也就是上一世的我跟這一世的我——上一世的你跟這一世的你，就不能說是生滅，因爲上一世的你、這一世的你以及下一世的你，都是你的如來藏所顯示的影像，你的如來藏「**無生無滅無相無爲**」，那麼你的如來藏所顯示出三世的你就會一直延續下去，而且永遠依附在明鏡如來藏而繼續存在，不會中斷，那你怎麼可以說自己是有生滅的？你的如來藏是無爲無相的，你只是在祂的無相無爲中不斷生滅而有各種行相，顯示出種種有爲法；可是你只在「**無相無爲**」的如來藏裡面，屬於如來藏的一部分，那你就變成「**無生無滅無相無爲**」，這樣因果才能成立；如果不是這樣，因果就不成立了。

也許有人想：「**這個法怎麼又扯到因果來了？**」對啊！如果不是有這個我——有這個「**無名相法**」眞我，因果就不能成立了。試想：如果不是有這個「**無名相法**」如來藏收藏一世的業種和各種無記業種來轉生到下一世，那每一個人應該都只有一世；如果每一個人都只有一世，那因果怎麼報償？無法報償了。正因爲有這個「**無名相法**」常住不壞，而出生了三世的有情五蘊，每一世的五蘊所造一切善惡業、淨業、染業都在如來藏裡面收存著，所以下一世出生了另一個全新的五蘊，就乖乖接受他應該受的果報。如果不是這樣，有情的因果就不存在；因爲假使是由生滅性的五陰、十八界來決定因果，而不是由全然無記性的「無名相法」來執行因果，那麼這一輩子造了惡業，他的本分應該要到餓鬼道去，死時他肯不肯去？一定不肯：「我想要生天享受，幹嘛要去當餓鬼？」假使他造的惡業小一點，死後本分該去當狗，那他去不去？也不肯去啊：「那狗一天到晚要看主人臉色，我才不要；萬一主人把我丟了，到最後變成癩痢狗，誰見了都要拿石頭丟我。不去！」那就不可能有三惡道有情了。假使他的本分是該生爲雞鴨，他一想：「我去那邊投胎要給人家殺、給人家吃，我才不要。」那三惡道眾生就不可能存在了，因果便不可能報償。

但人間卻分明看見有畜生道有情，脫離不了畜生道，所以一定是「無名相法」離諸分別，依於祂自身的功德去實現那些因果，因果律才會分明存在，三界六道有情也才可能各依其分繼續存在。所以這個「無名相法」雖然太深，但這個法必然存在；譬如三惡道中的地獄道跟餓鬼道有情且不談，單說畜生道就好，那些猴子、雞、鴨、狗、貓，牠們難道不知道當人類眾生好嗎？人再怎麼窮都比當寵物狗還要好，因爲有格，叫作人格；但狗永遠就是狗格，跳脫不了狗那個圈子，牠永遠是狗，牠們難道不知道當人好嗎？可是牠們死後想要當人就能當嗎？眞的不能！因爲牠們死時就會有狗的中陰身又出現，只能繼續去投胎當狗，當到欠人類的債都還清爲止。所以一定背後有這麼一個無記性的「**無名相法**」存在，忠實收存生死中的一切業種，才可能有三界六道有情的差別。

這個道理其實不難理解，只是他們智慧太粗淺無法理解到這一點，所以印順佛也好，證嚴佛也好，其實他們的智慧遠不如哲學界！因爲哲學家們近代討論出來的一個共識就是「假必依實」——凡是假有的法一定是依於背後的眞實法才能夠存在，才能夠繼續輪迴不斷。哲學家們都還是凡夫，能夠探討出這麼一個共識來；他們身爲佛門的「大修行人」都號稱已經「成佛」了，竟然不如凡夫的哲學家，那你說這樣的「佛」値得我們信受嗎？諸位當然搖頭，可是信受的人依然多到不得了。

甚至我們正覺弘法已經二十幾年後的現在，還有比丘尼打電話到出版社來，哈拉了好幾分鐘以後，接著建議說：「**你們出版社以後不要再出奇奇怪**

怪的書。」我們出版社義工說：「您說的是哪一本啊？」其實早知道是哪一本，只是故意問她，她就講出來：「《霧峰無霧》啊！」果不其然！你看，那本書中已經很淺顯的條分縷析，非常清楚、非常明白地講出釋印順的錯誤了，她都還不能認知印順的錯誤有多麼嚴重。顯然這個比丘尼是比印順比丘還要笨上幾百倍的人，這就是此世仍不可度之人。由此證明，釋印順等人的智慧遠不如哲學家，根本就不能想像佛菩薩們的智慧。

這樣看來，我們二十幾年來把 世尊不可思議的法闡釋出來，讓諸位可以信受而且能得勝解（因爲實證了當然會有勝解），比起他們對實相法界「**無名相法**」的無知來說，世尊說的這個結論確實字字眞實，一個字都沒騙人。這個法眞的很難令人信解，所以 世尊最後作了一個完全不誇大的結論說：「**所謂如來說一切法無生無滅無相無爲，令人信解倍爲稀有。**」接著要進入下一品〈念佛品〉第二。

經文：【爾時舍利弗白佛言：「世尊！於此法中云何為惡知識？云何為善知識？」佛告舍利弗：「若有比丘教餘比丘：『比丘！汝當念佛、念法、念僧、念戒、念施、念天。比丘！汝當觀身，取是身相，所謂不淨。當觀一切諸有為法皆悉無常，觀一切法空無有我。比丘！汝當取所緣相，繫心緣中，專念空相。當樂善法，當取不善法相；取不善法相已，為令斷故觀念修習；謂為斷貪欲觀不淨相，為斷瞋恚觀慈心相，為斷愚癡觀因緣法；常念淨戒深取空相，勤行精進為得四禪，專心求道；觀不善法皆是衰惱，觀於善法最是安隱。一心修道，分別諦觀善不善法；諦取相已一心思惟，觀涅槃安隱寂滅，唯愛涅槃畢竟清淨。』如是教者名為邪教，謂是正教而是邪教。舍利弗！如是教者名惡知識，是人名為誹謗於我，助於外道，亦為他人說邪道法。舍利弗！如是惡人，我乃不聽受一飲水以自供養。我說教者，不說受者，舍利弗！於我法中多有如是增上慢教。」】

講義：《佛藏經》接下來要進入〈念佛品〉，後面還有〈念法品〉、〈念僧品〉就越講越刺激了。先來講〈念佛品〉，是說怎麼樣才是眞正的念佛？到底念佛時應該念什麼佛？一般都以爲念佛是老菩薩們的事，我們同修把《無相念佛》或者《念佛三昧修學次第》送給人家，有時人家往往會說：「我才幾歲就要我念佛？」在他們觀念中，念佛是老伯伯、老阿嬤的事，年輕人幹嘛念佛？他們認爲念佛是要求得一個依靠，臨命終時有佛依靠，免得不知道要哪裡去。但念佛法門其實甚深極甚深，一直以來大家都認爲念佛不過是唸佛號，大不了到寺院裡大家一起跟著地鐘在那邊持唸佛號，大家繞繞佛也就是了；那些共修的佛弟子們大多是頭髮斑白，不然就是頭髮掉光了，穿著海青繞佛時速度都還得特別放慢，這就是正覺同修會開始弘法之前，淨土宗的相貌。

直到正覺開始弘揚無相念佛，開始有一點改觀了。諸位不要以爲我這個話講得誇大，其實不誇大，臺灣跟大陸弘揚念佛最有名的是誰？（有人說：淨空法師。）不二人選，大家一開口就是他。但他近年走偏了，念珠有顆佛頭珠，下面有穗，他竟然在佛頭珠的穗下面加一個東西——十字架（大眾爆笑……）。他愛寫書法，還把基督教的《玫瑰經》也寫好裱起來掛在牆上。我都覺得護法菩薩們度量眞的很大，晚上應該去敲敲他腦袋，把他敲醒。這個人沒去大陸之前，那是二十幾年前的事了，當年他在杭州南路華藏講堂，我去拜訪他；我的想法是聽說他這個人不貪財，也不會同流合污，我把法傳給他就可以回故鄉去了，不必繼續在臺北住；到了冬天我就穿著長袍、拿根棍子或拐杖到處晃，弘法就沒我的事了。

沒想到咱們跟他談體究念佛，根本就談不入港，他一直往外推，想談實相念佛更不可能。一開始就拿大帽子扣我了：「講什麼體究念佛、實相念佛？**那是大菩薩們的事，我們算什麼？我這些徒弟們假使有一、二個能夠下品下生，我就很歡喜了。**」這事情以前我跟你們講過的，我聽著眞是沒辦法接受，所以才故意問他：「**請問師父！您這些出家徒弟們，有哪個是殺人放火、十惡不赦？因爲下品下生是這種人啊！就是殺人越貨、燒殺擄掠、十惡不赦之徒，才會是下品下生。**」他聽我這麼一講，知道自己講錯了，就開始把話題拉開；那我想，這法不能送給他，不過要教育一下；所以我就從下品下生開始往上講，我講完了下品下生他就拉開；當他講完了我又拉回來講下品中生，這樣一來一往一直講到上品上生。你想，那還是鼎鼎有名的大師，才一談到無相念佛，都還沒談到體究念佛，他就扣我帽子說：「那是大菩薩們的事，咱們算什麼？」眞沒辦法度他！

所以說，念佛的層次高的很高，深的很深，廣的很廣，妙的很妙，他完全不知；當年他老掛在嘴邊的一句話是：「一句佛號要唸到底，死也不能放啊！」連死都不能放，像他這麼講的人，我去跟他講無相念佛，叫他要放掉佛號，怎麼可能？你們看，那樣一位大師都無法接受深奧的念佛法門，那你要跟一般學人說念佛要念法身佛，他們如何能聽得進去？我都親自登門拜訪送上門去，他還不要！那就沒辦法了。後來我又想還有哪個大師可以接受這個法？心裡又想另有兩個也許可以，但觀察到最後，連一個都不行。既然都不行，只好自己挑這個擔子了，不然怎麼辦？好在現在諸位幫我挑，雖然我現在過的生活眞的不像生活，但是諸位也在幫我挑，讓我可以專心作重要的事。

但是這個念佛的道理，在近代其實是正覺同修會開始弘法以後才眞正圓滿的弘揚起來。以前誰講過無相念佛？誰講過體究念佛、實相念佛？都沒有啊！但是即使菩薩修到了七地、八地、九地、十地了，所修的一切法看來跟念佛無關，其實依舊是念佛。可是有誰知道這個道理呢？這個道理講起來眞的絡絡長，一言難盡，那我們就不要去談它；既然一言難盡，我們就依照 佛陀的開示來講。

這就是說，念佛的法門與層次差異很大，深淺廣狹差別非常之大；在《佛藏經》中講的是諸佛的寶藏，諸佛寶藏中當然先要講到「佛」是什麼，也說到應該怎麼念佛，所以就來講這〈念佛品〉。但是〈念佛品〉中 世尊在經文第一段開始就有一點麻辣了，我們來看 世尊怎麼說。舍利弗爲眾生而問：

語譯：【這時舍利弗稟白佛陀說：「世尊！在這個法之中怎麼樣叫作惡知識？又是怎樣叫作善知識？」佛陀告訴舍利弗：「如果有比丘教導其餘的比丘說：『比丘啊！你們應當要念佛、念法、念僧、念戒、念施、念天。比丘啊！你們應當要觀察自身，攝取這個色身的法相，要知道就是佛所說的不清淨。應當觀察一切三界各種有爲法全都是無常的，也應當要觀察一切法全都是空而沒有眞實我。比丘！你們應當要攝取一個修行上所緣的法相，把你的覺知心綁在你所攝取、所緣的法相中，要專心憶念無常故空的法相。應當喜歡善法，應當瞭解不善法的法相；瞭解不善法的法相以後，為了想要斷除的緣故應該觀察、憶念、修學、熏習。也就是說，為了斷除貪欲的緣故而觀察色身的不清淨法相，為了要斷除瞋恚的緣故而觀察慈悲心的法相，為了要斷除愚癡的緣故而觀察因緣法；時常都要憶念著清淨的戒法，而深入攝取一切法空之法相，並且精勤的修行、很努力精進，為了想要證得四禪，要專心求道；也應該要觀察一切不善的諸法都是衰惱，要觀察一切善法最為安隱。要一心修道詳細分別清楚而且要正確的觀察一切善法與不善法；正確攝取善法、不善法的法相之後，要一心專精的思惟，然後觀察涅槃是安隱的、是寂滅的，心中只要喜歡涅槃的畢竟清淨就可以了。』

若有人像這樣教導的話，就叫作邪教，若有人說這樣的教導是正教，其實本質是邪教。舍利弗！像這樣教導的人名為惡知識，這個人所說的佛法其實都是誹謗於我釋迦牟尼，他是在幫助外道，也是在為別人演說邪道之法。舍利弗！像這樣的惡人，我甚至不允許他接受一滴飲水來供養他自己。但我說的是指教導的人，不是指接受教導的人，舍利弗！在我佛門的法中，有很多像這樣的增上慢的教導啊！」

講義：世尊這話夠不夠麻辣？夠啊！依照 世尊這一段開示，你們看印順派那一些人，包括後山那個大團體，再加上四大山頭都函蓋進去，他們所說的法，依照 世尊這個定義是不是「邪教」？是了！可是我沒有說過他們是「邪教」，如果哪天眞的要說他們是「邪教」，他們也得接受，因爲聖教量就是這麼說的啊！但我寧可不說他們是「邪教」，總是從好的方面來看；至少他們接引許多初機的學人，讓這些人不會投入密宗假藏傳佛教也不會投入基督教，待在佛門的「邪教」中還是要比待在外道中好，所以我不評論他們這部分。但是如果他們爲人家亂印證開悟，我就要評論了。

這段開示對末法時代的諸方大師而言還眞麻辣，看來全臺灣的佛教界都要叫作什麼？（大眾答：邪教。）你們講的喔！而大陸佛教遠不如臺灣佛教，除了淨土宗的道場或寺院，幾乎全面淪陷在所謂藏傳佛教的喇嘛教外道法中，那是假藏傳佛教，更是「邪教」，因爲 佛在這一段經文開示的就是這樣子。所以，我沒說他們是「邪教」就夠好了，他們還罵我們正覺是「邪教」，眞的愚不可及、愚不可及！因爲他們罵了以後我就得回應——寫書回應他們，回應以後他們只能後悔不迭。

這就是說，方便法是爲了學人入道而施設的，既然都屬於次法，絕對不能把次法當作是佛法。次法是爲了幫助學人進入佛法而施設的方便，乃至於二乘菩提依大乘教來說也等於次法，因爲只是證入大乘教之前所應該依止的基礎。所以眞要說來，什麼叫作佛法？一定有個定義叫作佛法，譬如苦空無我無常、四聖諦、八正道修學之後可以使人成爲阿羅漢，是不是成佛了？還不是成佛。又譬如般若的實證，也就是明心、見性、道種智，一直到一切種智完成，這樣修行的結果才可以使人成佛，這樣的法才可以叫作佛法。所以二乘菩提容納到大乘法中時才可以說它叫作佛法，因爲它是佛法中的一個小部分。佛法如果像這一間講堂這麼大，二乘菩提大概就像這樣子（平實導師以小指末端比出大小），大概就是一粒花生米的大小，是大乘法中很小的一個部分。所以二乘菩提必須函蓋在佛菩提之內，才能定義爲佛法；如果單獨拿出來弘揚，不是作爲佛菩提中的一部分，就不是眞正的佛法，只能叫作聲聞法或者緣覺法，因爲具足修行的結果仍不能使人成佛。

佛法的定義是具足修行以後可以使人成佛，這樣的法才能夠叫作佛法。既然諸佛已經成佛了，教導人家修學佛法時，如來是不是應該教導人家能夠成佛的法？當然是！不可能只教導人家成爲阿羅漢的法。但眞正的佛法是要證得法身的，就是諸佛法身無垢識，所以我們念佛時要憶念於究竟佛，那麼究竟佛是依什麼而修？就是依佛法而修，不可能是單依二乘菩提而修。那麼如果眞正要念佛時應當如何念佛？這就是一個學佛人很重要的課題。既然《佛藏經》講的是佛法的寶藏、諸佛的寶藏，舍利弗考慮到大家想要獲得佛法的寶藏而要如實修行時，應當要依止善知識修行；可是善知識有眞有假，假的善知識就是惡知識；如果不幸跟到了惡知識，不是只有虛生浪死、徒費工夫，還會走上岔路，結果甚至造成大妄語業，那問題就大了。

問題怎麼大呢？譬如以凡夫之身自稱是阿羅漢，雖然也稱爲大妄語，但這個大妄語比起其他的大妄語來算是小號的，不是最大的大妄語；可是有人以凡夫之身自稱成佛，而且宣稱他比 釋迦如來證量更高，自稱報身佛，那是特大號的大妄語，無可救藥。這是現實中存在的事實，就是密宗假藏傳佛教，因此選擇善知識而辨別惡知識的課題太重要了！舍利弗智慧第一，他難道不懂嗎？因此特地提出來請問：「世尊！在『我此法』中，」因爲他講的是「此法」，「此法」就是「無名相法」這個眞我第八識，「在我、在如來、在佛這個法之中怎麼樣叫作惡知識？怎麼樣叫作善知識？」他以這個前提來問，很清楚點出世人學佛的最大問題所在——「我此法」，怪不得說他是智慧第一。

那惡知識漫山遍野，我們弘法之前如此，現在依舊如此；只是現在惡知識收斂一點，不像以前那麼囂張。惡知識名氣很大，表面上看來往往很謙虛客氣，但其實他們是最大的惡知識。如果一般人想要求見他們，很困難，往往要先聲明會帶支票簿去才會被接見；若是派頭很大，這種惡知識已經排在第二號了。如果一天到晚罵人：「你應該瞭解苦空無常無我，那大乘非佛說，你為什麼要信？」那已經算第三號了，已經是老么。

這三種惡知識臺灣都有，第一號惡知識諸位心裡面應該有一個構想了吧？有沒有？有！我替你們說了，叫作釋印順。他不貪求人家供養、不貪求利養等，可是他專門把佛的聖教斷章取義，甚至於斷句取義加以扭曲，大力支持六識論而使密宗假藏傳佛教得以生存；但因為他身行清淨而不貪求名聞利養等，所以大家會信他。雖然他說的明明是違背聖教，也有許多人信，只因為他不貪求五欲；這一招跟誰學的，應該是兩千五百多年前跟提婆達多學過吧？示現很清淨，使得大家都信他，但他其實是天下第一號惡知識。佛光山被他誤導，法鼓山也被他誤導，慈濟則是完全被他誤導。

第二號的惡知識，就像某些大山頭，不值我們說他。第三號惡知識就是到現在都還在講「大乘非佛說」，到現在都還在反對第八識如來藏的那一些比丘、比丘尼們，但這一種惡知識可以說是天下最大膽的人。關於膽子，很多人私下都說：「**我看現在不說臺灣，就說整個中國佛教界，最大膽的人大概就是蕭平實，不論是什麼大師，他都敢講評。**」可他們不知道我的膽子最小，因為我只敢說眞話，從來不敢講假話；而他們各個膽子都很大，本來都自稱是阿羅漢、自稱成佛，可是我從來不曾起一念想自己是佛，所以我膽子比他們小，他們眞的還不瞭解我。

因此我們說惡知識是天下最大膽的人，甚至於我們剛搬來這邊時，那時才只有九樓這個講堂，竟然有個居士寫了經典，還弄成摺頁課誦的那一種經本；在經本裡，他自認為是佛，還把他的弟子好像《封神榜》一樣，一個又一個冊封：這是某某菩薩、某某菩薩。還到我們九樓門廳來發。後來我們那時的福田組長說：「這還得了！」下一週就拿了我們的書也到他們講堂門口去發，此後他們就不見蹤影了。他們不曉得正覺是什麼本質，有一句閩南語說得好：「都還不知道人家是熊還是虎？竟敢侵門踏户。」竟敢公開誤導眾生還來否定正法。這就是說惡知識其實都是沒智慧的人，他們膽子特別大。

剛剛講的惡知識還只是佛門內的，那佛門外有沒有更大的惡知識？有啊！密宗假藏傳佛教那一些四大法王們、喇嘛們，全都是特大號的惡知識！還有一個外道是什麼功？法輪功。那個教主李洪志先生，他對佛法是十竅通了九竅（大眾笑…）對啊！歇後語諸位都知道，叫作一竅不通。他竟然敢說佛有三級，而他是第一級的，認爲釋迦牟尼佛比他低，是第三級的佛。這樣一來，佛陀叫作無上士，那他是不是要叫作無上無上士了？這種人是最大膽，可是也最愚癡，因爲根本就不懂而敢亂講話。但他這一世得了名聞利養——一大筆錢眞的無法算，跑到美國享受去了！至於下一世，他大約還沒想到；但是懂因果的人爲他憂心，他的腳底都不知道涼，這就是惡知識。

可是佛在這一品裡面講的惡知識標準可高了，很嚴格的！那些人都排不上名號。舍利弗智慧第一，懂得提出這個問題來，讓佛陀可以詳細開示。他問了「惡知識」之後，接著再問：「怎樣的人可以稱爲善知識？」佛陀就舉例來講：「如果有比丘教導別的比丘說：『比丘們！你們應當要憶念於佛、憶念於法、憶念於僧，而且要憶念戒法、憶念布施，還要憶念諸天。』」我們現在先來把這個作簡單的解釋。

「念佛、念法、念僧、念戒、念施、念天」的修法叫作「六念法門」，這個六念法門在《阿含經》裡面就有了，其實這法本來就是大乘法，因爲二乘菩提中不必修這六念；但因爲阿羅漢們當年也在大乘經典演說時的法會現場親自聽聞，所以他們也聽過，就結集下來。但結集下來時把大乘法的部分忽略掉了，因爲他們聽不懂、沒有勝解；既沒有勝解就沒有念心所，記不住，結集時就無法記下來。

所以五百結集剛開始時阿難說：「不！應該像我講的這樣結集才對。」可是那些定性聲聞的阿羅漢們堅持不這樣結集，最後阿難只好隨順他們，否則四大阿含諸經就無法結集成功。因此阿難知道未來還得要結集大乘經，所以五百結集之後誦出了，阿羅漢們說那叫作「阿含之道」，也就是成佛之道。但是菩薩們在場聽了誦出的內涵時就說：「這哪能叫作成佛之道？請他們修改。」但阿羅漢們不肯修改經文，於是菩薩們當場放話：「吾等亦欲結集。」

因此文殊師利菩薩邀請阿難跟所有的菩薩們共同來結集，但因為人數眾多，七葉窟內擠不下，就在七葉窟外進行了千人大結集，就是大乘經的由來。

那麼這六念法門本來是大乘法中說的，阿羅漢們聽了大乘經時，對大乘法沒有勝解而記不住，所以結集出來時都變成二乘經，但六念法門也結集在裡面。這六念法門首要就是念三寶，佛有什麼功德要憶念？最主要功德是十號，至於其他的功德，例如十力等那就很多了，現在不談它。就說諸佛如來的功德是要憶念的，而且也要憶念佛法；念法時難道會教你念聲聞法嗎？諸佛如來下生到人間一定把最好的、最具足圓滿的法傳給大家，沒有一尊佛吝法的。不可能有一尊佛說：「這個法太勝妙，我若給你們太多，你們跟我一樣了，這可不行。」沒有一尊佛會這樣吝嗇的。

菩薩都不會如此，更別說諸佛；這是事實，例如我有沒有吝過法？沒有啊！有時還被最早期弘法那十年的某些同修私下笑我：「老師最笨了，都不懂得防人，你跟他問一個法，他會給你三個法，很好撈。」閩南話叫作撈，「真好撈」有沒有聽過？說是很好騙，輕易就可以從我身上挖到寶。但我何嘗不知道，當年如果不裝作不知道而讓大家盡量撈，今天能有這麼多人可以用嗎？沒有的。這證明連菩薩都不吝法了，何況是諸佛如來？諸佛如來既然來人間成佛，目的就是要把最圓滿、最勝妙的法傳給大家，不會只給聲聞法。所以念法時應該念什麼法？要念佛法，不要單念聲聞法、緣覺法，因為二乘法本來就是大乘法中的部分法門。

接著要「念僧」，念僧是要憶念聲聞僧嗎？如果是憶念聲聞僧，聲聞僧中層次最高的是什麼？是阿羅漢。但阿羅漢捨壽後會不會再來？不會。那你憶念他，這一世只證得初果，下一世呢？他還來不來人間教你證阿羅漢果？不來。那你憶念他有什麼好處？就只有短短幾十年的時光可以跟他修學，當他捨報時都不護念你，只管入無餘涅槃去了，那你如果是專要念這種僧，不想憶念菩薩僧，叫作自尋煩惱。所以你要「念僧」的話，一定是要念什麼樣的僧呢？（大眾答：勝義僧。）但不能只講勝義僧，要講勝義菩薩僧。因為阿羅漢也是勝義僧——聲聞法中的勝義僧。你們應該要憶念勝義菩薩僧，他們未來都會世世在人間陪著你，這樣你來「念僧」才有意義和利益。

如果你是念聲聞僧，他到臨命終時一切都空掉，什麼都不理，一心入無餘涅槃，那你下一世還有誰可以依止呢？沒有了，就好像一個孤兒一樣；那麼每一個憶念聲聞勝義僧的人將來繼續留在人間修學時，就是一群孤兒。對喔？你覺得好笑喔？其實不好笑，應該覺得可悲欸！所以念僧時一定要念勝義菩薩僧，不要去念勝義聲聞僧，更不要念凡夫聲聞僧。可就是有愚癡人發誓：「**我生生世世要跟著某某大師！**」可是那個大師只是凡夫，依眼前的狀況看來幾劫後還會當凡夫，那他生生世世都要跟隨，不是有智之人；如果他不發這個願，或許那個大師未來世反過來要跟他才對，因爲他的法緣比那位大師好。所以「**念僧**」的對象眞的要弄清楚，不能含糊！因爲憶念錯了，學的法就跟著錯，然後所有「**念佛、念法、念僧**」的功德就會被錯修錯證的法給耗損掉；像這樣子愚癡「**念佛、念法、念僧**」的三念功德，就全部失去了，所以「**念僧**」的內容還眞的很重要。

接著「**念戒、念施、念天**」說的是次法，憶念三寶中有一個「**念法**」。「**念法**」就是憶念你所證的法，當你證得眞如、證得佛性、證得道種智等，應該要憶念這樣的法，不能丟棄。憶念於這個法時，你永遠就會有一個憶佛的念存在，都沒有名號形像等，但你心中永遠歸依於佛和究竟法，因爲法從佛受。這個歸依的本身平常不會現起什麼作用，可是等到你有任何事情出現時，你的最後歸依就是佛；那你也知道佛的本質是什麼，知道諸佛的實相是什麼，這樣才是眞正的「**念佛**」，但這都是實證的層面。所謂實證的層面，例如你念勝義菩薩僧時，假使你已經實證了，而且成爲勝義菩薩僧中的一分子，那你就不會去跟凡夫眾生一般見識。就是說，你會看清楚他們的本質，也會知道自己的本質，不會跟他們同樣的見識，這樣才可以說你是眞正的「**念僧**」。

念這三寶是因有實證的層面而生起的念，那你當然要有次法來配合；如果沒有次法配合，那你念這三寶，都是沒有實質的憶念，就像收割稻麥回來只有殼而沒有內涵，因此一定要有基礎來作支持，然後實證了自性三寶才不會出問題，否則實證後會有問題。例如律部有一部經典，我們常常援引，叫作《菩薩瓔珞本業經》，講到無量劫前淨目天子、法才王子、舍利弗，他們無量劫前悟過了，可是後來懷疑所悟的法；懷疑其實是沒有關係的，只要有善知識攝受就沒問題，偏偏當時沒有善知識攝受，他們三人心中生疑於是退失了；退失之後就不認定這個如來藏「**無名相法**」是能執藏一切種子的心，因此撥無因果，就不相信有什麼法可以收藏一切善惡業種子。正因爲撥無因果，就會五逆十惡無惡不造，結果就是下墮。正是如此啊！

假使有一個惡人，有個機會讓他證悟了，而且有善知識攝受他不退失，他就會信因果，又可以現前觀察到自己所造的一切業行，其實都在如來藏裡面造作，不曾外於如來藏，當然一切業種都不會遺失，那他就深信因果了，深信因果以後就不會去造惡業。但因爲他們不相信這個「無名相法」如來藏，所以撥無因果，十劫中無惡不造而下墮地獄，無數劫之後離開地獄漸漸回來人間再繼續修行，然後才遇到 釋迦牟尼佛而得度。這樣前後相差多久？這是無量劫前悟入，但沒有善知識攝受，所以悟後退轉而造惡，下墮地獄；在地獄裡受苦很久，再過無數劫後漸漸回來人間再修行；是無量劫後才遇到 釋迦牟尼佛，這一出一入相差多少！

所以證悟之後，如果所悟的是離念靈知就不會退轉，爲什麼不會退轉？因爲這是「常見」，世俗人都落入這個見解中，流於世俗就不會退轉，因爲太容易相信了。在世間，不論你遇到哪個修行人說「證得離念靈知時就是開悟」，大家都會說：「對啊！對啊！這就是眞如，這常住不壞的心就是眞我啊！」可是如果所悟是離見聞覺知的如來藏，心中往往會生疑：「這是眞的常住心嗎？」「這個就是嗎？」「這眞的是如來藏嗎？」會生疑。如果沒有善知識攝受，或者有善知識在世，而他不接受善知識的攝受，就會退轉而謗法乃至造惡，所以了義正法中是會退轉的，因爲難信。但如果是常見之法，保證不退轉，而且每天樂在其中。你如果跟世俗人說：「你這個清清楚楚、明明白白的心就是眞實的你，你信不信？」他一定告訴你：「信！」沒有一個會跟你說不信的，除非他學佛而且他讀過正覺的書。

所以證得眞實法的人才會退轉，落入常見之法的人不會退轉。證眞如而退轉的主要原因就是次法沒有修好，次法如果修好了，縱使疑心，頂多也只是在心裡面想：「這個眞是如來藏嗎？可是人家都説是，我還是不要誹謗的好，因爲如果誹謗了，恐怕後果堪憂。」他心性好，就不會誹謗；不誹謗，半信半疑時至少不會去幹惡業；就是因爲完全不信，才會去幹惡業。至於完全不信是有原因的，是因爲他的次法還沒有修好。所以「念戒、念施、念天」雖是屬於次法，學佛人也應該要先好好修起來。

後面這三念，先說「念戒」。假使時時憶念著戒法時會去殺人放火嗎？會去跟人家欺詐甚至於把人家公司給侵佔了嗎？不會的，所以「念戒」時會使他有一個基本的善法作支持。至於「念施」，爲什麼要「念施」？一定有很多人心中懷疑：「修學菩薩道為什麼一定要修六度波羅蜜多？不能是只修五度、四度嗎？」「為什麼六度裡面一定要有布施？又為何要把布施擺在最前頭修？」一定有人懷疑過。這成佛之道一開始就要修六度波羅蜜多，六度修完了進入初地再修十度，但十度裡面的前六度依舊是這六度，一開始還是要修布施度。

你們都知道，眾生最不捨的除了命以外是什麼？是孔方兄啊！錢是最難捨的，河洛話叫作「銀票」。「銀票」是明末或是宋朝才開始有的，以前都用銀兩，一錠一錠的不好帶著遠行，後來錢莊（或者叫作銀行）開了銀票，上面寫著幾兩、幾百兩、幾千兩、幾萬兩、幾十萬兩，背面蓋上自己填的暗號，北方人在銀號裡買了銀票去到南方，在南方的分行時就可以兌領銀兩；或者南方開的到北方可以兌領銀兩，這叫作銀票。現在閩南語就把紙質的鈔票繼續作銀票，年輕人比較少聽見這個名詞了。

布施時以錢為主要，最難修行的就在這裡，因為「人為財死，鳥為食亡」，這是天下很正常的事。錢財誰不愛？大家都愛。你要說：「蕭老師！我今天供養您一億元臺幣，您要不要？」我一定說：「要。」怎麼不要？我拿到一億元可以作多少事？只要不放到自己口袋裡，多多益善，我永遠不嫌多。假使今天有人要送來一百億美元，我要不要？要啊！當然要！「您不嫌麻煩？」不！一點兒也不嫌煩，我可以到處去當散財童子，怎麼不行？我把這一百億美元分給諸位，列冊追蹤，以後你們每一個人每天帶十萬塊錢出門布施，正覺同修會的行善票子儘管開，你們都去找貧窮人救濟，那臺灣就天下聞名了——行善之島。所以錢可以愛，只要愛得正當就好，有什麼不能愛的？

但世俗人很難捨，拿到錢時總是「以積聚爲事」。在家人如此還好，出家人如此就糟了。大約二十年前有位鑾有名的法師身故之後，他在臺中銀行裡的現金就有七億元，導致那些出家弟子們分成兩派相爭，後來告到法院去，你們大概知道是誰，我就不用講。至於不動產就更不用講了，因爲都是登記在私人名下，就有這些問題。那我們正覺所有收入或不動產都沒有在私人名下，全都是在團體的名下，而我們也只有一套帳。這是說我們不怕人家捐錢多，錢多了我們就多作一點事，錢少我們便少作一點事。哪一種好？都好！都好！錢少我就輕鬆一點，錢多了我就辛苦一點，但福德資糧也隨著更多。人家捐了這麼多錢來，我來幫他布施出去，大家一起來作，我們也有隨喜功德，沒有什麼不好。要考慮的是今世利、後世利，要考慮的是自利、他利，這樣就夠了！

但是世間人賺錢目的是為了累積——以積聚為事，為的是追求更好的生活，所以食不厭精、膾不厭細。但是菩薩不可以如此，必須要時時刻刻憶念著布施；至於這個布施就有三種差別，修六度波羅蜜時布施主要以財施和無畏施為主，法施就隨分去作。入地之後修布施，主要以法施為主，財施、無畏施其次，這是有差別的。「念施」之所以重要，是因為假使常常都憶念著要布施，遇到機會時就會布施；如果能夠作到這樣，表示他的性障除掉很多了！性障如果歸納起來說有五種，再歸納起來就是三種——貪瞋癡，那他已經把貪給去掉了，表示他的性障已經修除一部分。

從另一方面來看，他由於布施的緣故又增加了一分菩提資糧。菩薩見道所應該要有的菩提資糧，要從布施來；如果布施作不到，持戒也作不到，說他要得到佛菩提，那就不切實際了。有人也許說：「你說這話我不能接受。」那你問他說：「為什麼不能接受？」他說：「既然世尊來人間是要利樂一切眾生，我也是眾生之一，為什麼我就不能證得祂傳的最勝妙法？」還說得振振有詞，其實沒道理。因為　世尊要利樂一切眾生，也得要那些眾生有緣；就好像有一個人是大戶長者的兒子，他也不斷努力為這個家庭付出，認同這個家庭是他的歸宿，那大戶長者當然要把財富交給他。若是外面有個人來說：「**你兒子是人，我也是人，所以你的財產我當然也該有一份！**」他講得很大聲，其實他沒資格得，因為他不是這個家庭的成員；如果是這個家庭的成員，即使是長工，也會給他一份，但他連長工都不是。

所以如果外道努力研究佛教的經典而想要證悟，他們該不該證悟？當然不該。不說外道，譬如說我們家庭廣有財富，突然間又來一個姓蕭的人說：「**我也姓蕭，所以你的財富應該分給我一份。**」那時該不該給？不給。也就是說，你必須是這個家庭的一分子，你也為這個家庭作事，大家都承認你、接納你，你才可以得到這個家庭中應該有的飲食用具等，包括財富在內。應該如此。所以菩薩想要得到　佛的最大好處，一定要有那個福德資糧；但見道所必須的福德資糧要從哪裡來？要從布施來，顯示他的貪已經滅除大部分了。

可是布施時又有一個問題來了，有的人寫禪三報名表時還真有趣：「**我**

以前在某個基督教的社團，在那邊我每年布施幾萬元；我每年又在密宗藏傳佛教的道場布施幾十萬元，其他還有道教的、有基督教的、天主教的道場。」他抱怨說：「我有這麼多福德資糧，爲什麼不把我錄取上去打禪三？」也有人寫著說：「我每年在慈濟捐一百萬元。」禪三報名表就寫上來。不寫還好，這一寫，我就把他刷掉了！爲什麼？因爲對方是破壞佛教正法的，她跟佛陀唱反調。佛說「意法因緣生意識」，始終說意識是生滅法，甚至曾經開示說，各種的意識「彼一切皆意法因緣生故」，她偏偏出來唱反調，說「意識卻是不滅的」；而且她還大妄語，自認爲成佛了。在破壞佛教正法的道場護持，卻要來向了義正法道場領取本息，就好像：我去年在華南銀行存一億元的定期存款，一年到期了，我去樓下合作金庫銀行要領一億元存款的本息。那時合庫給不給？當然不給。

他布施的都是那一些世間資糧，從來沒有在正法上面護持，而想要具足菩提資糧；而且他護持的那一些道場都是在跟正法打對臺，那他憑什麼來我這裡提領見道的本息？而且來正覺提領的本息是超過很多倍的。你們看，在正覺證悟時，那個本息是道糧的幾倍啊？無數倍！那我怎麼能給？所以有的人布施是錯的，將來收得的布施果報只是世間法上的果報，在法上能收到的也應該是常見外道法的境界。菩薩這個過程得要經過，以前不懂也得要經過；例如我這一世初學佛時也護持到不如法的佛教道場，前前後後捐出的也不只一百萬元，所以說有這過程都是正常的。這就是心中有「念施」的善法存在才會這樣作，也才會有後來的見道等事；所以菩薩一定要有「念施」之法，沒有好好修「念施」之法，他在見道上的菩提資糧是不夠的。今天就只能講到這裡，其餘的要等待**下回分解**。

（〈念佛品〉尚未講完，詳後第六輯中續說。）

佛菩提二主要道次第概要表——二道並修，以外無別佛法

佛菩提道——大菩提道

十信位修集信心——一劫乃至一萬劫

資糧位

初住位修集布施功德（以財施爲主）。

二住位修集持戒功德。

三住位修集忍辱功德。

四住位修集精進功德。

五住位修集禪定功德。

六住位修集般若功德（熏習般若中觀及斷我見，加行位也）。

（外門廣修六度萬行）

見道位

七住位明心般若正觀現前，親證本來自性清淨涅槃。

八住位起於一切法現觀般若中道。漸除性障。

十住位眼見佛性，世界如幻觀成就。

一至十行位，於廣行六度萬行中，依般若中道慧，現觀陰處界猶如陽焰，至第十行滿心位，陽焰觀成就。

一至十迴向位熏習一切種智；修除性障，唯留最後一分思惑不斷。第十迴向滿心位成就菩薩道如夢觀。

（內門廣修六度萬行）

遠波羅蜜多

初地：第十迴向位滿心時，成就道種智一分（八識心王一一親證後，領受五法、三自性、七種第一義、七種性自性、二種無我法）復由勇發十無盡願，成通達位菩薩。復又永伏性障而不具斷，能證慧解脫而不取證，由大願故留惑潤生。此地主修法施波羅蜜多及百法明門。證「猶如鏡像」現觀，故滿初地心。

二地：初地功德滿足以後，再成就道種智一分而入二地；主修戒波羅蜜多及一切種智。滿心位成就「猶如光影」現觀，戒行自然清淨。

解脫道：二乘菩提

→ 斷三縛結，成初果解脫

→ 薄貪瞋癡，成二果解脫

→ 斷五下分結，成三果解脫

入地前的四加行令煩惱障現行悉斷，成四果解脫，留惑潤生。分段生死已斷，煩惱障習氣種子開始斷除，兼斷無始無明上煩惱。

近波羅蜜多 ── 大波羅蜜多 ── 圓滿波羅蜜多

修道位 ── 究竟位

三地：二地滿心再證道種智一分，故入三地。此地主修忍波羅蜜多及四禪八定、四無量心、五神通。能成就俱解脫果而不取證，留惑潤生。滿心位成就「猶如谷響」現觀及無漏妙定意生身。

四地：由三地再證道種智一分故入四地。主修精進波羅蜜多，於此土及他方世界廣度有緣，無有疲倦。進修一切種智，滿心位成就「如水中月」現觀。

五地：由四地再證道種智一分故入五地。主修禪定波羅蜜多及一切種智，斷除下乘涅槃貪。滿心位成就「變化所成」現觀。

六地：由五地再證道種智一分故入六地。此地主修般若波羅蜜多——依道種智現觀十二因緣一一有支及意生身化身，皆自心眞如變化所現，「非有似有」，成就細相觀，不由加行而自然證得滅盡定，成俱解脫大乘無學。

七地：由六地「非有似有」現觀，再證道種智一分故入七地。此地主修一切種智及方便波羅蜜多，由重觀十二有支一一支中之流轉門及還滅門一切細相，成就方便善巧，念念隨入滅盡定。滿心位證得「如犍闥婆城」現觀。

八地：由七地極細相觀成就故再證道種智一分而入八地。此地主修一切種智及願波羅蜜多。至滿心位純無相觀任運恆起，故於相土自在，滿心位復證「如實覺知諸法相意生身」故。

九地：由八地再證道種智一分故入九地。主修力波羅蜜多及一切種智，成就四無礙，滿心位證得「種類俱生無行作意生身」。

十地：由九地再證道種智一分故入此地。此地主修一切種智——智波羅蜜多。滿心位起大法智雲，及現起大法智雲所含藏種種功德，成受職菩薩。

等覺：由十地道種智成就故入此地。此地應修一切種智，圓滿等覺地無生法忍；於百劫中修集極廣大福德，以之圓滿三十二大人相及無量隨形好。

妙覺：示現受生人間已斷盡煩惱障一切習氣種子，並斷盡所知障一切隨眠，永斷變易生死無明，成就大般涅槃，四智圓明。人間捨壽後，報身常住色究竟天利樂十方地上菩薩；以諸化身利樂有情，永無盡期，成就究竟佛道。

七地滿心斷除故意保留之最後一分思惑時，煩惱障所攝色、受、想三陰有漏習氣種子全部斷盡。

←

煩惱障所攝行、識二陰無漏習氣種子任運漸斷，所知障所攝上煩惱任運漸斷。

←

斷盡變易生死
成就大般涅槃

圓滿成就究竟佛果

佛子蕭平實 謹製

（二〇〇九、〇二 修訂）

（二〇一二、〇二 增補）

佛教正覺同修會〈修學佛道次第表〉

第一階段

* 以憶佛及拜佛方式修習動中定力。
* 學第一義佛法及禪法知見。
* 無相拜佛功夫成就。
* 具備一念相續功夫—動靜中皆能看話頭。
* 努力培植福德資糧，勤修三福淨業。

第二階段

* 參話頭，參公案。
* 開悟明心，一片悟境。
* 鍛鍊功夫求見佛性。
* 眼見佛性〈餘五根亦如是〉親見世界如幻，成就如幻觀。
* 學習禪門差別智。
* 深入第一義經典。
* 修除性障及隨分修學禪定。
* 修證十行位陽焰觀。

第三階段

* 學一切種智真實正理—楞伽經、解深密經、成唯識論…。
* 參究末後句。
* 解悟末後句。
* 透牢關—親自體驗所悟末後句境界，親見實相，無得無失。
* 救護一切衆生迴向正道。護持了義正法，修證十迴向位如夢觀。
* 發十無盡願，修習百法明門，親證猶如鏡像現觀。
* 修除五蓋，發起禪定。持一切善法戒。親證猶如光影現觀。
* 進修四禪八定、四無量心、五神通。進修大乘種智，求證猶如谷響現觀。

佛教正覺同修會 共修現況 及 招生公告　2021/03/07

一、共修現況：（請在共修時間來電，以免無人接聽。）

台北正覺講堂 103 台北市承德路三段 277 號九樓 捷運淡水線圓山站旁 Tel..總機 02-25957295（晚上）（分機：九樓辦公室 10、11；知客櫃檯 12、13。 十樓知客櫃檯 15、16；書局櫃檯 14。 五樓辦公室 18；知客櫃檯 19。二樓辦公室 20；知客櫃檯 21。）
Fax..25954493

第一講堂　台北市承德路三段 277 號九樓

禪淨班：週一晚班、週三晚班、週四晚班、週五晚班、週六下午班、週六上午班（共修期間二年半，全程免費。皆須報名建立學籍後始可參加共修，欲報名者詳見本公告末頁。）

增上班：**瑜伽師地論詳解**：單週六晚班。雙週六晚班（重播班）。17.50～20.50。平實導師講解，2003 年 2 月開講至今，僅限已明心之會員參加。

禪門差別智：每月第一週日全天　平實導師主講（事冗暫停）。

不退轉法輪經詳解　本經所說妙法極爲甚深難解，時至末法，已然無有知者；而其甚深絕妙之法，流傳至今依舊多人可證，顯示佛法眞是義學而非玄談，其中甚深極妙令人拍案稱絕之第一義諦妙義。已於 2019 年元月底開講，由平實導師詳解。每逢週二晚上開講，第一至第六講堂都可同時聽聞，歡迎菩薩種性學人，攜眷共同參與此殊勝法會現場聞法，不限制聽講資格。本會學員憑上課證進入第一至第四講堂聽講，會外學人請以身分證件換證進入聽講（此爲大樓管理處安全管理規定之要求，敬請諒解）；第五及第六講堂（B1、B2）對外開放，不需出示任何證件，請由大樓側門直接進入。

第二講堂　台北市承德路三段 267 號十樓。

禪淨班：週一晚班。

進階班：週三晚班、週四晚班、週五晚班、週六早班、週六下午班。禪淨班結業後轉入共修。

不退轉法輪經詳解：平實導師講解。每週二 18.50~20.50 影像音聲即時傳輸

第三講堂　台北市承德路三段 277 號五樓。

禪淨班：週六下午班。

進階班：週一晚班、週三晚班、週四晚班、週五晚班。

不退轉法輪經詳解：平實導師講解。每週二 18.50~20.50 影像音聲即時傳輸

第四講堂　台北市承德路三段 267 號二樓。

進階班：週一晚班、週三晚班、週四晚班（禪淨班結業後轉入共修）。

不退轉法輪經詳解：平實導師講解。每週二 18.50~20.50 影像音聲即時傳輸

第五、第六講堂

念佛班　每週日晚上，第六講堂共修（B2），一切求生極樂世界的三寶

弟子皆可參加，不限制共修資格。

進階班：週一晚班、週三晚班、週四晚班。

不退轉法輪經詳解：平實導師講解。每週二 18.50~20.50 影像音聲即時傳輸。第五、第六講堂爲**開放式講堂**，不需以身分證件換證即可進入聽講，台北市承德路三段 267 號地下一樓、地下二樓。每逢週二晚上講經時段開放給會外人士自由聽經，請由大樓側面梯階逕行進入聽講。**聽講者請尊重講者的著作權及肖像權，請勿錄音錄影，以免違法；若有錄音錄影被查獲者，將依法處理**。

正覺祖師堂　大溪區美華里信義路 650 巷坑底 5 之 6 號（台 3 號省道 34 公里處 妙法寺對面斜坡道進入）電話 03-3886110　傳眞 03-3881692 本堂供奉 克勤圓悟大師，專供會員每年四月、十月各三次精進禪三共修，兼作本會出家菩薩掛單常住之用。開放參訪日期請參見本會公告。教內共修團體或道場，得另申請其餘時間作團體參訪，務請事先與常住確定日期，以便安排常住菩薩接引導覽，亦免妨礙常住菩薩之日常作息及修行。

桃園正覺講堂（第一、第二講堂）：桃園市介壽路 286、288 號 10 樓（陽明運動公園對面）電話：03-3749363(請於共修時聯繫，或與台北聯繫)

禪淨班：週一晚班（1）、週一晚班（2）、週三晚班、週四晚班、週五晚班。

進階班：週四晚班、週五晚班、週六上午班。

增上班：雙週六晚班（增上重播班）。

不退轉法輪經詳解：平實導師講解。每週二晚上，以台北正覺講堂所錄 DVD 放映；歡迎會外學人共同聽講，不需出示身分證件。

新竹正覺講堂　新竹市東光路 55 號二樓之一　電話 03-5724297（晚上）

第一講堂：

禪淨班：週五晚班。

進階班：週三晚班、週四晚班、週六上午班（由禪淨班結業後轉入共修）。

增上班：單週六晚班。雙週六晚班（重播班）。

不退轉法輪經詳解：平實導師講解。每週二晚上，以台北正覺講堂所錄 DVD 放映。歡迎會外學人共同聽講，不需出示身分證件。

第二講堂：

禪淨班：週一晚班、週三晚班、週四晚班、週六上午班。

不退轉法輪經詳解：每週二晚上與第一講堂同步播放講經 DVD。

第三、第四講堂：裝修完畢，即將開放。

台中正覺講堂　04-23816090（晚上）

第一講堂　台中市南屯區五權西路二段 666 號 13 樓之四（國泰世華銀行樓上。鄰近縣市經第一高速公路前來者，由五權西路交流道可以快速到達，大樓旁有停車場，對面有素食館）。

禪淨班：週四晚班、週五晚班。

進階班：週一晚班、週三晚班、週六上午班（由禪淨班結業後轉入共修）。

增上班：單週六晚班。雙週六晚班（重播班）。

不退轉法輪經詳解：平實導師講解。每週二晚上，以台北正覺講堂所錄 DVD 放映。歡迎會外學人共同聽講，不需出示身分證件。

第二講堂　台中市南屯區五權西路二段 666 號 4 樓

禪淨班：週一晚班、週三晚班。

第三講堂台中市南屯區五權西路二段 666 號 4 樓

禪淨班：週一晚班。

第四講堂台中市南屯區五權西路二段 666 號 4 樓。

進階班：週一晚班、週四晚班、週六上午班（由禪淨班結業後轉入共修）。

不退轉法輪經詳解：每週二晚上與第一講堂同步播放講經 DVD。

嘉義正覺講堂　嘉義市友愛路 288 號八樓之一　電話：05-2318228

第一講堂：

禪淨班：週四晚班、週五晚班、週六上午班。

進階班：週一晚班、週三晚班（由禪淨班結業後轉入共修）。

增上班：單週六晚班。雙週六晚班（重播班）。

不退轉法輪經詳解：平實導師講解。每週二晚上，以台北正覺講堂所錄 DVD 放映。歡迎會外學人共同聽講，不需出示身分證件。

第二講堂　嘉義市友愛路 288 號八樓之二。

第三講堂　嘉義市友愛路 288 號四樓之七。

禪淨班：週一晚班、週三晚班。

台南正覺講堂

第一講堂　台南市西門路四段 15 號 4 樓。06-2820541（晚上）

禪淨班：週一晚班、週三晚班、週四晚班、週五晚班、週六下午班。

增上班：單週六晚班。雙週六晚班（重播班）。

第二講堂　台南市西門路四段 15 號 3 樓。

不退轉法輪經詳解：每週二晚上與第三講堂同步播放講經 DVD。

第三講堂　台南市西門路四段 15 號 3 樓。

進階班：週一晚班、週三晚班、週四晚班、週五晚班（由禪淨班結業後轉入共修）。

不退轉法輪經詳解：平實導師講解。每週二晚上，以台北正覺講堂所錄 DVD 放映。歡迎會外學人共同聽講，不需出示身分證件。

高雄正覺講堂　高雄市新興區中正三路 45 號五樓 07-2234248（晚上）

第一講堂（五樓）：

禪淨班：週一晚班、週三晚班、週四晚班、週五晚班、週六上午班。

增上班：單週六晚班。雙週六晚班（重播班）。

不退轉法輪經詳解：平實導師講解。每週二晚上，以台北正覺講堂所錄 DVD 放映。歡迎會外學人共同聽講，不需出示身分證件。

第二講堂（四樓）：

進階班：週三晚班、週四晚班、週六上午班（由禪淨班結業後轉入共修）。

不退轉法輪經詳解：每週二晚上與第一講堂同步播放講經 DVD。

第三講堂（三樓）：

進階班：週四晚班（由禪淨班結業後轉入共修）。

香港正覺講堂

香港新界葵涌打磚坪街 93 號維京科技商業中心A 座 18 樓。

電話：(852) 23262231

英文地址：18/F, Tower A, Viking Technology & Business Centre, 93 Ta Chuen Ping Street, Kwai Chung, N.T., Hong Kong.

禪淨班：雙週六下午班、雙週日下午班、單週六下午班、單週日下午班

進階班：雙週五晚上班、雙週日早上班（由禪淨班結業後轉入共修）。

增上班：每月第一週週日，以台北增上班課程錄成 DVD 放映之。

增上重播班：每月第一週週六，以台北增上班課程錄成 DVD 放映之。

大法鼓經詳解：平實導師講解。每週六、日 19:00～21:00，以台北正覺講堂所錄 DVD 放映；歡迎會外學人共同聽講，不需出示身分證件。

美國洛杉磯正覺講堂　☆**已遷移新址**☆

825 S. Lemon Ave Diamond Bar, CA 91789 U.S.A.

Tel. (909) 595-5222（請於週六 9:00~18:00 之間聯繫）

Cell. (626) 454-0607

禪淨班：每逢週末 16：00~18：00 上課。

進階班：每逢週末上午 10：00~12：00 上課。

不退轉法輪經詳解：平實導師講解。每週六下午 13：30~15：30 以台北所錄 DVD 放映。歡迎各界人士共享第一義諦無上法益，不需報名。

二、招生公告　**本會台北講堂及全省各講堂、香港講堂，每逢四月、十月下旬開新班，每週共修一次**（每次二小時。開課日起三個月內仍可插班）；**但美國洛杉磯共修處之禪淨班得隨時插班共修。各班共修期間皆為二年半，全程免費，欲參加者請向本會函索報名表**（各共修處皆於共修時間方有人執事，非共修時間請勿電詢或前來洽詢、請書），**或**

直接從本會官方網站(http://www.enlighten.org.tw/newsflash/class)或成佛之道網站下載報名表。共修期滿時，若經報名禪三審核通過者，可參加四天三夜之禪三精進共修，有機會明心、取證如來藏，發起般若實相智慧，成爲實義菩薩，脫離凡夫菩薩位。

三、新春禮佛祈福 農曆年假期間停止共修：自農曆新年前七天起停止共修與弘法，正月 8 日起回復共修、弘法事務。新春期間正月初一～初七 9.00～17.00 開放台北講堂、正月初一~初三開放新竹、台中、嘉義、台南、高雄講堂，以及大溪禪三道場（正覺祖師堂），方便會員供佛、祈福及會外人士請書。美國洛杉磯共修處之休假時間，請逕詢該共修處。

密宗四大派修雙身法，是外道性力派的邪法；又以生滅的識陰作為常住法，是常見外道，是假的藏傳佛教。

西藏覺囊巴以他空見弘揚第八識如來藏勝法，才是真藏傳佛教

佛教正覺同修會　弘法行事表

2019/02/18

1、**禪淨班**　以無相念佛及拜佛方式修習動中定力，實證一心不亂功夫。傳授解脫道正理及第一義諦佛法，以及參禪知見。共修期間：二年六個月。每逢四月、十月開新班，詳見招生公告表。

2、**進階班**　禪淨班畢業後得轉入此班，進修更深入的佛法，期能證悟明心。各地講堂各有多班，繼續深入佛法、增長定力，悟後得轉入增上班修學道種智，期能證得無生法忍。

3、**增上班 瑜伽師地論**詳解　詳解論中所言凡夫地至佛地等 17 師之修證境界與理論，從凡夫地、聲聞地……宣演到諸地所證無生法忍、一切種智之眞實正理。由平實導師開講，每逢一、三、五週之週末晚上開示，僅限已明心之會員參加。2003 年二月開講至今，預定 2019 年講畢。

4、**不退轉法輪經**詳解　本經所說妙法極爲甚深難解，時至末法，已然無有知者；而其甚深絕妙之法，流傳至今依舊多人可證，顯示佛法眞是義學而非玄談，其中甚深極妙令人拍案稱絕之第一義諦妙義。已於 2019 年元月底開講，由平實導師詳解。不限制聽講資格。

5、**精進禪三**　主三和尚：平實導師。於四天三夜中，以克勤圓悟大師及大慧宗杲之禪風，施設機鋒與小參、公案密意之開示，幫助會員剋期取證，親證不生不滅之眞實心——人人本有之如來藏。每年四月、十月各舉辦三個梯次；平實導師主持。僅限本會會員參加禪淨班共修期滿，報名審核通過者，方可參加。並選擇會中定力、慧力、福德三條件皆已具足之已明心會員，給以指引，令得眼見自己無形無相之佛性遍佈山河大地，眞實而無障礙，得以肉眼現觀世界身心悉皆如幻，具足成就如幻觀，圓滿十住菩薩之證境。

6、**阿含經**詳解　選擇重要之阿含部經典，依無餘涅槃之實際而加以詳解，令大眾得以現觀諸法緣起性空，亦復不墮斷滅見中，顯示經中所隱說之涅槃實際—如來藏—確實已於四阿含中隱說；令大眾得以聞後觀行，確實斷除我見乃至我執，證得**見到**眞現觀，乃至**身證**……等眞現觀；已得大乘或二乘見道者，亦可由此聞熏及聞後之觀行，除斷我所之貪著，成就慧解脫果。由平實導師詳解。不限制聽講資格。

7、**解深密經**詳解　重講本經之目的，在於令諸已悟之人明解大乘法道之成佛次第，以及悟後進修一切種智之內涵，確實證知三種自性性，並得據此證解七眞如、十眞如等正理。每逢週二 18.50~20.50 開示，由平實導師詳解。將於《**不退轉法輪經**》講畢後開講。不限制聽講資格。

8、**成唯識論**詳解　詳解一切種智眞實正理，詳細剖析一切種智之微細深妙廣大正理；並加以舉例說明，使已悟之會員深入體驗所證如來藏之微密行相；及證驗見分相分與所生一切法，皆由如來藏—阿賴耶識—直接或展轉而生，因此證知一切法無我，證知無餘涅槃之本際。將於增上班《瑜伽師地論》講畢後，由平實導師重講。僅限已明心之會員參加。

9、**精選如來藏系經典**詳解　精選如來藏系經典一部，詳細解說，以此完全印證會員所悟如來藏之眞實，得入不退轉住。另行擇期詳細解說之，由平實導師講解。僅限已明心之會員參加。

10、**禪門差別智**　藉禪宗公案之微細淆訛難知難解之處，加以宣說及剖析，以增進明心、見性之功德，啓發差別智，建立擇法眼。每月第一週日全天，由平實導師開示，僅限破參明心後，復又眼見佛性者參加（事冗暫停）。

11、**枯木禪**　先講智者大師的《小止觀》，後說《釋禪波羅蜜》，詳解四禪八定之修證理論與實修方法，細述一般學人修定之邪見與岔路，及對禪定證境之誤會，消除枉用功夫、浪費生命之現象。已悟般若者，可以藉此而實修初禪，進入大乘通教及聲聞教的三果心解脫境界，配合應有的大福德及後得無分別智、十無盡願，即可進入初地心中。親教師：平實導師。未來緣熟時將於正覺寺開講。不限制聽講資格。

註：本會例行年假，自 2004 年起，改爲每年農曆新年前七天開始停息弘法事務及共修課程，農曆正月 8 日回復所有共修及弘法事務。新春期間（每日 9.00~17.00）開放台北講堂，方便會員禮佛祈福及會外人士請書。大溪區的正覺祖師堂，開放參訪時間，詳見〈正覺電子報〉或成佛之道網站。本表得因時節因緣需要而隨時修改之，不另作通知。

佛教正覺同修會　贈閱書籍 目錄

2018/10/20

1.**無相念佛**　平實導師著　回郵 36 元
2.**念佛三昧修學次第**　平實導師述著　回郵 52 元
3.**正法眼藏—護法集**　平實導師述著　回郵 76 元
4.**真假開悟簡易辨正法&佛子之省思**　平實導師著　回郵 26 元
5.**生命實相之辨正**　平實導師著　回郵 31 元
6.**如何契入念佛法門**（附：印順法師否定極樂世界）平實導師著　回郵 26 元
7.**平實書箋**—答元覽居士書　平實導師著　回郵 52 元
8.**三乘唯識**—如來藏系經律彙編　平實導師編　回郵 80 元
（精裝本　長 27 ㎝　寬 21 ㎝　高 7.5 ㎝　重 2.8 公斤）
9.**三時繫念全集**—修正本　回郵掛號 52 元（長 26.5 ㎝×寬 19 ㎝）
10.**明心與初地**　平實導師述　回郵 31 元
11.**邪見與佛法**　平實導師述著　回郵 36 元
12.**甘露法雨**　平實導師述　回郵 36 元
13.**我與無我**　平實導師述　回郵 36 元
14.**學佛之心態**—修正錯誤之學佛心態始能與正法相應　孫正德老師著　回郵52元
附錄：平實導師著**《略說八、九識並存…等之過失》**
15.**大乘無我觀**—《悟前與悟後》別說　平實導師述著　回郵 36 元
16.**佛教之危機**—中國台灣地區現代佛教之真相（附錄：公案拈提六則）
平實導師著　回郵 52 元
17.**燈　影**—燈下黑（覆「求教後學」來函等）　平實導師著　回郵 76 元
18.**護法與毀法**—覆上平居士與徐恒志居士網站毀法二文
張正圜老師著　回郵 76 元
19.**淨土聖道**—兼評**選擇本願念佛**　正德老師著　**由正覺同修會購贈**　回郵 52 元
20.**辨唯識性相**—對「紫蓮心海《辯唯識性相》書中否定阿賴耶識」之回應
正覺同修會 台南共修處法義組 著　回郵 52 元
21.**假如來藏**—對法蓮法師《如來藏與阿賴耶識》書中否定阿賴耶識之回應
正覺同修會 台南共修處法義組 著　回郵 76 元
22.**入不二門**—公案拈提集錦 第一輯（於平實導師公案拈提諸書中選錄約二十則，
合輯爲一冊流通之）平實導師著　回郵 52 元
23.**真假邪說**—西藏密宗索達吉喇嘛《破除邪說論》真是邪說
釋正安法師著　上、下冊回郵各 52 元
24.**真假開悟**—真如、如來藏、阿賴耶識間之關係　平實導師述著　回郵 76 元
25.**真假禪和**—辨正釋傳聖之謗法謬說　孫正德老師著　回郵 76 元
26.**眼見佛性**—駁慧廣法師眼見佛性的含義文中謬說
游正光老師著　回郵 52 元

27.**普門自在**—公案拈提集錦 第二輯（於平實導師公案拈提諸書中選錄約二十則，合輯爲一冊流通之）平實導師著　回郵 52 元

28.**印順法師的悲哀**—以現代禪的質疑為線索　恒毓博士著　回郵 52 元

29.**識蘊真義**—現觀識蘊內涵、取證初果、親斷三縛結之具體行門。—依《成唯識論》及《惟識述記》正義，略顯安慧《大乘廣五蘊論》之邪謬　平實導師著　回郵 76 元

30.**正覺電子報** 各期紙版本　免附回郵　每次最多函索三期或三本。(已無存書之較早各期，不另增印贈閱)

31.**現代人應有的宗教觀**　蔡正禮老師 著　回郵 31 元

32.**遠惑趣道**—正覺電子報般若信箱問答錄　第一輯　回郵 52 元

33.**遠惑趣道**—正覺電子報般若信箱問答錄　第二輯　回郵 52 元

34.**確保您的權益**—器官捐贈應注意自我保護　游正光老師 著　回郵 31 元

35.**正覺教團電視弘法三乘菩提 DVD 光碟（一）**

由正覺教團多位親教師共同講述錄製 DVD 8 片，MP3 一片，共 9 片。有二大講題：一爲「三乘菩提之意涵」，二爲「學佛的正知見」。內容精闢，深入淺出，精彩絕倫，幫助大眾快速建立三乘法道的正知見，免被外道邪見所誤導。有志修學三乘佛法之學人不可不看。(製作工本費 100 元，回郵 52 元)

36.**正覺教團電視弘法 DVD 專輯（二）**

總有二大講題：一爲「三乘菩提之念佛法門」，一爲「學佛正知見(第二篇)」，由正覺教團多位親教師輪番講述，內容詳細闡述如何修學念佛法門、實證念佛三昧，以及學佛應具有的正確知見，可以幫助發願往生西方極樂淨土之學人，得以把握往生，更可令學人快速建立三乘法道的正知見，免於被外道邪見所誤導。有志修學三乘佛法之學人不可不看。(一套 17 片，工本費 160 元。回郵 76 元)

37.**喇嘛性世界**—揭開假藏傳佛教譚崔瑜伽的面紗　張善思 等人合著　由正覺同修會購贈　回郵 52 元

38.**假藏傳佛教的神話**—性、謊言、喇嘛教　張正玄教授編著　由正覺同修會購贈　回郵 52 元

39.**隨 緣**—理隨緣與事隨緣　平實導師述　回郵 52 元。

40.**學佛的覺醒**　正枝居士 著　回郵 52 元

41.**導師之真實義**　蔡正禮老師 著　回郵 31 元

42.**淺談達賴喇嘛之雙身法**—兼論解讀「密續」之達文西密碼　吳明芷居士 著　回郵 31 元

43.**魔界轉世**　張正玄居士 著　回郵 31 元

44.**一貫道與開悟**　蔡正禮老師 著　回郵 31 元

45.**博愛**—愛盡天下女人　正覺教育基金會 編印　回郵 36 元

46.**意識虛妄經教彙編**—實證解脫道的關鍵經文　正覺同修會編印　回郵 36 元

47.**邪箭囈語**—破斥藏密外道多識仁波切《破魔金剛箭雨論》之邪說
陸正元老師著　上、下冊回郵各 52 元
48.**真假沙門**—依　佛聖教闡釋佛教僧寶之定義
蔡正禮老師著　俟正覺電子報連載後結集出版
49.**真假禪宗**—藉評論釋性廣《印順導師對變質禪法之批判
及對禪宗之肯定》以顯示真假禪宗
附論一：凡夫知見　無助於佛法之信解行證
附論二：世間與出世間一切法皆從如來藏實際而生而顯
余正偉老師著　俟正覺電子報連載後結集出版　回郵未定

★ 上列贈書之郵資，係台灣本島地區郵資，大陸、港、澳地區及外國地區，請另計酌增（大陸、港、澳、國外地區之郵票不許通用）。尚未出版之書，請勿先寄來郵資，以免增加作業煩擾。

★ 本目錄若有變動，唯於後印之書籍及「成佛之道」網站上修正公佈之，不另行個別通知。

函索書籍請寄：佛教正覺同修會　103 台北市承德路 3 段 277 號 9 樓
台灣地區函索書籍者請附寄郵票，無時間購買郵票者可以等值現金抵用，但不接受郵政劃撥、支票、匯票。大陸地區得以人民幣計算，國外地區請以美元計算（請勿寄來當地郵票，在台灣地區不能使用）。欲以掛號寄遞者，請另附掛號郵資。

親自索閱：正覺同修會各共修處。　★請於共修時間前往取書，餘時無人在道場，請勿前往索取；共修時間與地點，詳見書末正覺同修會共修現況表（以近期之共修現況表為準）。

註：正智出版社發售之局版書，請向各大書局購閱。若書局之書架上已經售出而無陳列者，請向書局櫃台指定洽購；若書局不便代購者，請於正覺同修會共修時間前往各共修處請購，正智出版社已派人於共修時間送書前往各共修處流通。　郵政劃撥購書及　大陸地區　購書，請詳別頁正智出版社發售書籍目錄最後頁之說明。

成佛之道　網站：http://www.a202.idv.tw　　正覺同修會已出版之結緣書籍，多已登載於　成佛之道　網站，若住外國、或住處遙遠，不便取得正覺同修會贈閱書籍者，可以從本網站閱讀及下載。　書局版之《宗通與說通》亦已上網，台灣讀者可向書局洽購，售價 300 元。《狂密與眞密》第一輯~第四輯，亦於 2003.5.1.全部於本網站登載完畢；台灣地區讀者請向書局洽購，每輯約 400 頁，售價 300 元（網站下載紙張費用較貴，容易散失，難以保存，亦較不精美）。

＊＊假藏傳佛教修雙身法，非佛教＊＊

正智出版社 籌募弘法基金發售書籍目錄 2020/11/14

1.**宗門正眼**—公案拈提 第一輯 重拈 平實導師著 500 元

因重寫內容大幅度增加故，字體必須改小，並增為 576 頁 主文 546 頁。比初版更精彩、更有內容。初版《禪門摩尼寶聚》之讀者，可寄回本公司免費調換新版書。免附回郵，亦無截止期限。（2007 年起，每冊附贈本公司精製公案拈提〈超意境〉CD 一片。市售價格 280 元，多購多贈。）

2.**禪淨圓融** 平實導師著 200 元（第一版舊書可換新版書。）

3.**真實如來藏** 平實導師著 400 元

4.**禪—悟前與悟後** 平實導師著 上、下冊，每冊 250 元

5.**宗門法眼**—公案拈提 第二輯 平實導師著 500 元

（2007 年起，每冊附贈本公司精製公案拈提〈超意境〉CD 一片）

6.**楞伽經詳解** 平實導師著 全套共 10 輯 每輯 250 元

7.**宗門道眼**—公案拈提 第三輯 平實導師著 500 元

（2007 年起，每冊附贈本公司精製公案拈提〈超意境〉CD 一片）

8.**宗門血脈**—公案拈提 第四輯 平實導師著 500 元

（2007 年起，每冊附贈本公司精製公案拈提〈超意境〉CD 一片）

9.**宗通與說通**—成佛之道 平實導師著 主文 381 頁 全書 400 頁售價 300 元

10.**宗門正道**—公案拈提 第五輯 平實導師著 500 元

（2007 年起，每冊附贈本公司精製公案拈提〈超意境〉CD 一片）

11.**狂密與真密 一～四輯** 平實導師著 西藏密宗是人間最邪淫的宗教，本質不是佛教，只是披著佛教外衣的印度教性力派流毒的喇嘛教。此書中將西藏密宗密傳之男女雙身合修樂空雙運所有祕密與修法，毫無保留完全公開，並將全部喇嘛們所不知道的部分也一併公開。內容比大辣出版社喧騰一時的《西藏慾經》更詳細。並且函蓋藏密的所有祕密及其錯誤的中觀見、如來藏見……等，藏密的所有法義都在書中詳述、分析、辨正。每輯主文三百餘頁 每輯全書約 400 頁 售價每輯 300 元

12.**宗門正義**—公案拈提 第六輯 平實導師著 500 元

（2007 年起，每冊附贈本公司精製公案拈提〈超意境〉CD 一片）

13.**心經密意**—心經與解脫道、佛菩提道、祖師公案之關係與密意 平實導師述 300 元

14.**宗門密意**—公案拈提 第七輯 平實導師著 500 元

（2007 年起，每冊附贈本公司精製公案拈提〈超意境〉CD 一片）

15.**淨土聖道**—兼評「選擇本願念佛」 正德老師著 200 元

16.**起信論講記** 平實導師述著 共六輯 每輯三百餘頁 售價各 250 元

17.**優婆塞戒經講記** 平實導師述著 共八輯 每輯三百餘頁 售價各 250 元

18.**真假活佛**—略論附佛外道盧勝彥之邪說（對前岳靈犀網站主張「盧勝彥是證悟者」之修正） 正犀居士（岳靈犀）著 流通價 140 元

19.**阿含正義**—唯識學探源 平實導師著 共七輯 每輯 300 元

20.**超意境** CD 以平實導師公案拈提書中超越意境之頌詞，加上曲風優美的旋律，錄成令人嚮往的超意境歌曲，其中包括正覺發願文及平實導師親自譜成的黃梅調歌曲一首。詞曲雋永，殊堪翫味，可供學禪者吟詠，有助於見道。內附設計精美的彩色小冊，解說每一首詞的背景本事。每片 280 元。【每購買公案拈提書籍一冊，即贈送一片。】

21.**菩薩底憂鬱** CD 將菩薩情懷及禪宗公案寫成新詞，並製作成超越意境的優美歌曲。 1.主題曲〈菩薩底憂鬱〉，描述地後菩薩能離三界生死而迴向繼續生在人間，但因尚未斷盡習氣種子而有極深沈之憂鬱，非三賢位菩薩及二乘聖者所知，此憂鬱在七地滿心位方才斷盡；本曲之詞中所說義理極深，昔來所未曾見；此曲係以優美的情歌風格寫詞及作曲，聞者得以激發嚮往諸地菩薩境界之大心，詞、曲都非常優美，難得一見；其中勝妙義理之解說，已印在附贈之彩色小冊中。 2.以各輯公案拈提中直示禪門入處之頌文，作成各種不同曲風之超意境歌曲，值得玩味、參究；聆聽公案拈提之優美歌曲時，請同時閱讀內附之印刷精美說明小冊，可以領會超越三界的證悟境界；未悟者可以因此引發求悟之意向及疑情，眞發菩提心而邁向求悟之途，乃至因此眞實悟入般若，成眞菩薩。 3.正覺總持咒新曲，總持佛法大意；總持咒之義理，已加以解說並印在隨附之小冊中。本 CD 共有十首歌曲，長達 63 分鐘。每盒各附贈二張購書優惠券。每片 280 元。

22.**禪意無限** CD 平實導師以公案拈提書中偈頌寫成不同風格曲子，與他人所寫不同風格曲子共同錄製出版，幫助參禪人進入禪門超越意識之境界。盒中附贈彩色印製的精美解說小冊，以供聆聽時閱讀，令參禪人得以發起參禪之疑情，即有機會證悟本來面目而發起實相智慧，實證大乘菩提般若，能如實證知般若經中的眞實意。本 CD 共有十首歌曲，長達 69 分鐘，每盒各附贈二張購書優惠券。每片 280 元。

23.**我的菩提路**第一輯　釋悟圓、釋善藏等人合著　售價 300 元

24.**我的菩提路**第二輯　郭正益等人合著　售價 300 元（停售，俟改版後另行發售）

25.**我的菩提路**第三輯　王美伶等人合著　售價 300 元

26.**我的菩提路**第四輯　陳晏平等人合著　售價 300 元

27.**我的菩提路**第五輯　林慈慧等人合著　售價 300 元

28.**我的菩提路**第六輯　劉惠莉等人合著　售價 300 元

29.**我的菩提路**第七輯　余正偉等人合著　售價 300 元　預定 2021/6/30 出版

30.**鈍鳥與靈龜**—考證後代凡夫對大慧宗杲禪師的無根誹謗。

平實導師著　共 458 頁　售價 350 元

31.**維摩詰經講記**　平實導師述　共六輯　每輯三百餘頁　售價各 250 元

32.**真假外道**—破劉東亮、杜大威、釋證嚴常見外道見　正光老師著　200 元

33.**勝鬘經講記**—兼論印順《勝鬘經講記》對於《勝鬘經》之誤解。

平實導師述　共六輯　每輯三百餘頁　售價250 元

34.**楞嚴經講記** 平實導師述 共**15**輯，每輯三百餘頁 售價300元

35.**明心與眼見佛性**—駁慧廣〈蕭氏「眼見佛性」與「明心」之非〉文中謬說
正光老師著 共448頁 售價300元

36.**見性與看話頭** 黃正倖老師 著，本書是禪宗參禪的方法論。
內文375頁，全書416頁，售價300元。

37.**達賴真面目**—玩盡天下女人 白正偉老師 等著 中英對照彩色精裝大本 800元

38.**喇嘛性世界**—揭開假藏傳佛教譚崔瑜伽的面紗 張善思 等人著 200元

39.**假藏傳佛教的神話**—性、謊言、喇嘛教 正玄教授編著 200元

40.**金剛經宗通** 平實導師述 共九輯 每輯售價250元。

41.**空行母**—性別、身分定位，以及藏傳佛教。
珍妮·坎貝爾著 呂艾倫 中譯 售價250元

42.**末代達賴**—性交教主的悲歌 張善思、呂艾倫、辛燕編著 售價250元

43.**霧峰無霧**—給哥哥的信 辨正釋印順對佛法的無量誤解
游宗明 老師著 售價250元

44.**霧峰無霧**—第二輯—救護佛子向正道 細說釋印順對佛法的各類誤解
游宗明 老師著 售價250元

45.**第七意識與第八意識？**—穿越時空「超意識」
平實導師述 每冊300元

46.**黯淡的達賴**—失去光彩的諾貝爾和平獎
正覺教育基金會編著 每冊250元

47.**童女迦葉考**—論呂凱文〈佛教輪迴思想的論述分析〉之謬。
平實導師 著 定價180元

48.**人間佛教**—實證者必定不悖三乘菩提
平實導師 述，定價400元

49.**實相經宗通** 平實導師述 共八輯 每輯250元

50.**真心告訴您(一)**—達賴喇嘛在幹什麼？
正覺教育基金會編著 售價250元

51.**中觀金鑑**—詳述應成派中觀的起源與其破法本質
孫正德老師著 分爲上、中、下三冊，每冊250元

52.**藏傳佛教要義**—《狂密與真密》之簡體字版 平實導師 著 上、下冊
僅在大陸流通 每冊300元

53.**法華經講義** 平實導師述 共二十五輯 每輯300元
已於2015/05/31起開始出版，每二個月出版一輯

54.**西藏「活佛轉世」制度**—附佛、造神、世俗法
許正豐、張正玄老師合著 定價150元

55.**廣論三部曲** 郭正益老師著 定價150元

56.**真心告訴您(二)**—達賴喇嘛是佛教僧侶嗎？
—補祝達賴喇嘛八十大壽
正覺教育基金會編著 售價300元

57.**次法**—實證佛法前應有的條件
張善思居士著　分爲上、下二冊，每冊 250 元
58.**涅槃**—解説四種涅槃之實證及內涵　平實導師著 上、下冊 各 350 元
59.**山法**—西藏關於他空與佛藏之根本論
篤補巴·喜饒堅贊著　　傑弗里·霍普金斯英譯
張火慶教授、張志成、呂艾倫等中譯　精裝大本 1200 元
60.**佛藏經講義**　平實導師述　2019 年 7 月 31 日開始出版　共 21 輯
每二個月出版一輯，每輯 300 元。
61.**假鋒虛焰金剛乘**—揭示顯密正理，兼破索達吉師徒《般若鋒兮金剛焰》
釋正安法師著 簡體字版 即將出版 售價未定
62.**廣論之平議**—宗喀巴《菩提道次第廣論》之平議　正雄居士著
約二或三輯　俟正覺電子報連載後結集出版　書價未定
63.**大法鼓經講義**　平實導師講述　《佛藏經講義》出版後發行，每輯 300 元
64.**不退轉法輪經講義**　平實導師講述　《大法鼓經講義》出版後發行
65.**八識規矩頌**詳解　○○居士 註解　出版日期另訂　書價未定。
66.**中觀正義**—註解平實導師《中論正義頌》。
○○法師（居士）著　出版日期未定　書價未定
67.**中論正義**—釋龍樹菩薩《中論》頌正理。
孫正德老師著　出版日期未定　書價未定
68.**中國佛教史**—依中國佛教正法史實而論。○○老師 著　書價未定。
69.**印度佛教史**—法義與考證。依法義史實評論印順《印度佛教思想史、佛教史地考論》之謬說　正偉老師著　出版日期未定　書價未定
70.**阿含經講記**—將選錄四阿含中數部重要經典全經講解之，講後整理出版。
平實導師述　約二輯　每輯 300 元　出版日期未定
71.**寶積經講記**　平實導師述　每輯三百餘頁 優惠價 300 元 出版日期未定
72.**解深密經講義**　平實導師述 約四輯　將於重講後整理出版
73.**成唯識論略解**　平實導師著　五～六輯　每輯300 元　出版日期未定
74.**修習止觀坐禪法要講記**　平實導師述　每輯三百餘頁
將於正覺寺建成後重講、以講記逐輯出版　出版日期未定
75.**無門關**—《無門關》公案拈提　平實導師著　出版日期未定
76.**中觀再論**—兼述印順《中觀今論》謬誤之平議。正光老師著 出版日期未定
77.**輪迴與超度**—佛教超度法會之真義。
○○法師（居士）著　出版日期未定　書價未定
78.**《釋摩訶衍論》平議**—對偽稱龍樹所造《釋摩訶衍論》之平議
○○法師（居士）著　出版日期未定　書價未定
79.**正覺發願文**註解—以真實大願為因 得證菩提
正德老師著　出版日期未定　書價未定
80.**正覺總持咒**—佛法之總持　正圜老師著　出版日期未定　書價未定
81.**三自性**—依四食、五蘊、十二因緣、十八界法，說三性三無性。
作者未定　出版日期未定

82.**道品**—從三自性說大小乘三十七道品　作者未定　出版日期未定
83.**大乘緣起觀**—依四聖諦七真如現觀十二緣起 作者未定　出版日期未定
84.**三德**—論解脱德、法身德、般若德。　作者未定　出版日期未定
85.**真假如來藏**—對印順《如來藏之研究》謬說之平議　作者未定 出版日期未定
86.**大乘道次第**　作者未定　出版日期未定　書價未定
87.**四緣**—依如來藏故有四緣。　作者未定　出版日期未定
88.**空之探究**—印順《空之探究》謬誤之平議　作者未定 出版日期未定
89.**十法義**—論阿含經中十法之正義　作者未定　出版日期未定
90.**外道見**—論述外道六十二見　作者未定　出版日期未定

正智出版社有限公司 書籍介紹

禪淨圓融：言淨土諸祖所未曾言，示諸宗祖師所未曾示；禪淨圓融，另闢成佛捷徑，兼顧自力他力，闡釋淨土門之速行易行道，亦同時揭櫫聖教門之速行易行道；令廣大淨土行者得免緩行難證之苦，亦令聖道門行者得以藉著淨土速行道而加快成佛之時劫。乃前無古人之超勝見地，非一般弘揚禪淨法門典籍也，先讀為快。平實導師著 200元。

宗門正眼—公案拈提第一輯：繼承克勤圜悟大師碧巖錄宗旨之禪門鉅作。先則舉示當代大法師之邪說，消弭當代禪門大師鄉愿之心態，摧破當今禪門「世俗禪」之妄談；次則旁通教法，表顯宗門正理；繼以道之次第，消弭古今狂禪；後藉言語及文字機鋒，直示宗門入處。悲智雙運，禪味十足，數百年來難得一睹之禪門鉅著也。平實導師著 500元（原初版書《禪門摩尼寶聚》，改版後補充為五百餘頁新書，總計多達二十四萬字，內容更精彩，並改名為《宗門正眼》，讀者原購初版《禪門摩尼寶聚》皆可寄回本公司免費換新，免附回郵，亦無截止期限）（2007年起，凡購買公案拈提第一輯至第七輯，每購一輯皆贈送本公司精製公案拈提〈超意境〉CD一片，市售價格280元，多購多贈）。

禪—悟前與悟後：本書能建立學人悟道之信心與正確知見，圓滿具足而有次第地詳述禪悟之功夫與禪悟之內容，指陳參禪中細微淆訛之處，能使學人明自真心、見自本性。若未能悟入，亦能以正確知見辨別古今中外一切大師究係真悟？或屬錯悟？便有能力揀擇，捨名師而選明師，後時必有悟道之緣。一旦悟道，遲者七次人天往返，便出三界，速者一生取辦。學人欲求開悟者，不可不讀。 平實導師著。上、下冊共500元，單冊250元。

眞實如來藏：如來藏眞實存在，乃宇宙萬有之本體，並非印順法師、達賴喇嘛等人所說之「唯有名相、無此心體」。如來藏是涅槃之本際，是一切有智之人竭盡心智、不斷探索而不能得之生命實相；是古今中外許多大師自以爲悟而當面錯過之生命實相。如來藏即是阿賴耶識，乃是一切有情本自具足、不生不滅之眞實心。當代中外大師於此書出版之前所未能言者，作者於本書中盡情流露、詳細闡釋。眞悟者讀之，必能增益悟境、智慧增上；錯悟者讀之，必能檢討自己之錯誤，免犯大妄語業；未悟者讀之，能知參禪之理路，亦能以之檢查一切名師是否眞悟。此書是一切哲學家、宗教家、學佛者及欲昇華心智之人必讀之鉅著。　平實導師著　售價400元。

宗門法眼—公案拈提第二輯：列舉實例，闡釋土城廣欽老和尚之悟處；並直示這位不識字的老和尚妙智橫生之根由，繼而剖析禪宗歷代大德之開悟公案，解析當代密宗高僧卡盧仁波切之錯悟證據，並例舉當代顯宗高僧、大居士之錯悟證據（凡健在者，爲免影響其名聞利養，皆隱其名）。藉辨正當代名師之邪見，向廣大佛子指陳禪悟之正道，彰顯宗門法眼。悲勇兼出，強捋虎鬚；慈智雙運，巧探驪龍；摩尼寶珠在手，直示宗門入處，禪味十足；若非大悟徹底，不能爲之。禪門精奇人物，允宜人手一冊，供作參究及悟後印證之圭臬。本書於2008年4月改版，增寫爲大約500頁篇幅，以利學人研讀參究時更易悟入宗門正法，以前所購初版首刷及初版二刷舊書，皆可免費換取新書。平實導師著　500元（2007年起，凡購買公案拈提第一輯至第七輯，每購一輯皆贈送本公司精製公案拈提〈超意境〉CD一片，市售價格280元，多購多贈）。

宗門道眼—公案拈提第三輯：繼宗門法眼之後，再以金剛之作略、慈悲之胸懷、犀利之筆觸，舉示寒山、拾得、布袋三大士之悟處，消弭當代錯悟者對於寒山大士……等之誤會及誹謗。　亦舉出民初以來與虛雲和尚齊名之蜀郡鹽亭袁煥仙夫子——南懷瑾老師之師，其「悟處」何在？並蒐羅許多眞悟祖師之證悟公案，顯示禪宗歷代祖師之睿智，指陳部分祖師、奧修及當代顯密大師之謬悟，作爲殷鑑，幫助禪子建立及修正參禪之方向及知見。假使讀者閱此書已，一時尚未能悟，亦可一面加功用行，一面以此宗門道眼辨別眞假善知識，避開錯誤之印證及歧路，可免大妄語業之長劫慘痛果報。欲修禪宗之禪者，務請細讀。平實導師著　售價500元（2007年起，凡購買公案拈提第一輯至第七輯，每購一輯皆贈送本公司精製公案拈提〈超意境〉CD一片，市售價格280元，多購多贈）。

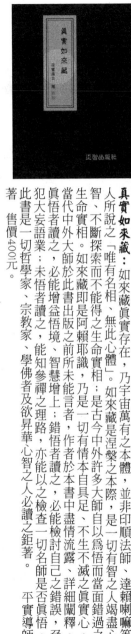

楞伽經詳解：本經是禪宗見道者印證所悟眞僞之根本經典，亦是禪宗見道者悟後起修之依據經典；故達摩祖師於印證二祖慧可大師之後，將此經典連同佛鉢祖衣一併交付二祖，令其依此經典佛示金言、進入修道位，修學一切種智。由此可知此經對於眞悟之人修學佛道，是非常重要之一部經典。此經能破外道邪說，亦破佛門中錯悟名師之謬說，亦破禪宗部分祖師之狂禪：不讀經典、一向主張「一悟即成究竟佛」之謬執。並開示愚夫所行禪、觀察義禪、攀緣如禪、如來禪等差別，令行者對於三乘禪法差異有所分辨；亦糾正禪宗祖師古來對於如來禪之誤解，嗣後可免以訛傳訛之弊。此經亦是法相唯識宗之根本經典，禪者悟後欲修一切種智而入初地者，必須詳讀。平實導師著，全套共十輯，已全部出版完畢，每輯主文約320頁，每冊約352頁，定價250元。

宗門血脈—公案拈提第四輯：末法怪象—許多修行人自以爲悟，每將無念靈知認作眞實；崇尙二乘法諸師及其徒衆，則將外於如來藏之緣起性空—無因論之無常空、斷滅空、一切法空—錯認爲 佛所說之般若空性。這兩種現象已於當今海峽兩岸及美加地區顯密大師之中普遍存在；人人自以爲悟，心高氣壯，便敢寫書解釋祖師證悟之公案，大多出於意識思惟所得，言不及義，錯誤百出，因此誤導廣大佛子同陷大妄語之地獄業中而不能自知。彼等書中所說之悟處，其實處處違背第一義經典之聖言量。彼等諸人不論是否身披袈裟，都非佛法宗門血脈，或雖有禪宗法脈之傳承，亦只徒具形式；猶如螟蛉，非眞血脈，未悟得根本眞實故。禪子欲知 佛、祖之眞血脈者，請讀此書，便知分曉。平實導師著，主文452頁，全書464頁，定價500元（2007年起，凡購買公案拈提第一輯至第七輯，每購一輯皆贈送本公司精製公案拈提〈超意境〉CD一片，市售價格280元，多購多贈）。

宗通與說通：古今中外，錯誤之人如麻似粟，每以常見外道所說之靈知心，認作眞心；或妄想虛空之勝性能量爲眞如，或錯認物質四大元素藉冥性（靈知心本體）能成就吾人色身及知覺，或認初禪至四禪中之了知心爲不生不滅之涅槃心。此等皆非通宗者之見地。復有錯悟之人一向主張「宗門與教門不相干」，此即尙未通達宗門之人也。其實宗門與教門互通不二，宗門所證者乃是眞如與佛性，教門所說者乃說宗門證悟之眞如佛性，故教門與宗門不二。本書作者以宗教二門互通之見地，細說「宗通與說通」，從初見道至悟後起修之道、細說分明；並將諸宗諸派在整體佛教中之地位與次第，加以明確之教判，學人讀之即可了知佛法之梗概也。欲擇明師學法之前，允宜先讀。平實導師著，主文共381頁，全書392頁，只售成本價300元。

宗門正道—公案拈提第五輯：修學大乘佛法有二果須證—解脫果及大菩提果。二乘人不證大菩提果，唯證解脫果；此果之智慧，名為聲聞菩提、緣覺菩提。大乘佛子所證二果之菩提果為佛菩提，故名大菩提果，其慧名為一切種智—函蓋二乘解脫果。然此大乘二果修證，須經由禪宗之宗門證悟方能相應。而宗門證悟極難，自古已然；其所以難者，咎在古今佛教界普遍存在三種邪見：1.以修定認作佛法，　2.以無因論之緣起性空—否定涅槃本際如來藏以後之一切法空作為佛法，3.以常見外道邪見（離語言妄念之靈知性）作為佛法。　如是邪見，或因自身正見未立所致，或因邪師之邪教導所致，或因無始劫來虛妄熏習所致。若不破除此三種邪見，永劫不悟宗門真義、不入大乘正道，唯能外門廣修菩薩行。　平實導師於此書中，有極為詳細之說明，有志佛子欲摧邪見、入於內門修菩薩行者，當閱此書。主文共496頁，全書512頁。售價500元（2007年起，凡購買公案拈提第一輯至第七輯，每購一輯皆贈送本公司精製公案拈提〈超意境〉CD一片，市售價格280元，多購多贈）。

狂密與真密：密教之修學，皆由有相之觀行法門而入，其最終目標仍不離顯教經典所說第一義諦之修證；若離顯教第一義經典、或違背顯教第一義經典，即非佛教。西藏密教之觀行法，如灌頂、觀想、遷識法、寶瓶氣、大聖歡喜雙身修法、喜金剛、無上瑜伽、大樂光明、樂空雙運等，皆是印度教兩性生生不息思想之轉化，自始至終皆以如何能運用交合淫樂之法達到全身受樂為其中心思想，純屬欲界五欲的貪愛，不能令人超出欲界輪迴，更不能令人斷除我見；何況大乘之明心與見性，更無論矣！故密宗之法絕非佛法也。而其明光大手印、大圓滿法教，又皆同以常見外道所說離語言妄念之無念靈知心錯認為佛地之真如，不能直指不生不滅之真如。西藏密宗所有法王與徒眾，都尚未開頂門眼，不能辨別真偽，以依人不依法、依密續不依經典故，不肯將其上師喇嘛所說對照第一義經典，純依密續之藏密祖師所說為準，因此而誇大其證德與證量，動輒謂彼祖師上師為究竟佛、為地上菩薩；如今台海兩岸亦有自謂其師證量高於　釋迦文佛者，然觀其師所述，猶未見道，仍在觀行即佛階段，尚未到禪宗相似即佛、分證即佛階位，竟敢標榜為究竟佛及地上法王，誑惑初機學人。凡此怪象皆是狂密，不同於真密之修行者。近年狂密盛行，密宗行者被誤導者極眾，動輒自謂已證佛地真如，自視為究竟佛，陷於大妄語業中而不知自省，反謗顯宗真修實證者之證量粗淺；或如義雲高與釋性圓…等人，於報紙上公然誹謗真實證道者為「騙子、無道人、人妖、癩蛤蟆…」等，造下誹謗大乘勝義僧之大惡業；或以外道法中有為有作之甘露、魔術……等法，誑騙初機學人，狂言彼外道法為真佛法。如是怪象，在西藏密宗及附藏密之外道中，不一而足，舉之不盡，學人宜應慎思明辨，以免上當後又犯毀破菩薩戒之重罪。密宗學人若欲遠離邪知邪見者，請閱此書，即能了知密宗之邪謬，從此遠離邪見與邪修，轉入真正之佛道。　平實導師著　共四輯　每輯約400頁（主文約340頁）每輯售價300元。

宗門正義—公案拈提第六輯：佛教有六大危機，乃是藏密化、世俗化、膚淺化、學術化、宗門密意失傳、悟後進修諸地之次第混淆；其中尤以宗門密意之失傳，爲當代佛教最大之危機。由宗門密意失傳故，易令 世尊本懷普被錯解，易令 世尊正法被轉易爲外道法，以及加以淺化、世俗化，是故宗門密意之廣泛弘傳與具緣佛弟子，極爲重要。然而欲令宗門密意之廣泛弘傳予具緣之佛弟子者，必須同時配合錯誤知見之解析、普令佛弟子知之，然後輔以公案解析之直示入處，方能令具緣之佛弟子悟入。而此二者，皆須以公案拈提之方式爲之，方易成其功、竟其業，是故平實導師續作宗門正義一書，以利學人。 全書500餘頁，售價500元（2007年起，凡購買公案拈提第一輯至第七輯，每購一輯皆贈送本公司精製公案拈提〈超意境〉CD一片，市售價格280元，多購多贈）。

心經密意—心經與解脫道、佛菩提道、祖師公案之關係與密意。 二乘菩提所證之解脫道，實依第八識心之斷除煩惱障現行而立解脫之名；大乘菩提所證之佛菩提道，實依親證第八識如來藏之涅槃性、清淨自性、及其中道性而立般若之名；禪宗祖師公案所證之眞心，即是此第八識如來藏；是故三乘佛法所修所證之三乘菩提，皆依此如來藏心而立名也。此第八識心，即是《心經》所說之心也。證得此如來藏已，即能漸入大乘佛菩提道，亦可因證知此心而了知二乘無學所不能知之無餘涅槃本際，是故《心經》之密意，與三乘佛菩提之關係極爲密切、不可分割，三乘佛法皆依此心而立名故。今者平實導師以其所證解脫道之無生智及佛菩提之般若種智，將《心經》與解脫道、佛菩提道、祖師公案之關係與密意，以演講之方式，用淺顯之語句和盤托出，發前人所未言，呈三乘菩提之眞義，令人藉此《心經密意》一舉而窺三乘菩提之堂奧，迴異諸方言不及義之說；欲求眞實佛智者、不可不讀！ 主文317頁，連同跋文及序文…等共384頁，售價300元。

宗門密意—公案拈提第七輯：佛教之世俗化，將導致學人以信仰作爲學佛，則將以感應及世間法之庇祐，作爲學佛之主要目標，不能了知學佛之主要目標爲親證三乘菩提。大乘菩提則以般若實相智慧爲主要修習目標，以二乘菩提解脫道爲附帶修習之標的；是故學習大乘法者，應以禪宗之證悟爲要務，能親入大乘菩提之實相般若智慧中故，般若實相智慧非二乘聖人所能知故。此書則以台灣世俗化佛教之三大法師，說法似是而非之實例，配合眞悟祖師之公案解析，提示證悟般若之關節，令學人易得悟入。平實導師著，全書五百餘頁，售價500元（2007年起，凡購買公案拈提第一輯至第七輯，每購一輯皆贈送本公司精製公案拈提〈超意境〉CD一片，市售價格280元，多購多贈）。

淨土聖道—兼評選擇本願念佛：佛法甚深極廣，般若玄微，非諸二乘聖僧所能知之，一切凡夫更無論矣！所謂一切證量皆歸淨土是也！是故大乘法中「聖道之淨土、淨土之聖道」，其義甚深，難可了知；乃至眞悟之人，初心亦難知也。今有正德老師眞實證悟後，復能深探淨土與聖道之緊密關係，憐憫眾生之誤會淨土實義，亦欲利益廣大淨土行人同入聖道，同獲淨土中之聖道門要義，乃振奮心神、書以成文，今得刊行天下。主文279頁，連同序文等共301頁，總有十一萬六千餘字，正德老師著，成本價200元。

起信論講記：詳解大乘起信論心生滅門與心眞如門之眞實意旨，消除以往大師與學人對起信論所說心生滅門之誤解，由是而得了知眞心如來藏之非常非斷中道正理；亦因此一講解，令此論以往隱晦而被誤解之眞實義，得以如實顯示，令大乘佛菩提道之正理得以顯揚光大；初機學者亦可藉此正論所顯示之法義，對大乘法理生起正信，從此得以眞發菩提心，眞入大乘法中修學，世世常修菩薩正行。平實導師演述，共六輯，都已出版，每輯三百餘頁，售價各250元。

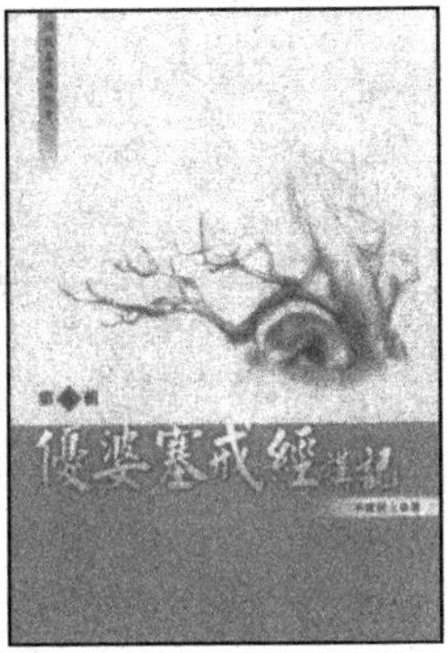

優婆塞戒經講記：本經詳述在家菩薩修學大乘佛法，應如何受持菩薩戒？對人間善行應如何看待？對三寶應如何護持？應如何正確地修集此世後世證法之福德？應如何修集後世「行菩薩道之資糧」？並詳述第一義諦之正義：五蘊非我非異我、自作自受、異作異受、不作不受……等深妙法義，乃是修學大乘佛法、行菩薩行之在家菩薩所應當了知者。出家菩薩今世或未來世登地已，捨報之後多數將如華嚴經中諸大菩薩，以在家菩薩身而修行菩薩行，故亦應以此經所述正理而修之，配合《楞伽經、解深密經、楞嚴經、華嚴經》等道次第正理，方得漸次成就佛道；故此經是一切大乘行者皆應證知之正法。平實導師講述，每輯三百餘頁，售價各250元；共八輯，已全部出版。

真假活佛—略論附佛外道盧勝彥之邪說：人人身中都有眞活佛，永生不滅而有大神用，但衆生都不了知，所以常被身外的西藏密宗假活佛籠罩欺瞞。本來就眞實存在的眞活佛，才是眞正的密宗無上密！諾那活佛因此而說禪宗是大密宗，但藏密的所有活佛都不知道、也不曾實證自身中的眞活佛。本書詳實宣示眞活佛的道理，舉證盧勝彥的「佛法」不是眞佛法，也顯示盧勝彥是假活佛，直接的闡釋第一義佛法見道的眞實正理。眞佛宗的所有上師與學人們，都應該詳細閱讀，包括盧勝彥個人在內。正犀居士著，優惠價140元。

阿含正義—唯識學探源：廣說四大部《阿含經》諸經中隱說之眞正義理，一一舉示佛陀本懷，令阿含時期初轉法輪根本經典之眞義，如實顯現於佛子眼前。並提示末法大師對於阿含眞義誤解之實例，一一比對之，證實唯識增上慧學確於原始佛法之阿含諸經中已隱覆密意而略說之，證實 世尊確於原始佛法中已曾密意而說第八識如來藏之總相；亦證實 世尊在四阿含中已說此藏識是名色十八界之因、之本—證明如來藏是能生萬法之根本心。佛子可據此修正以往受諸大師（譬如西藏密宗應成派中觀師：印順、昭慧、性廣、大願、達賴、宗喀巴、寂天、月稱、……等人）誤導之邪見，建立正見，轉入正道乃至親證初果而無困難；書中並詳說三果所證的心解脫，以及四果慧解脫的親證，都是如實可行的具體知見與行門。全書共七輯，已出版完畢。平實導師著，每輯三百餘頁，售價300元。

超意境CD：以平實導師公案拈提書中超越意境之頌詞，加上曲風優美的旋律，錄成令人嚮往的超意境歌曲，其中包括正覺發願文及平實導師親自譜成的黃梅調歌曲一首。詞曲雋永，殊堪翫味，可供學禪者吟詠，有助於見道。內附設計精美的彩色小冊，解說每一首詞的背景本事。每片280元。【每購買公案拈提書籍一冊，即贈送一片。】

我的菩提路第一輯：凡夫及二乘聖人不能實證的佛菩提證悟，末法時代的今天仍然有人能得實證，由正覺同修會釋悟圓、釋善藏法師等二十餘位實證如來藏者所寫的見道報告，已爲當代學人見證宗門正法之絲縷不絕，證明大乘義學的法脈仍然存在，爲末法時代求悟般若之學人照耀出光明的坦途。由二十餘位大乘見道者所繕，敘述各種不同的學法、見道因緣與過程，參禪求悟者必讀。全書三百餘頁，售價300元。

我的菩提路第二輯：由郭正益老師等人合著，書中詳述彼等諸人歷經各處道場學法，一一修學而加以檢擇之不同過程以後，因閱讀正覺同修會、正智出版社書籍而發起抉擇分，轉入正覺同修會中修學；乃至學法及見道之過程，都一一詳述之。（本書暫停發售，俟改版重新發售流通。）

我的菩提路第三輯：由王美伶老師等人合著。自從正覺同修會成立以來，每年夏初、冬初都舉辦精進禪三共修，藉以助益會中同修們得以證悟明心發起般若實相智慧；凡已實證而被平實導師印證者，皆書具見道報告用以證明佛法之眞實可證而非玄學，證明佛法並非純屬思想、理論而無實質，是故每年都能有人證明正覺同修會的「實證佛教」主張並非虛語。特別是眼見佛性一法，自古以來中國禪宗祖師實證者極寡，較之明心開悟的證境更難令人信受；至2017年初，正覺同修會中的證悟明心者已近五百人，然而其中眼見佛性者至今唯十餘人爾，可謂難能可貴，是故明心後欲冀眼見佛性者實屬不易。黃正倖老師是懸絕七年無人見性後的第一人，她於2009年的見性報告刊於本書的第二輯中，爲大眾證明佛性確實可以眼見；其後七年之中求見性者都屬解悟佛性而無人眼見，幸而又經七年後的2016冬初，以及2017夏初的禪三，復有三人眼見佛性，希冀鼓舞四眾佛子求見佛性之大心，今則具載一則於書末，顯示求見佛性之事實經歷，供養現代佛教界欲得見性之四眾弟子。全書四百頁，售價300元，已於2017年6月30日發行。

我的菩提路第四輯：由陳晏平等人著。中國禪宗祖師往往有所謂「見性」之言，所言多屬看見如來藏具有能令人發起成佛之自性，並非《大般涅槃經》中　如來所說之眼見佛性。眼見佛性者，於親見佛性之時，即能於山河大地眼見自己佛性，亦能於他人身上眼見自己佛性及對方之佛性，如是境界無法爲尚未實證者解釋；勉強說之，縱使眞實明心證悟之人聞之，亦只能以自身明心之境界想像之，但不論如何想像多屬非量，能有正確之比量者亦是稀有，故說眼見佛性極爲困難。眼見佛性之人若所見極分明時，在所見佛性之境界下所眼見之山河大地、自己五蘊身心皆是虛幻，自有異於明心者之解脫功德受用，此後永不思證二乘涅槃，必定邁向成佛之道而進入第十住位中，已超第一阿僧祇劫三分有一，可謂之爲超劫精進也。今又有明心之後眼見佛性之人出於人間，將其明心及後來見性之報告，連同其餘證悟明心者之精彩報告一同收錄於此書中，供養眞求佛法實證之四衆佛子。全書380頁，售價300元，已於2018年6月30日發行。

我的菩提路第五輯：林慈慧老師等人著，本輯中所舉學人從相似正法中來到正覺同修會的過程，各人都有不同，發生的因緣亦是各有差別，然而都會指向同一個目標——證實生命實相的源底，確證自己生從何來、死往何去的事實，所以最後都證明佛法眞實而可親證，絕非玄學；本書將彼等諸人的始修及末後證悟之實例，羅列出來以供學人參考。本期亦有一位會裡的老師，是從1995年即開始追隨　平實導師修學，1997年明心後持續進修不斷，直到2017年眼見佛性之實例，足可證明《大般涅槃經》中世尊開示眼見佛性之法正眞無訛，第十住位的實證在末法時代的今天仍有可能，如今一併具載於書中以供學人參考，並供養現代佛教界欲得見性之四衆弟子。全書四百頁，售價300元，已於2019年12月31日發行。

我的菩提路第六輯：劉惠莉老師等人著，本輯中舉示劉老師明心多年以後的眼見佛性實錄，供末法時代學人了知明心之異於見性本質，足可證明《大般涅槃經》中世尊開示眼見佛性之法正眞無訛。亦列舉多篇學人從各道場來到正覺學法之不同過程，以及如何發覺邪見之異於正法的所在，最後終能在正覺禪三中悟入的實況，以證明佛教正法仍在末法時代的人間繼續弘揚的事實，鼓舞一切眞實學法的菩薩大衆思之：我等諸人亦可有因緣證悟，絕非空想白思。約四百頁，售價300元，已於2020年6月30日發行。

鈍鳥與靈龜：鈍鳥及靈龜二物，被宗門證悟者說爲二種人：前者是精修禪定而無智慧者，也是以定爲禪的愚癡禪人；後者是或有禪定、或無禪定的宗門證悟者，凡已證悟者皆是靈龜。但後者被人虛造事實，用以嘲笑大慧宗杲禪師，說他雖是靈龜，卻不免被天童禪師預記「患背」痛苦而亡：「鈍鳥離巢易，靈龜脫殼難。」藉以貶低大慧宗杲的證量。同時將天童禪師實證如來藏的證量，曲解爲意識境界的離念靈知。自從大慧禪師入滅以後，錯悟凡夫對他的不實毀謗就一直存在著，不曾止息，並且捏造的假事實也隨著年月的增加而越來越多，終至編成「鈍鳥與靈龜」的假公案、假故事。本書是考證大慧與天童之間的不朽情誼，顯現這件假公案的虛妄不實；更見大慧宗杲面對惡勢力時的正直不阿，亦顯示大慧對天童禪師的至情深義，將使後人對大慧宗杲的誣謗至此而止，不再有人誤犯毀謗賢聖的惡業。書中亦舉證宗門的所悟確以第八識如來藏爲標的，詳讀之後必可改正以前被錯悟大師誤導的參禪知見，日後必定有助於實證禪宗的開悟境界，得階大乘眞見道位中，即是實證般若之賢聖。全書459頁，售價350元。

維摩詰經講記：本經係　世尊在世時，由等覺菩薩維摩詰居士藉疾病而演說之大乘菩提無上妙義，所說函蓋甚廣，然極簡略，是故今時諸方大師與學人讀之悉皆錯解，何況能知其中隱含之深妙正義，是故普遍無法爲人解說；若強爲人說，則成依文解義而有諸多過失。今由平實導師公開宣講之後，詳實解釋其中密意，令維摩詰菩薩所說大乘不可思議解脫之深妙正法得以正確宣流於人間，利益當代學人及與諸方大師。書中詳實演述大乘佛法深妙不共二乘之智慧境界，顯示諸法之中絕待之實相境界，建立大乘菩薩妙道於永遠不敗不壞之地，以此成就護法偉功，欲冀永利娑婆人天。已經宣講圓滿整理成書流通，以利諸方大師及諸學人。全書共六輯，每輯三百餘頁，售價各250元。

眞假外道：本書具體舉證佛門中的常見外道知見實例，並加以教證及理證上的辨正，幫助讀者輕鬆而快速的了知常見外道的錯誤知見，進而遠離佛門內外的常見外道知見，因此即能改正修學方向而快速實證佛法。游正光老師著　。成本價200元。

勝鬘經講記：如來藏爲三乘菩提之所依，若離如來藏心體及其含藏之一切種子，即無三界有情及一切世間法，亦無二乘菩提緣起性空之出世間法；本經詳說無始無明、一念無明皆依如來藏而有之正理，藉著詳解煩惱障與所知障間之關係，令學人深入了知二乘菩提與佛菩提相異之妙理；聞後即可了知佛菩提之特勝處及三乘修道之方向與原理，邁向攝受正法而速成佛道的境界中。平實導師講述，共六輯，每輯三百餘頁，售價各250元。

楞嚴經講記：楞嚴經係密教部之重要經典，亦是顯教中普受重視之經典；經中宣說明心與見性之內涵極爲詳細，將一切法都會歸如來藏及佛性—妙眞如性；亦闡釋佛菩提道修學過程中之種種魔境，以及外道誤會涅槃之狀況，旁及三界世間之起源。然因言句深澀難解，法義亦復深妙寬廣，學人讀之普難通達，是故讀者大多誤會，不能如實理解佛所說之明心與見性內涵，亦因是故多有悟錯之人引爲開悟之證言，成就大妄語罪。今由平實導師詳細講解之後，整理成文，以易讀易懂之語體文刊行天下，以利學人。全書十五輯，全部出版完畢。每輯三百餘頁，售價每輯300元。

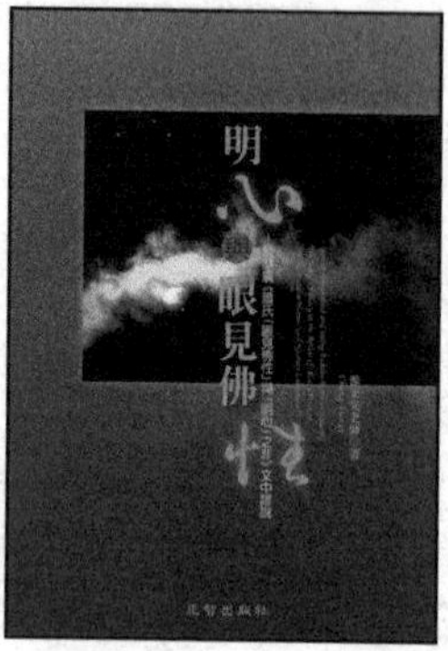

明心與眼見佛性：本書細述明心與眼見佛性之異同，同時顯示了中國禪宗破初參明心與重關眼見佛性二關之間的關聯；書中又藉法義辨正而旁述其他許多勝妙法義，讀後必能遠離佛門長久以來積非成是的錯誤知見，令讀者在佛法的實證上有極大助益。也藉慧廣法師的謬論來教導佛門學人回歸正知正見，遠離古今禪門錯悟者所墮的意識境界，非唯有助於斷我見，也對未來的開悟明心實證第八識如來藏有所助益，是故學禪者都應細讀之。游正光老師著　共448頁　售價300元。

菩薩底憂鬱CD：將菩薩情懷及禪宗公案寫成新詞，並製作成超越意境的優美歌曲。1.主題曲〈菩薩底憂鬱〉，描述地後菩薩能離三界生死而迴向繼續生在人間，但因尚未斷盡習氣種子而有極深沈之憂鬱，非三賢位菩薩及二乘聖者所知，此憂鬱在七地滿心位方才斷盡；本曲之詞中所說義理極深，昔來所未曾見；此曲係以優美的情歌風格寫詞及作曲，聞者得以激發嚮往諸地菩薩境界之大心，詞、曲都非常優美，難得一見；其中勝妙義理之解說，已印在附贈之彩色小冊中。2.以各輯公案拈提中直示禪門入處之頌文，作成各種不同曲風之超意境歌曲，值得玩味、參究；聆聽公案拈提之優美歌曲時，請同時閱讀內附之印刷精美說明小冊，可以領會超越三界的證悟境界；未悟者可以因此引發求悟之意向及疑情，眞發菩提心而邁向求悟之途，乃至因此眞實悟入般若，成眞菩薩。3.正覺總持咒新曲，總持佛法大意；總持咒之義理，已加以解說並印在隨附之小冊中。本CD共有十首歌曲，長達63分鐘，附贈二張購書優惠券。每片280元。

金剛經宗通：三界唯心，萬法唯識，是成佛之修證內容，是諸地菩薩之所修；般若則是成佛之道（實證三界唯心、萬法唯識）的入門，若未證悟實相般若，即無成佛之可能，必將永在外門廣行菩薩六度，永在凡夫位中。然而實相般若的發起，全賴實證萬法的實相；若欲證知萬法的眞相，則必須探究萬法之所從來，則須實證自心如來—金剛心如來藏，然後現觀這個金剛心的金剛性、眞實性、如如性、清淨性、涅槃性、能生萬法的自性性、本住性，名爲證眞如；進而現觀三界六道唯是此金剛心所成，人間萬法須藉八識心王和合運作方能現起。如是實證《華嚴經》的「三界唯心、萬法唯識」以後，由此等現觀而發起實相般若智慧，繼續進修第十住位的如幻觀、第十行位的陽焰觀、第十迴向位的如夢觀，再生起增上意樂而勇發十無盡願，方能滿足三賢位的實證，轉入初地；自知成佛之道而無偏倚，從此按部就班、次第進修乃至成佛。第八識自心如來是般若智慧之所依，般若智慧的修證則要從實證金剛心自心如來開始；《金剛經》則是解說自心如來之經典，是一切三賢位菩薩所應進修之實相般若經典。這一套書，是將平實導師宣講的《金剛經宗通》內容，整理成文字而流通之；書中所說義理，迴異古今諸家依文解義之說，指出大乘見道方向與理路，有益於禪宗學人求開悟見道，及轉入內門廣修六度萬行。已於2013年9月出版完畢，總共9輯，每輯約三百餘頁，售價各250元。

禪意無限CD：平實導師以公案拈提書中偈頌寫成不同風格曲子，與他人所寫不同風格曲子共同錄製出版，幫助參禪人進入禪門超越意識之境界。盒中附贈彩色印製的精美解說小冊，以供聆聽時閱讀，令參禪人得以發起參禪之疑情，即有機會證悟本來面目，實證大乘菩提般若。本CD共有十首歌曲，長達69分鐘，每盒各附贈二張購書優惠券。每片280元。

空行母—性別、身分定位，以及藏傳佛教：本書作者爲蘇格蘭哲學家，因爲嚮往佛教深妙的哲學內涵，於是進入當年盛行於歐美的假藏傳佛教密宗，擔任卡盧仁波切的翻譯工作多年以後，被邀請成爲卡盧的空行母（又名佛母、明妃），開始了她在密宗裡的實修過程；後來發覺在密宗雙身法中的修行，其實無法使自己成佛，也發覺密宗對女性岐視而處處貶抑，並剝奪女性在雙身法中擔任一半角色時應有的身分定位。當她發覺自己只是雙身法中被喇嘛利用的工具，沒有獲得絲毫應有的尊重與基本定位時，發現了密宗的父權社會控制女性的本質；於是作者傷心地離開了卡盧仁波切與密宗，但是卻被恐嚇不許講出她在密宗裡的經歷，也不許她說出自己對密宗的教義與教制下對女性剝削的本質，否則將被咒殺死亡。後來她去加拿大定居，十餘年後方才擺脫這個恐嚇陰影，下定決心將親身經歷的實情及觀察到的事實寫下來並且出版，公諸於世。出版之後，她被流亡的達賴集團人士大力攻訐，誣指她爲精神狀態失常、說謊……等。但有智之士並未被達賴集團的政治操作及各國政府政治運作吹捧達賴的表相所欺，使她的書銷售無阻而又再版。正智出版社鑑於作者此書是親身經歷的事實，所說具有針對「藏傳佛教」而作學術研究的價值，也有使人認清假藏傳佛教剝削佛母、明妃的男性本位實質，因此洽請作者同意中譯而出版於華人地區。珍妮·坎貝爾女士著，呂艾倫 中譯，每冊250元。

霧峰無霧—給哥哥的信　本書作者藉兄弟之間信件往來論義，略述佛法大義；並以多篇短文辨義，舉出釋印順對佛法的無量誤解證據，並一一給予簡單而清晰的辨正，令人一讀即知。久讀、多讀之後即能認清楚釋印順的六識論見解，與眞實佛法之牴觸是多麼嚴重；於是在久讀、多讀之後，於不知不覺之間提升了對佛法的極深入理解，正知正見就在不知不覺間建立起來了。當三乘佛法的正知見建立起來之後，對於三乘菩提的見道條件便將隨之具足，於是聲聞解脫道的見道也就水到渠成；接著大乘見道的因緣也將次第成熟，未來自然也會有親見大乘菩提之道的因緣，悟入大乘實相般若也將自然成功，自能通達般若系列諸經而成實義菩薩。作者居住於南投縣霧峰鄉，自喻見道之後不復再見霧峰之霧，故鄉原野美景一一明見，於是立此書名爲《霧峰無霧》；讀者若欲撥霧見月，可以此書爲緣。游宗明　老師著　已於2015年出版　售價250元。

霧峰無霧—第二輯—救護佛子向正道　本書作者藉釋印順著作中之各種錯謬法義提出辨正，以詳實的文義一一提出理論上及實證上之解析，列舉釋印順對佛法的無量誤解證據，藉此教導佛門大師與學人釐清佛法義理，遠離岐途轉入正道，然後知所進修，久之便能見道明心而入大乘勝義僧數。被釋印順誤導的大師與學人極多，很難救轉，是故作者大發悲心深入解說其錯謬之所在，佐以各種義理辨正而令讀者在不知不覺之間轉歸正道。如是久讀之後欲得斷身見、證初果，即不爲難事；乃至久之亦得大乘見道而得證眞如，脫離空有二邊而住中道，實相般若智慧生起，於佛法不再茫然，漸漸亦知悟後進修之道。屆此之時，對於大乘般若等深妙法之迷雲暗霧亦將一掃而空，生命及宇宙萬物之故鄉原野美景一一明見，是故本書仍名《霧峰無霧》，爲第二輯；讀者若欲撥雲見日、離霧見月，可以此書爲緣。游宗明　老師著　已於2019年出版　售價250元。

假藏傳佛教的神話—性、謊言、喇嘛教：本書編著者是由一首名為「阿姊鼓」的歌曲為緣起，展開了序幕，揭開假藏傳佛教—喇嘛教—的神秘面紗。其重點是蒐集、摘錄網路上質疑「喇嘛教」的帖子，以揭穿「假藏傳佛教的神話」為主題，串聯成書，並附加彩色插圖以及說明，讓讀者們瞭解西藏密宗及相關人事如何被操作為「神話」的過程，以及神話背後的眞相。作者：張正玄教授。售價200元。

達賴真面目—玩盡天下女人：假使您不想戴綠帽子，請記得詳細閱讀此書；假使您不想讓好朋友戴綠帽子，請您將此書介紹給您的好朋友。假使您想保護家中的女性，也想要保護好朋友的女眷，請記得將此書送給家中的女性和好友的女眷都來閱讀。本書為印刷精美的大本彩色中英對照精裝本，為您揭開達賴喇嘛的眞面目，內容精彩不容錯過，為利益社會大眾，特別以優惠價格嘉惠所有讀者。編著者：白志偉等。大開版雪銅紙彩色精裝本。售價800元。

童女迦葉考—論呂凱文〈佛教輪迴思想的論述分析〉之謬：童女迦葉是佛世率領五百大比丘遊行於人間的歷史事實，是以童貞行而依止菩薩戒弘化於人間的大菩薩，不依別解脫戒（聲聞戒）來弘化於人間。這是大乘佛教與聲聞佛教同時存在於佛世的歷史明證，證明大乘佛教不是從聲聞法中分裂出來的部派佛教的產物，卻是聲聞佛教分裂出來的部派佛教聲聞凡夫僧所不樂見的史實；於是古今聲聞法中的凡夫都欲加以扭曲而作詭說，更是末法時代高聲大呼「大乘非佛說」的六識論聲聞凡夫極力想要扭曲的佛教史實之一，於是想方設法扭曲迦葉菩薩為聲聞僧，以及扭曲迦葉童女為比丘僧等荒謬不實之論著便陸續出現，古時聲聞僧寫作的《分別功德論》是最具體之事例，現代之代表作則是呂凱文先生的〈佛教輪迴思想的論述分析〉論文。鑑於如是假藉學術考證以籠罩大眾之不實謬論，未來仍將繼續造作及流竄於佛教界，繼續扼殺大乘佛教學人法身慧命，必須舉證辨正之，遂成此書。平實導師 著，每冊180元。

末代達賴—性交教主的悲歌：簡介從藏傳僞佛教（喇嘛教）的修行核心—性力派男女雙修，探討達賴喇嘛及藏傳僞佛教的修行內涵。書中引用外國知名學者著作、世界各地新聞報導，包含：歷代達賴喇嘛的祕史、達賴六世修雙身法的事蹟，以及《時輪續》中的性交灌頂儀式……等；達賴喇嘛書中開示的雙修法、達賴喇嘛的黑暗政治手段；達賴喇嘛所領導的寺院爆發喇嘛性侵兒童；新聞報導《西藏生死書》作者索甲仁波切性侵女信徒、澳洲喇嘛秋達公開道歉、美國最大假藏傳佛教組織領導人邱陽創巴仁波切的性氾濫，等等事件背後眞相的揭露。作者：張善思、呂艾倫、辛燕。售價250元。

黯淡的達賴—失去光彩的諾貝爾和平獎：本書舉出很多證據與論述，詳述達賴喇嘛不爲世人所知的一面，顯示達賴喇嘛並不是眞正的和平使者，而是假借諾貝爾和平獎的光環來欺騙世人；透過本書的說明與舉證，讀者可以更清楚的瞭解，達賴喇嘛是結合暴力、黑暗、淫欲於喇嘛教裡的集團首領，其政治行爲與宗教主張，早已讓諾貝爾和平獎的光環染污了。 本書由財團法人正覺教育基金會寫作、編輯，由正覺出版社印行，每冊250元。

第七意識與第八意識？—穿越時空「超意識」：「三界唯心，萬法唯識」是佛教中應該實證的聖教，也是《華嚴經》中明載而可以實證的法界實相。唯心者，三界一切境界、一切諸法唯是一心所成就，即是每一個有情的第八識如來藏，不是意識心。唯識者，即是人類各各都具足的八識心王——眼識、耳鼻舌身意識、意根、阿賴耶識，第八阿賴耶識又名如來藏，人類五陰相應的萬法，莫不由八識心王共同運作而成就，故說萬法唯識。依聖教量及現量、比量，都可以證明意識是二法因緣生，是由第八識藉意根與法塵二法爲因緣而出生，又是夜夜斷滅不存之生滅心，即無可能反過來出生第七識意根、第八識如來藏，當知不可能從生滅性的意識心中，細分出恆審思量的第七識意根，更無可能細分出恆而不審的第八識如來藏。本書是將演講內容整理成文字，細說如是內容，並已在〈正覺電子報〉連載完畢，今彙集成書以廣流通，欲幫助佛門有緣人斷除意識我見，跳脫於識陰之外而取證聲聞初果；嗣後修學禪宗時即得不墮外道神我之中，得以求證第八識金剛心而發起般若實智。平實導師 述，每冊300元。

中觀金鑑—詳述應成派中觀的起源與其破法本質：學佛人往往迷於中觀學派之不同學說，被應成派與自續派所迷惑；修學般若中觀二十年後自以為實證般若中觀了，卻仍不曾入門，甫聞實證般若中觀者之所說，則茫無所知，迷惑不解；隨後信心盡失，不知如何實證佛法；凡此，皆因惑於這二派中觀學說所致。自續派中觀所說同於常見，以意識境界立為第八識如來藏之境界，應成派所說則同於斷見，但又同立意識為常住法，故亦具足斷常二見。今者孫正德老師有鑑於此，乃將起源於密宗的應成派中觀學說，追本溯源，詳考其來源之外，亦一一舉證其立論內容，詳加辨正，令密宗雙身法祖師以識陰境界而造之應成派中觀學說本質，詳細呈現於學人眼前，令其維護雙身法之目的無所遁形。若欲遠離密宗此二大派中觀謬說，欲於三乘菩提有所進道者，允宜具足閱讀並細加思惟，反覆讀之以後將可捨棄邪道返歸正道，則於般若之實證即有可能，證後自能現觀如來藏之中道境界而成就中觀。本書分上、中、下三冊，每冊250元，全部出版完畢。

人間佛教—實證者必定不悖三乘菩提：「大乘非佛說」的講法似乎流傳已久，卻只是日本人企圖擺脫中國正統佛教的影響，而在明治維新時期才開始提出來的說法；台灣佛教、大陸佛教的淺學無智之人，由於未曾實證佛法而迷信日本人錯誤的學術考證，錯認為這些別有用心的日本佛學考證的講法為天竺佛教的真實歷史；甚至還有更激進的反對佛教者提出「釋迦牟尼佛並非真實存在，只是後人捏造的假歷史人物」，竟然也有少數佛教徒願意跟著「學術」的假光環而信受不疑，亦導致部分台灣佛教界人士，造作了反對中國大乘佛教而推崇南洋小乘佛教的行為，使台灣佛教的信仰者難以檢擇，亦導致一般大陸人士開始轉入基督教的盲目迷信中。在這些佛教及外教人士之中，也就有一分人根據此邪說而大聲主張「大乘非佛說」的謬論，這些人以「人間佛教」的名義來抵制中國正統佛教，公然宣稱中國的大乘佛教是由聲聞部派佛教的凡夫僧所創造出來的。這樣的說法流傳於台灣及大陸佛教界凡夫僧之中已久，卻非真正的佛教歷史中曾經發生過的事，只是繼承六識論的聲聞法中凡夫僧，以及別有居心的日本佛教界，依自己的意識境界立場，純憑臆想而編造出來的妄想說法，卻已經影響許多無智之凡夫僧俗信受不移。本書則是從佛教的經藏法義實質及實證的現量內涵本質立論，證明大乘佛法本是佛說，是從《阿含正義》尚未說過的不同面向來討論「人間佛教」的議題，證明「大乘真佛說」。閱讀本書可以斷除六識論邪見，迴入三乘菩提正道發起實證的因緣；也能斷除禪宗學人學禪時普遍存在之錯誤知見，對於建立參禪時的正知見有很深的著墨。平實導師 述，內文488頁，全書528頁，定價400元。

喇嘛性世界—揭開假藏傳佛教譚崔瑜伽的面紗：這個世界中的喇嘛，號稱來自世外桃源的香格里拉，穿著或紅或黃的喇嘛長袍，散布於我們的身邊傳教灌頂，吸引了無數的人嚮往學習；這些喇嘛虔誠地爲大衆祈福，手中拿著寶杵（金剛）與寶鈴（蓮花），口中唸著咒語：「唵．嘛呢．叭咪．吽……」，咒語的意思是說：「我至誠歸命金剛杵上的寶珠伸向蓮花寶穴之中」！「喇嘛性世界」是什麼樣的「世界」呢？本書將爲您呈現喇嘛世界的面貌。當您發現眞相以後，您將會唸：「噢！喇嘛．性．世界，譚崔性交嘛！」作者：張善思、呂艾倫。售價200元。

見性與看話頭：黃正倖老師的《見性與看話頭》於《正覺電子報》連載完畢，今結集出版。書中詳說禪宗看話頭的詳細方法，並細說看話頭與眼見佛性的關係，以及眼見佛性者求見佛性前必須具備的條件。本書是禪宗實修者追求明心開悟時參禪的方法書，也是求見佛性者作功夫時必讀的方法書，內容兼顧眼見佛性的理論與實修之方法，是依實修之體驗配合理論而詳述，條理分明而且極爲詳實、周全、深入。本書內文375頁，全書416頁，售價300元。

實相經宗通：學佛之目的在於實證一切法界背後之實相，禪宗稱之爲本來面目或本地風光，佛菩提道中稱之爲實相法界；此實相法界即是金剛藏，又名佛法之祕密藏，即是能生有情五陰、十八界及宇宙萬有（山河大地、諸天、三惡道世間）的第八識如來藏，又名阿賴耶識心，即是禪宗祖師所說的眞如心，此心即是三界萬有背後的實相。證得此第八識心時，自能瞭解般若諸經中隱說的種種密意，即得發起實相般若—實相智慧。每見學佛人修學佛法二十年後仍對實相般若茫然無知，亦不知如何入門，茫無所趣；更因不知三乘菩提的互異互同，是故越是久學者對佛法越覺茫然，都肇因於尚未瞭解佛法的全貌，亦未瞭解佛法的修證內容即是第八識心所致。本書對於修學佛法者所應實證的實相境界提出明確解析，並提示趣入佛菩提道的入手處，有心親證實相般若的佛法實修者，宜詳讀之，於佛菩提道之實證即有下手處。平實導師述著，共八輯，已於2016年出版完畢，每輯成本價250元。

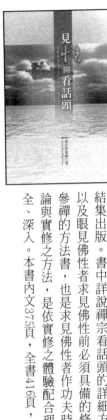

真心告訴您(一)—達賴喇嘛在幹什麼?這是一本報導篇章的選集，更是「破邪顯正」的暮鼓晨鐘。「破邪」是戳破假象，說明達賴喇嘛及其所率領的密宗四大派法王、喇嘛們，弘傳的佛法是仿冒的佛法；他們是假藏傳佛教，是坦特羅(譚崔性交)外道法和藏地崇奉鬼神的苯教混合成的「喇嘛教」，推廣的是以所謂「無上瑜伽」的男女雙身法冒充佛法的假佛教，詐財騙色誤導眾生，常常造成信徒家庭破碎、家中兒少失怙的嚴重後果。「顯正」是揭櫫眞相，指出眞正的藏傳佛教只有一個，就是覺囊巴，傳的是 釋迦牟尼佛演繹的第八識如來藏妙法，稱爲他空見大中觀。正覺教育基金會即以此古今輝映的如來藏正法正知見，在眞心新聞網中逐次報導出來，將箇中原委「眞心告訴您」，如今結集成書，與想要知道密宗眞相的您分享。售價250元。

法華經講義：此書爲平實導師始從2009/7/21演述至2014/1/14之講經錄音整理所成。世尊一代時教，總分五時三教，即是華嚴時、聲聞緣覺教、般若教、種智唯識教、法華時；依此五時三教區分爲藏、通、別、圓四教。本經是最後一時的圓教經典，圓滿收攝一切法教於本經中，是故最後的圓教聖訓中，特地指出無有三乘菩提，其實唯有一佛乘；皆因眾生愚迷故，方便區分爲三乘菩提以助眾生證道。世尊於此經中特地說明如來示現於人間的唯一大事因緣，便是爲有緣眾生「開、示、悟、入」諸佛的所知所見——第八識如來藏妙眞如心，並於諸品中隱說「妙法蓮花」如來藏心的密意。然因此經所說甚深難解，眞義隱晦，古來難得有人能窺堂奧；平實導師以知如是密意故，特爲末法佛門四眾演述《妙法蓮華經》中各品蘊含之密意，使古來未曾被古德註解出來的「此經」密意，如實顯示於當代學人眼前。乃至〈藥王菩薩本事品〉、〈妙音菩薩品〉、〈觀世音菩薩普門品〉、〈普賢菩薩勸發品〉中的微細密意，亦皆一併詳述之，可謂開前人所未曾言之密意，示前人所未見之妙法。最後乃至以〈法華大義〉而總其成，全經妙旨貫通始終，而依佛旨圓攝於一心如來藏妙心，厥爲曠古未有之大說也。平實導師述，共有25輯，已於2019/05/31出版完畢。每輯300元。

西藏「活佛轉世」制度—附佛、造神、世俗法：歷來關於喇嘛教活佛轉世的研究，多針對歷史及文化兩部分，於其所以成立的理論基礎，較少系統化的探討。尤其是此制度是否依據「佛法」而施設？是否合乎佛法眞實義？現有的文獻大多含糊其詞，或人云亦云，不曾有明確的闡釋與如實的見解。因此本文先從活佛轉世的由來，探索此制度的起源、背景與功能，並進而從活佛的尋訪與認證之過程，發掘活佛轉世的特徵，以確認「活佛轉世」在佛法中應具足何種果德。定價150元。

真心告訴您(二)—達賴喇嘛是佛教僧侶嗎？補祝達賴喇嘛八十大壽：這是一本針對當今達賴喇嘛所領導的喇嘛教，冒用佛教名相、於師徒間或師兄姊間，實修男女邪淫，而從佛法三乘菩提的現量與聖教量，揭發其謊言與邪術，證明達賴及其喇嘛教是仿冒佛教的外道，是「假藏傳佛教」。藏密四大派教義雖有「八識論」與「六識論」的表面差異，然其實修之內容，皆共許「無上瑜伽」四部灌頂爲究竟「成佛」之法門，也就是共以男女雙修之邪淫法爲「即身成佛」之密要，雖美其名曰「欲貪爲道」之「金剛乘」，並誇稱其成就超越於（應身佛）釋迦牟尼佛所傳之顯教般若乘之上；然詳考其理論，則或以意識離念時之粗細心爲第八識如來藏，或以中脈裡的明點爲第八識如來藏，或如宗喀巴與達賴堅決主張第六意識爲常恆不變之眞心者，分別墮於外道之常見與斷見中；全然違背 佛說能生五蘊之如來藏的實質。售價300元。

涅槃—解說四種涅槃之實證及內涵：眞正學佛之人，首要即是見道，由見道故方有涅槃之實證，證涅槃者方能出生死，但涅槃有四種：二乘聖者的有餘涅槃、無餘涅槃，以及大乘聖者的本來自性清淨涅槃、佛地的無住處涅槃。大乘聖者實證本來自性清淨涅槃，入地前再取證二乘涅槃，然後起惑潤生捨離二乘涅槃，繼續進修而在七地心前斷盡三界愛之習氣種子，依七地無生法忍之具足而證得念念入滅盡定；八地後進斷異熟生死，直至妙覺地下生人間成佛，具足四種涅槃，方是眞正成佛。此理古來少人言，以致誤會涅槃正理者比比皆是，今於此書中廣說四種涅槃、如何實證之理、實證前應有之條件，實屬本世紀佛教界極重要之著作，令人對涅槃有正確無訛之認識，然後可以依之實行而得實證。本書共有上下二冊，每冊各四百餘頁，對涅槃詳加解說，每冊各350元。

佛藏經講義：本經說明為何佛菩提難以實證之原因，都因往昔無數阿僧祇劫前的邪見，引生此世求證時之業障而難以實證。即以諸法實相詳細解說，繼之以念佛品、念法品、念僧品，說明諸佛與法之實質；然後以淨戒品之說明，期待佛弟子四眾堅持清淨戒而轉化心性，並以往古品的實例說明，教導四眾務必滅除邪見轉入正見中，然後以了戒品的說明和囑累品的付囑，期望末法時代的佛門四眾弟子皆能清淨知見而得以實證。平實導師於此經中有極深入的解說，總共21輯，每輯300元，於2019/07/31開始發行。

我的菩提路第七輯：余正偉老師等人著，本輯中舉示余老師明心二十餘年以後的眼見佛性實錄，供末法時代學人了知明心異於見性之本質，並且舉示其見性後與平實導師互相討論眼見佛性之諸多疑訛處；除了證明《大般涅槃經》中 世尊開示眼見佛性之法正眞無訛以外，亦得一解明心後尚未見性者之所未知處，甚爲精彩。此外亦列舉多篇學人從各不同宗教進入正覺學法之不同過程，以及發覺諸方道場邪見之內容與過程，最終得於正覺精進禪三中悟入的實況，足供末法精進學人借鑑，以彼鑑己而生信心，得以投入了義正法中修學及實證。凡此，皆足以證明不唯明心所證之第七住位般若智慧及解脫功德仍可實證，乃至第十住位的實證與當場發起如幻觀之實證，於末法時代的今天皆仍有可能。本書約四百頁，售價300元，將於2021年6月30日發行。

大法鼓經講義：本經解說佛法的總成：法、非法。由開解法、非法二義，說明了義佛法與世間戲論法的差異，指出佛法實證之標的即是法——第八識如來藏；並顯示實證後的智慧，如實擊大法鼓、演深妙法，演說如來祕密教法，非二乘定性及諸凡夫所能得聞，唯有具足菩薩性者方能得聞。正聞之後即得依於 世尊大願而拔除邪見，入於正法而得實證；深解不了義經之方便說，亦能實解了義經所說之眞實義，得以證法——如來藏，而得發起根本無分別智，乃至進修而發起後得無分別智；並堅持布施及受持清淨戒而轉化心性，得以現觀眞我如來藏之各種層面。此爲第一義諦聖教，於末法最後餘四十年時，一切世間樂見離車童子將繼續護持此經所說正法。平實導師於此經中有極深入的解說，總共約六輯，每輯300元，於《佛藏經講義》出版完畢後開始發行，每二個月發行一輯。

解深密經講義：本經係 世尊晚年第三轉法輪，宣說地上菩薩所應熏修之唯識正義經典，經中所說義理乃是大乘一切種智增上慧學，以阿陀那識—如來藏—阿賴耶識爲主體。禪宗之證悟者，若欲修證初地無生法忍乃至八地無生法忍者，必須修學《楞伽經、解深密經》所說之八識心王一切種智；此二經所說正法，方是眞正成佛之道；印順法師否定第八識如來藏之後所說萬法緣起性空之法，是以誤會後之二乘解脫道取代大乘眞正成佛之道，尚且不符二乘解脫道正理，亦已墮於斷滅見中，不可謂爲成佛之道也。平實導師曾於本會郭故理事長往生時，於喪宅中從首七開始宣講，於每一七各宣講三小時，至第十七而快速略講圓滿，作爲郭老之往生佛事功德，迴向郭老早證八地、速返娑婆住持正法。茲爲今時後世學人故，將擇期重講《解深密經》，以淺顯之語句講畢後，將會整理成文，用供證悟者進道；亦令諸方未悟者，據此經中佛語正義，修正邪見，依之速能入道。平實導師述著，全書輯數未定，每輯三百餘頁，將於未來重講完畢後逐輯出版。

修習止觀坐禪法要講記：修學四禪八定之人，往往錯會禪定之修學知見，欲以無止盡之坐禪而證禪定境界，卻不知修除性障之行門才是修證四禪八定不可或缺之要素，故智者大師云「性障初禪」；性障不除，初禪永不現前，云何修證二禪等？又：行者學定，若唯知數息，而不解六妙門之方便善巧者，欲求一心入定，未到地定極難可得，智者大師名之爲「事障未來」：障礙未到地定之修證。又禪定之修證，不可違背二乘菩提及第一義法，否則縱使具足四禪八定，亦不能實證涅槃而出三界。此諸知見，智者大師於《修習止觀坐禪法要》中皆有闡釋。作者平實導師以其第一義之見地及禪定之實證證量，曾加以詳細解析。將俟正覺寺竣工啓用後重講，不限制聽講者資格；講後將以語體文整理出版。欲修習世間定及增上定之學者，宜細讀之。平實導師述著。

阿含經講記—小乘解脫道之修證：數百年來，南傳佛法所說證果之不實，所說解脫道之虛妄，所弘解脫道法義之世俗化，皆已少人知之；從南洋傳入台灣與大陸之後，所說法義虛謬之事，亦復少人知之；今時台灣全島印順系統之法師居士，多不知南傳佛法數百年來所說解脫道之義理已然偏斜、已然世俗化、已非眞正之二乘解脫正道，猶極力推崇與弘揚。彼等南傳佛法近代所謂之證果者皆非眞實證果者，譬如阿迦曼、葛印卡、帕奧禪師、一行禪師……等人，悉皆未斷我見故。近年更有台灣南部大願法師，高抬南傳佛法之二乘修證行門爲「捷徑究竟解脫之道」者，然而南傳佛法縱使眞修實證，得成阿羅漢，至高唯是二乘菩提解脫之道，絕非究竟解脫，無餘涅槃中之實際尚未得證故，法界之實相尚未了知故，習氣種子待除故，一切種智未實證故，焉得謂爲「究竟解脫」？即使南傳佛法近代眞有實證之阿羅漢，尚且不及三賢位中之七住明心菩薩本來自性清淨涅槃智慧境界，則不能知此賢位菩薩所證之無餘涅槃實際，仍非大乘佛法中之見道者，何況普未實證聲聞果乃至未斷我見之人？謬充證果已屬逾越，更何況是誤會二乘菩提之後，以未斷我見之凡夫知見所說之二乘菩提解脫偏斜法道，焉可高抬爲「究竟解脫」？而且自稱「捷徑之道」？又妄言解脫之道即是成佛之道，完全否定般若實智、否定三乘菩提所依之如來藏心體，此理大大不通也！平實導師爲令修學二乘菩提欲證解脫果者，普得迴入二乘菩提正見、正道中，是故選錄四阿含諸經中，對於二乘解脫道法義有具足圓滿說明之經典，預定未來十年內將會加以詳細講解，令學佛人得以了知二乘解脫道之修證理路與行門，庶免被人誤導之後，未證言證，梵行未立，干犯道禁自稱阿羅漢或成佛，成大妄語，欲升反墮。本書首重斷除我見，以助行者斷除我見而實證初果爲著眼之目標，若能根據此書內容，配合平實導師所著《識蘊眞義》《阿含正義》內涵而作實地觀行，實證初果非爲難事，行者可以藉此三書自行確認聲聞初果爲實際可得現觀成就之事。此書中除依二乘經典所說加以宣示外，亦依斷除我見等之證量，及大乘法中道種智之證量，對於意識心之體性加以細述，令諸二乘學人必定得斷我見、常見，免除三縛結之繫縛。次則宣示斷除我執之理，欲令升進而得薄貪瞋痴，乃至斷五下分結…等。平實導師將擇期講述，然後整理成書。共二冊，每冊三百餘頁。每輯300元。

＊喇嘛教修外道雙身法，墮識陰境界，非佛教＊

＊弘揚如來藏他空見的覺囊派才是眞正藏傳佛教＊

總經銷： 聯合發行股份有限公司

231 新北市新店區寶橋路 235 巷 6 弄 6 號 4F

Tel.02－2917-8022（代表號） Fax.02－2915-6275（代表號）

零售：1.**全台連鎖經銷書局：**

三民書局、誠品書局、何嘉仁書店

敦煌書店、紀伊國屋、金石堂書局、建宏書局

諾貝爾圖書城、墊腳石圖書文化廣場

2.**台北市：**佛化人生 **大安區**羅斯福路 3 段 325 號 6 樓之 4 台電大樓對面

3.**新北市：**春大地書店 **蘆洲區**中正路 117 號

4.**桃園市：**御書堂 **龍潭區**中正路 123 號

5.**新竹市：**大學書局 **東區**建功路 10 號

6.**台中市：**瑞成書局 **東區**雙十路 1 段 4 之 33 號

佛教詠春書局 **南屯區**永春東路 884 號

文春書店 **霧峰區**中正路 1087 號

7.**彰化市：**心泉佛教文化中心 南瑤路 286 號

8.**高雄市：**政大書城 **前鎮區**中華五路 789 號 2 樓（高雄夢時代店）

明儀書局 **三民區**明福街 2 號

青年書局 **苓雅區**青年一路 141 號

9.**台東市：**東普佛教文物流通處 博愛路 282 號

10.**其餘鄉鎮市經銷書局：**請電詢總經銷**聯合**公司。

11.**大陸地區請洽：**

香港：樂文書店

旺角店 :香港九龍旺角西洋菜街 62 號 3 樓

電話 : (852) 2390 3723 email: luckwinbooks@gmail.com

銅鑼灣店 :香港銅鑼灣駱克道 506 號 2 樓

電話 : (852) 2881 1150 email: luckwinbs@gmail.com

廈門：廈門外圖臺灣書店有限公司

地址：廈門市思明區湖濱南路809 號 廈門外圖書城3 樓 郵編：361004

電話：0592-5061658（臺灣地區請撥打 86-592-5061658）

E-mail：JKB118＠188.COM

12.**美國：世界日報圖書部：**紐約圖書部 電話 7187468889#6262

洛杉磯圖書部 電話 3232616972#202

13.**國內外地區網路購書：**

正智出版社 書香園地 http://books.enlighten.org.tw/

（書籍簡介、經銷書局可直接聯結下列網路書局購書）

三民 網路書局 http://www.sanmin.com.tw

誠品 網路書局 http://www.eslitebooks.com

博客來 網路書局 http://www.books.com.tw

金石堂 網路書局 http://www.kingstone.com.tw
聯合 網路書局 http:// www.nh.com.tw

附註：1.請儘量向各經銷書局購買：郵政劃撥需要八天才能寄到（本公司在您劃撥後第四天才能接到劃撥單，次日寄出後第二天您才能收到書籍，此六天中可能會遇到週休二日，是故共需八天才能收到書籍）若想要早日收到書籍者，請劃撥完畢後，將劃撥收據貼在紙上，旁邊寫上您的姓名、住址、郵區、電話、買書詳細內容，直接傳眞到本公司 02-28344822，並來電 02-28316727、28327495 確認是否已收到您的傳眞，即可提前收到書籍。 2.因台灣每月皆有五十餘種宗教類書籍上架，書局書架空間有限，故唯有新書方有機會上架，通常每次只能有一本新書上架；本公司出版新書，大多上架不久便已售出，若書局未再叫貨補充者，書架上即無新書陳列，則請直接向書局櫃台訂購。 3.若書局不便代購時，可於晚上共修時間向正覺同修會各共修處請購（共修時間及地點，詳閱**共修現況表**。每年例行年假期間請勿前往請書，年假期間請見共修現況表）。 4.郵購：郵政劃撥帳號 19068241。 5.正覺同修會會員購書都以八折計價（戶籍台北市者爲一般會員，外縣市爲護持會員）都可獲得優待，欲一次購買全部書籍者，可以考慮入會，節省書費。入會費一千元（第一年初加入時才需要繳），年費二千元。**6.尚未出版之書籍，請勿預先郵寄書款與本公司，謝謝您！** 7.若欲一次購齊本公司書籍，或同時取得正覺同修會贈閱之全部書籍者，請於正覺同修會共修時間，親到各共修處請購及索取；**台北市讀者**請洽：103 台北市承德路三段 267 號 10 樓（捷運淡水線 圓山站旁）請書時間：週一至週五爲 18.00~21.00，第一、三、五週週六爲 10.00~21.00，雙週之週六爲 10.00~18.00 請購處專線電話：25957295-分機 14（於請書時間方有人接聽）。

敬告大陸讀者：

大陸讀者購書、索書捷徑（尚未在大陸出版的書籍，以下二個途徑都可以購得，電子書另包括結緣書籍）：

1.廈門外國圖書公司：廈門市思明區湖濱南路 809 號 廈門外圖書城 3F
　　郵編：361004　電話：0592-5061658　網址：http://www.xibc.com.cn/

2.電子書：正智出版社有限公司及正覺同修會在台灣印行的各種局版書、結緣書，已有『**正覺電子書**』陸續上線中，提供讀者於手機、平板電腦上購書、下載、閱讀正智出版社、正覺同修會及正覺教育基金會所出版之電子書，詳細訊息敬請參閱『正覺電子書』專頁：http://books.enlighten.org.tw/ebook

關於平實導師的書訊，請上網查閱：

　　成佛之道　http://www.a202.idv.tw

　　正智出版社 書香園地　http://books.enlighten.org.tw/

★ 正智出版社有限公司售書之稅後盈餘，全部捐助財團法人正覺寺籌備處、佛教正覺同修會、正覺教育基金會，供作弘法及購建道場之用；懇請諸方大德支持，功德無量。

★ 聲 明 ★

本社於 2015/01/01 開始調整本目錄中部分書籍之售價，以因應各項成本的持續增加。

＊ 喇嘛教修外道雙身法、墮識陰境界，非佛教 ＊

＊ 弘揚如來藏他空見的覺囊派才是真正藏傳佛教 ＊

售後服務—換書啓事（免附回郵） 2017/12/05

《楞伽經詳解》第三輯初版免費調換新書啓事：茲因 平實導師弘法早期尚未回復往世全部證量，有些法義接受他人的說法，寫書當時並未察覺而有二處（同一種法義）跟著誤說，如今發現已將之修正。茲爲顧及讀者權益，已開始免費調換新書；敬請所有讀者將以前所購第三輯（不論第幾刷），攜回或寄回本公司免費換新；郵寄者之回郵由本公司負擔，不需寄來郵票。因此而造成讀者閱讀、以及換書的不便，在此向所有讀者致上萬分的歉意，祈請讀者大眾見諒！

《楞嚴經講記》第 14 輯初版首刷本免費調換新書啓事：本講記第 14 輯出版前因 平實導師諸事繁忙，未將之重新閱讀而只改正校對時發現的錯別字，故未能發覺十年前所說法義有部分錯誤，於第 15 輯付印前重閱時才發覺第 14 輯中有部分錯誤尚未改正。今已重新審閱修改並已重印完成，煩請所有讀者將以前所購第 14 輯初版首刷本，寄回本公司免費換新（初版二刷本無錯誤），本公司將於寄回新書時同時附上您寄書來換新時的郵資，並在此向所有讀者致上最誠懇的歉意。

《心經密意》初版書免費調換二版新書啓事：本書係演講錄音整理成書，講時因時間所限，省略部分段落未講。後於再版時補寫增加 13 頁，維持原價流通之。茲爲顧及初版讀者權益，自 2003/9/30 開始免費調換新書，原有初版一刷、二刷書籍，皆可寄來本公司換書。

《宗門法眼》已經增寫改版爲 464 頁新書，2008 年 6 月中旬出版。讀者原有初版之第一刷、第二刷書本，都可以寄回本公司免費調換改版新書。改版後之公案及錯悟事例維持不變，但將內容加以增說，較改版前更具有廣度與深度，將更能助益讀者參究實相。

換書者**免附回郵**，亦無截止期限；舊書請寄：111 台北郵政 73-151 號信箱 或 103 台北市承德路三段 267 號 10 樓 正智出版社有限公司。舊書若有塗鴨、殘缺、破損者，仍可換取新書；但缺頁之舊書至少應仍有五分之三頁數，方可換書。所有讀者不必顧念本公司是否有盈餘之問題，都請踴躍寄來換書；本公司成立之目的不是營利，只要能眞實利益學人，即已達到成立及運作之目的。若以郵寄方式換書者，免附回郵；並於寄回新書時，由本公司附上您寄來書籍時耗用的郵資。造成您不便之處，再次致上萬分的歉意。

正智出版社有限公司 啓

換書及道歉公告

《法華經講義》第十三輯，因謄稿、印製等相關人員作業疏失，導致該書中的經文及內文用字將「**親近**」誤植成「清淨」。茲爲顧及讀者權益，自 2017/8/30 開始免費調換新書；敬請所有讀者將以前所購第十三輯初版首刷及二刷本，攜回或寄回本社免費換新，或請自行更正其中的錯誤之處；郵寄者之回郵由本社負擔，不需寄來郵票。同時對因此而造成讀者閱讀、以及換書的困擾及不便，在此向所有讀者致上最誠懇的歉意，祈請讀者大眾見諒！錯誤更正說明如下：

一、第 256 頁第 10 行~第 14 行：【就是先要具備「**法親近處**」、「**眾生親近處**」；法**親近**處就是在實相之法有所實證，如果在實相法上有所實證，他在二乘菩提中自然也能有所實證，以這個作爲第一個**親近**處——第一個基礎。然後還要有第二個基礎，就是瞭解應該如何善待眾生；對於眾生不要有排斥或者是貪取之心，平等觀待而攝受、親近一切有情。以這兩個**親近**處作爲基礎，來實行其他三個安樂行法。】。

二、第 268 頁第 13 行：【具足了那兩個「**親近處**」，使你能夠在末法時代，如實而圓滿的演述《法華經》時，那麼你作這個夢，它就是如理作意的，完全符合邏輯去完成這個過程，就表示你那個晚上，在那短短的一場夢中，已經度了不少眾生了。】

正智出版社有限公司 敬啓

國家圖書館出版品預行編目(CIP)資料

佛藏經講義 / 平實導師述著. -- 初版.
-- 臺北市 : 正智, 2019.07
面 ; 公分
ISBN 978-986-97233-8-1(第一輯;平裝)
ISBN 978-986-98038-1-6(第二輯;平裝)
ISBN 978-986-98038-5-4(第三輯;平裝)
ISBN 978-986-98038-8-5(第四輯;平裝)
ISBN 978-986-98038-9-2(第五輯;平裝)
ISBN 978-986-98891-3-1(第六輯;平裝)
ISBN 978-986-98891-5-5(第七輯;平裝)
ISBN 978-986-98891-9-3(第八輯;平裝)
ISBN 978-986-99558-0-5(第九輯;平裝)
ISBN 978-986-99558-3-6(第十輯;平裝)
1.經集部

221.733 108011014

佛藏經講義——第五輯

著述者：平實導師
音文轉換：蔡正利 黃昇金
校對：章乃鈞 陳介源 孫淑貞 傅素嫺 王美伶
出版者：正智出版社有限公司
電話：〇二 28327495 28316727（白天）
傳眞：〇二 28344822
111 台北郵政 73-151 號信箱
郵政劃撥帳號：一九〇六八二四一
正覺講堂：總機〇二 25957295（夜間）
總經銷：聯合發行股份有限公司
231 新北市新店區寶橋路 235 巷 6 弄 6 號 4 樓
電話：〇二 29178022（代表號）
傳眞：〇二 29156275
初版首刷：二〇二〇年三月三十一日 二千冊
初版六刷：二〇二一年二月二十六日 二千冊
定價：三〇〇元